JN299116

疫学的因果関係の研究

疫学的因果関係の研究

山口 龍之 著

Dieu est absolument cause première.
(スピノザ『エチカ』プロポジション 16 第 3 コラリ)

信 山 社

　　　　　　　は　じ　め　に

　経済学や数学の世界では、因果関係とは一方(原因)の変化が他方の変化(結果)を定式によって表せる関係をいう。原材料の価格が上昇すれば製品の価格が上昇するような関係をいう。もっとも製品の価格が上昇するには、費用の外部化という現象が必要である。外部化とは、ある者の行為が第三者の費用をその者の同意なくして増加させるような関係をいう[1]から、原材料と製品の価格の関係では外部化が起きていないかもしれない。製品価格の上昇はすぐには起きないかもしれないし、別の材料から製品を作るかもしれない。また、材料の高騰は製品価格の一部にしか跳ね返らないかもしれない。100％の外部化が起きていない場合である。交通事故の場合でいえば、被害者にもシートベルト不着用の過失があるとか、オートバイ事故におけるヘルメット不着用のような経験則によって事故の損害を減少させることのできる要因が直接の加害行為以外に存在すると、それでも加害者が事故の損害を100％賠償しなければならないというのなら、事故の費用は加害者にとって外部化していないことになる。
　ここで注意しなければならないことは、数学的あるいは疫学的意味における因果関係と経済学にいう因果関係は同一ではないという点である。前者は、原因とされる事象には人的要素の介在が要件とされないのに対して、後者にはそれが要件となっている。たとえば疫学では、集団食中毒の原因に特定の食品(その中に含まれていることが疑われる菌や毒素)が原因とされることに何ら問題はないのに、経済学では人の行為を前提としてその効果を結果という形で測ろうとするので、菌や毒素は原因とはならない。
　翻って法律学ではシートベルトの不着用やヘルメットの不着用のように、被害者側の行為が結果に影響を及ぼしているか否か、被害者による因果関係の中断を判断する基準として、被害者の行為に対する非難可能性が

議論としてつきまとうことで因果関係論を不透明なものとしてきた。もっとも、法律学でいうところの因果関係において非難可能性は要件となっておらず、それは用語上のニュアンスに過ぎない（たとえばラーニット・ハンド判事はキャラウエイ曳船会社事件判決[1]で被害者側の非難可能性としてこれを論じるのではなく、被害者の結果に対して制御可能性があったかどうかを費用との関連で論じている）。被害者側の過失、寄与過失、過失相殺などの用語は被害者に対する非難可能性をイメージさせるが、加害者の行為さえなければ事故はなかったわけで、しかも他者の侵害に対して常に自己を防衛しておかなければならない義務は倫理的には正当化されないから、被害者に自己防衛義務を課してこれをしなかったことを非難するという構成はそのままでは受け入れがたい。このため、過失相殺の正当化根拠として、シートベルトやヘルメットの着用を法規によって義務づけられていることをあげたりするが、無理がある。本来議論されるべきは、事故抑止をより効率的にできるのは誰か、誰がもっとも効率的に損害を少なく抑えることができるか、の問題であった。それがもっとも効率的な社会を築くこととなるからである。本書の「法と経済学」がこの点について議論している。

　過失相殺あるいは寄与過失と呼ばれる問題は損害に対して被害者の行為がいかに結果に影響を与えているか、因果関係を中心にした問題なのである。

　疫学の発達は、この問題に新たな展望を与えた。疫学は、因果関係を原因から結果へと一本の直線的な関係と想定するのでなく、くもの巣様の複数の原因が結果へと絡まるように影響を与え合い、その結果からもまた、同様に様々な事象への影響が拡散していくような関係を基本的なイメージとして想定している。複数の原因が当然の前提となっているため、原因のひとつと結果との関係は100％の因果関係ではなくてもよいことになる。疫学では原因因子のことを危険因子と呼ぶ（本書では今後原因因子のことを原因子と記す）。結果が起きてしまう危険が原因子にどのくらい起因しているのか、百分率で表現したり、分数で表現したりする。原因と結果が関数

というのはこのことである。原因たる危険因子が多く存在すればするほど結果が数量的に多く発生するのが基本である。

　ところが法律上の疫学的因果関係概念は公害等の事件において証明度を緩和するために導入されたという歴史的経緯がある。そのため、それは「100％因果関係があるのか、それともないのか」というall or nothing的な事実の証明のためであった。そもそも（自然科学の）疫学では原因が結果に及ぼす影響度が相対的危険度として示されるのである。法律学における疫学的因果関係とは、この百分率で表現される相対的危険度を証明度と把握し、何パーセントまで因果関係が証明されたのだから、特定の因果関係の存在証明としては法的に十分であるとした理論をさすのである。（本書では、混乱をさけるため疫学というときは、自然科学にいう疫学をさし、疫学的因果関係というときは、法学でいうところの疫学的因果関係の議論をさすものとする。）

　それゆえ自然科学にいう相対的危険度の構造は、むしろ法律学では割合的認定の概念構造と近似している。自然科学でいう疫学における相対的危険度のような数量的処理と疫学的因果関係の議論には距離がある。ところが疫学でいうところの複数原因子があるとき因果関係をどのようにわけるか、という議論になると割合的認定には疫学の議論を彷彿とさせるような議論が展開されているのである。

　ただ、割合的認定が疫学の発展に即応したかたちで議論されることはなく、水俣病訴訟のように証明の軽減[2]や、交通事故における被害者の過失を類型化して過失相殺あるいは割合的因果関係として責任を軽減するなどしている。疫学における複数原因子、それが自然的なものであれ、人の行為によるものであれ、複数原因子の議論を前提とした理解がないため議論が混乱していたと考えられる。

　問題をさらに複雑にしているのが法律学において因果関係の定義がはっきりしていないことがあげられる。たとえば経済学であれば、原因とされるものは「人の行動」であるが、疫学では、もちろん対象が自然界の事象

ということもあって原因子は人の行為であることを要件とはしていない[2]。法学では、この両者の議論のいずれに立つのか不明確なのである。たとえば最高裁判決は交通事故による損害賠償において民法722条2項を類推適用して、被害者の有する心因的素因や体質的素因を斟酌しているのである[3]。それゆえ、割合的認定においては、被害者の身体的特徴などによって損害が重大なものとなってしまったときの解決について明確な答えを出せないでいる。疫学であれば、危険因子とされ、経済学なら原因とされない（身体的特異性は人の行為ではないから）因子の扱いが、法学では決定していないのである。

　因果関係というのは原因と結果の間に単なる因果の綾による結びつき以上のものが必要なのである。わかりやすい例がイギリスのケンブリッジ大学の哲学サークルで使われていたので紹介しよう[4]。

　たとえば二つの工場が一つはマンチェスターにあり、もう一つはロンドンにある。どの工場でも、午前中の勤務時間が終わるとサイレンが鳴る。二つの都市は100キロ以上はなれているが、正午になってマンチェスターの工場のサイレンが鳴ると、ロンドンの工場の労働者たちも工具をおいて仕事をやめる。

　マンチェスターのサイレンが鳴ることが、ロンドンの労働者が工場から出てくることの原因でないことは明らかであるように思われるかもしれない。しかし、そうだろうか。因果の綾の中ではマンチェスターのサイレンもまたロンドンの労働者の工場での動きに先行しており、それゆえまったく無関係とまでは言い切れないのである。まったくのところ、世界のどこかで起ったちょっとした出来事でさえ、その後の世界の出来事と無関係ではいられないのである。それゆえ、因果関係というとき、時間的に先行した出来事という以上の意味をあたえたかったら、何らかの絞りが必要となってくるのである。疫学の定義しかり、経済学の定義しかりである。

　翻って米国の過失相殺や寄与過失の議論を被害者の過失（過失相殺）の問題と捉えることでは、この問題を浮き上がらせることはできない。それが

意識されていたか否かはともかくとして、寄与過失や被害者側の過失は極めて因果関係的な問題でありながら、それを被害者側の事故抑止あるいは事故制御可能性の視点から議論したのであった。事故が減少することによる社会的費用削減のために被害者にも事故抑止のインセンティブを与えることは何らおかしくない。そのことこそが本来議論されるべきであったが、その議論は因果関係の議論の中に埋没してしまっていた。被害者側のインセンティブが意識されるには「法と経済学」の議論をまたなければならなかった。

本書の構成

本書は、第1編 疫学、第2編 部分的因果関係とは、第3編 米国における疫学の議論、第4編 鑑定をめぐる問題の4編からなる。

第1編は、自然科学における疫学とは何か、ということを自然科学に無縁な諸氏にも出来るだけ分かりやすく説明するとともに、その応用ともいうべきいくつかの事例（大気汚染と喫煙）をあげて疫学からみた公害の原因について、自然科学的視点から、そうして判例がこれにどのような評価を与えたかをみていく。

第2編では、部分的因果関係であるとか、寄与割合であるとか、疫学的因果関係と法の世界で呼ばれているところの様々な事案について疫学的視点から整理していく。それは、自然科学でいうところの疫学が、こうした法の世界における因果関係をめぐる議論に透過性のある視座を提供するものだからである。たとえば、かつて疫学的因果関係という「言葉」を持ち込んだ水俣病裁判においての用法が、正確な意味では自然科学でいうところの疫学の思想を反映したものではない、ということが明らかにされる。

部分的因果関係の議論が疫学的因果関係の議論であるということが意識されることは今までなかった。それは部分的因果関係の論者が統計を使い、原因設定行為に対して結果が起こる確率（蓋然性）を測ることができるということに思いが及ばなかったためであろう。

たとえば交通事故の被害者がノーヘルメットであったとか、シートベルト不着用であったために被害が拡大したと思われるとき、この行為の結果に対する影響は、シートベルト着用あるいは非着用（ヘルメット着用あるいは非着用）の事故の結果を統計上比較することによって可能である。にもかかわらず、こういった数量的処理に言及せず、かわりに事故の時点における過失の比較、それが出来ないときは、被害者側の素因と加害行為との比較という本来なら因果関係の議論になじまない方法で、これを無理矢理処理してきたというところにある。

第3編では、米国における疫学の判例・学説が紹介される。最初に判例が概観される。そして学説であるが、まず最初に米国の学説・判例をより正確に理解するために、疫学的因果関係の判例・学説の背景をなす法の構造を紹介する。続いて、米国にあって法の解釈において主流となっている「法と経済学」からのアプローチを俯瞰する。こうした前提のもとに再び判例が紹介されるわけであるが、ここでは複数原因子が介在している場合の議論が、上記の議論を踏まえてなされていることが紹介される。議論としてはさらに進んだPE/PS訴訟が紹介される。PE/PS訴訟とは、被曝後発症前訴訟という意味で、危険物質に被曝したが、まだ病状が現れていない状態（発症前）での訴訟をいう。我が国では予防接種時（あるいはツベルクリン反応をみるための）の注射針使い回しによるB型やC型肝炎においてウイルス感染はあるものの肝炎や肝臓ガンなどが発症していない状態での訴訟がこれに当る。そこでは、将来の発ガンまで含めた損害が賠償されるべきか、それとも発ガンするかもしれないという恐れに対してのみ賠償がなされるべきか、といったことが議論される。

第4編では、疫学をめぐる裁判実務の重要な一面を構成している鑑定について、その抱える問題点が紹介される。対立する鑑定意見について科学者でない裁判官や陪審員が正しい判断をくだすことができるのかが議論の対象となる。

補遺では、本編で議論することによって本書の主要な流れを疎外してし

まう恐れがあるが、しかし、真剣な議論なしには本論が骨抜きになってしまうような重要な論点、および本編では、紹介することによって議論が冗長になることを恐れて紹介しきれなかった重要な判例が紹介される。

2004 年 9 月

山 口 龍 之

(1) ロバート・D・クーター／トーマス・S・ユーレン著 (太田勝造訳)『法と経済学』(商事法務研究会、1997) 348 頁。
(1′) United States v. Carroll Towing Co., 159 F. 2d 169 (2^d Cir. 1947)
(2) 加藤新太郎『手続裁量論』(弘文堂、1996) 179 頁、124 頁以下、特に 153 頁以下。
(2′) 最近は山口洋志「北海道における離婚の疫学的検討」厚生の指標 (厚生統計協会) 2002 年 10 月号 31 頁のように社会現象の分析にまで致っている。
(3) 最判 (小一) 昭 63・4・21・民集 42 巻 4 号 243 頁。伊藤滋夫『事実認定の基礎：裁判官による判断の構造』(有斐閣、1996) 218 頁。
(4) デヴィッド・エドモンズ&ジョン・エーディナウ著 (二木麻里訳)『ポパーとウィトゲンシュタインとのあいだで交わされた世上名高い 10 分間の大激論の謎』(筑摩書房、2003) 88 頁。

目　次

はじめに（v）

第1編　疫　　学

第1章　疫学的因果関係における危険要因の量的評価と複数の危険要因の取扱について……3

　第1節　疫学とは（3）
　第2節　危険度——疫学的因果関係における関連の強さの量的表現（7）
　第3節　法的因果関係判断の指標としての相対危険度（11）
　第4節　複数の危険要因が存在し相互作用する場合（12）

第2章　寄与割合の前提……15

　第1節　複数原因子の適用例——大気汚染と喫煙（15）
　第2節　法における因果関係——証明の質（17）
　第3節　因果関係の証明度、あるいは証明の「量」的処理（20）
　第4節　判例における修飾因子の扱い（22）

第3章　寄与割合あるいは西淀川公害訴訟判決（第二次ないし第四次）……26

　第1節　判　　決（26）
　第2節　判決批評（29）

第4章　小　　括……32

第2編　部分的因果関係とは

第1章　部分的因果関係をめぐるわが国の判決……35

第1節　はじめに (37)
第2節　交通事故などにおける過失割合あるいは割合的認定 (43)
第3節　いわゆる括弧つきの疫学的因果関係 (55)
第4節　括弧のつかなくなった疫学的因果関係 (64)
第5節　災害などが事故に一定の影響を与えていてすべての責任を加害者に負担させることが適当でないとされた事案 (65)

第2章　部分的因果関係をめぐるわが国の学説　77

第1節　部分的因果関係論 (77)
第2節　部分的因果関係と証明責任論又は事実に対する評価責任 (83)

第3編　米国における疫学の議論

第1章　判例俯瞰　93

第1節　疫学資料の法廷での採否 (94)
第2節　疫学的資料は伝聞証拠か (95)
第3節　いかなる資料が採用されるべきか (96)
　(1)　枯れ葉剤 (96)
　(2)　鑑定人の役割 (98)
第4節　証拠方法 (102)

第2章　学説　107

第1節　証拠の優越 (107)
　1　「証拠の優越」の範疇 (107)
　2　「証拠の優越」の理論 (110)
第2節　証明度 (111)
第3節　統計的相関 (114)
第4節　法と経済学 (121)

1　損害予防のコスト (121)
　　　2　過失責任ルール下での期待責任額 (123)
　　　3　合衆国対キャロル曳船会社事件 (124)
　　　4　過失責任ルールの下では被害者側の過失が事故抑止の
　　　　　インセンティブになるという理論 (127)
　　　5　被害者側の過失を因果関係と解する可能性 (129)
　　　6　証明責任の経済学 (131)
　　第5節　共同不法行為 (139)
　　　1　英国における共同不法行為 (139)
　　　2　仏法における共同不法行為 (141)
　　第6節　David Rosenberg 教授の提言 (142)

第3章　複数原因子が介在している場合についての
　　　　米国での議論 ……………………………………………150
　　第1節　リステイトメント（第二）(150)
　　第2節　寄与割合による賠償を認めた判例 (152)
　　第3節　米国第三次不法行為法リステイトメント
　　　　　　（製造物責任法）(156)

第4章　PE/PS 訴訟の動き ……………………………………163
　　第1節　疫学による予見診断 (163)
　　第2節　Ayers v. Township of Jackson (166)

第4編　鑑定をめぐる問題

第1章　はじめに ……………………………………………………191
第2章　米国判例 ……………………………………………………193
　　第1節　Wells v. Ortho Pharmaceutical Corp (193)
　　第2節　鑑定の証拠としての評価——Daubert 判決 (194)
　　第3節　Frye 判決 (200)
　　第4節　Havner 判決 (202)

第3章　疫学的因果関係の証明 …………………………207
第1節　米国での争点 (207)
第2節　疫学的因果関係あるいは統計理論をどこまで法的因果関係の前提とするか (207)
第3節　特定の事案における因果関係の証明 (209)

第4章　サンダース論文 …………………………………211
第1節　サンダース論文とは (211)
第2節　Bendectin 事件とは (212)
第3節　実際の Bendectin 裁判における鑑定の問題 (216)

第5章　サンダース提案 …………………………………225
第1節　鑑定人選任の問題 (225)
第2節　裁判所による鑑定人指名と鑑定人パネル (226)
第3節　ストーリーモデルを基礎においた評決への提案 (228)
第4節　陪審制への疑問またはブルーリボンジュリー (229)
第5節　サンダース論文の結論 (231)

第6章　サンダース論文の検証と批判 …………………237

小　括 ………………………………………………………245

提　案 ………………………………………………………249

補遺1　蓋然性の計算 (253)
補遺2　損害賠償の算出方法 (256)
補遺3　疫学的因果関係とベイズの定理 (258)
補遺4　DES、アスベスト、枯葉剤 (261)
補遺5　因果関係と責任 (273)
補遺6　NESS テスト (278)

あとがき (287)

第1編

疫　学

　　第1章　疫学的因果関係における危険要因
　　　　　の量的評価と複数の危険要因の取扱
　　　　　について

　　第2章　寄与割合の前提

　　第3章　寄与割合あるいは西淀川公害訴訟
　　　　　判決（第二次ないし第四次）

　　第4章　小　括

第1章　疫学的因果関係における危険要因の量的評価と複数の危険要因の取扱について

第1節　疫学とは

　この研究の契機となった第1編第1章「疫学的因果関係における危険要因の量的評価と複数の危険要因の取扱いについて」、第2章「寄与割合の前提」は、京都府立医科大学助教授小笹晃太郎氏の平成6年6月18日の関西医事法判例研究会でのレポート「疫学的因果関係の法的因果関係への適用」に啓発されて書かれたものである。これら2章は、小笹氏の発表内容を、また、小笹氏がレポートの中で紹介した浜島信之氏のいくつかの文献や判決文を、私なりの理解で、若干の私的な疫学に関する理解も含めて、私の言葉で紹介したものである。それゆえ、私の誤解、無知による誤述も多いであろう。これらの章の内容に関しての責任は一切本書の著者である山口龍之にあり小笹氏や浜島氏にないことはもちろんである。

　疫学の議論の基本的パラダイムは、コッホの3条件を普遍化した病因論に由来している。この3条件とは、(1)同じ病気には、特定の原因物資が存在(増加)しているか、欠如(減少)していることが証明できる。(2)その病気のないところでは、そのような現象は観察されない。(3)原因物資を身体で増加または減少させればその病気と同様な症状が発生し、また増加または減少を正常の値に戻してやれば身体は正常に回復する[5']。
　この病因論が疫学を次のように規定する。「原因不明の疾患の集団的発生に対して必要な防疫を講ずる前提として、その原因と仮定した因子と疾患との間の因果関係の蓋然性を証明するのが疫学である。」[6]

この因果関係の蓋然性は、現在では疫学的因果関係の強さとして表現される。すなわち、疫学とは「人の病気の度数分布とその規定因子を研究する学問」ということになってくる[7]。

　ある因子が存在するとき、特定の事象を起こす危険が高くなる（または低くなる）ときに、その要因はその事象の危険因子（低くなるときは阻止因子または負の危険因子）とされ、病気の原因または危険要因とされるのである。

　因果関係とは、病気の増加（結果）とその因子（原因）との関連性のことをいうわけであるが、そこでは原因がどのようにして結果に作用したのか、というさらに細分化された因果の連鎖については探求の対象とされていない。もっとも、因果関係そのものの存否、すなわち時系列としての原因と結果の関係は、存在しなければならない。原因と解されていた因子が、真実の原因のもう一つの結果であったり、結果と解されていたものがむしろ原因であるという場合は除かれるのである。たとえば、ある病気の初期症状をその病気の原因と誤解してしまう場合もあろう。しかし、それでは、防疫的視点から初期症状の除去に努めようとしても、すでに原因（危険因子）は存在してしまっているのだから、大した効果をあげることはできないであろう。また、病気の結果起ってくる症状を原因と誤解しても同様である。エイズの症状であるところのカポジ肉腫を原因（危険因子）と誤解してもエイズの防疫には役立たないがごとくである。

　ところで疫学では法学で言う原因に似た概念として危険因子というものを名辞する。危険因子は疾病を起こす可能性のある要因という意味とでも言っておこう。疫学では原因と結果のメカニズムが法学的な意味での因果関係のイメージと同じではない。疫学では因果はくもの巣状のものとしてイメージされ、原因と結果の間にさらに原因と結果の連鎖があることが前提になっている。そのなかで結果たる疾病にとって何が危険かという視点から多々ある要因のなかから原因をさぐるとき、そこに発見されたものは疾病を引き起こす危険性を有する因子であり、原因物質とも呼ばれる。し

かし、これは疾病にいたるまでに無限に存在する因果の流れのなかの一つの原因にすぎない。それも実際の研究では100%疾病の原因に当るとは限らない。そこで統計的、疫学的には極めて危険な要因という、そういうニュアンスとして捉えておいていただきたい。防疫上の視点からは危険因子（原因）を明らかにすることは有益である。疫学的因果関係の存在には、原則として次の五つの条件をみたしていることが必要であると考えられてきた[8]。

(1) 関連の一致性：時間、場所、対象者を選ばないこと。
(2) 関連の強固性：関連の強さを示す相対危険度やオッズ比などの指標が大きいこと。量が増えれば反応も増えるという関係が認められればなおよい。
(3) 関連の特異性：疾病には特定の要因が必ず存在しており、これが存在しているときには疾病の発生が予測されるような特異的関係があること。
(4) 関連の時間性：要因が疾病よりも時間的に先行していること。疾病の症状を要因と混同しないための要件である。
(5) 関連の整合性：要因が疾病の原因として矛盾なく説明できること。

ところが(3)の特異性の条件は、疾病が必ずしも一つの因子によっていないこともあり、条件を満たすことは難しい。たとえば、肺ガンは、喫煙のみを原因とするわけではない。そこで最近では(3)の条件は緩和されて解釈されてきている。疫学的因果関係は、十分条件でも必要条件でもある必要はない、と解されるようになってきている。

これは疫学がコッホの病因論とは別のものとなってきたことを意味する。疫学は病気の疫学的原因（病気を発生させる危険因子）ではあっても病気の原因（病因）ではない、という区別である。たとえばタバコは肺ガンを起こす誘因性が高い「危険因子」ではあっても、肺ガンそのものの病因

とは呼ばれないのである。病因であるなら、100％の因果関係がなければならないはずであるが、喫煙者でも肺ガンにならない者もおり、非喫煙者でも肺ガンになる者もいるからである。それでも喫煙と肺ガンの間には一定の関係が観察され、それがタバコを肺ガンにおける危険因子と規定するのである。

　現代の医学や生物学においては、疾病の発生には様々な要因が何段階にもわたってあり、原因と結果の関係を蜘蛛の巣のように網目状にわたって張り巡らしていると考えられている。それは「因果の綾 (web of causation)」の理論と呼ばれ実証的に研究されている。疫学は、研究初期においては、疾病の原因を病因、宿主要因、環境要因のように分類していたが、これらの分類は原因のもつ属性に着目したものであった。

　ところが、こうした表現および分類は、急性感染症にはあてはまっても、成人病のように因果の綾が広く、緩やかに張りめぐらされているものにあっては、あまり意味をもたない。

　そこで疫学は、病気の原因をさぐる学問（病因論）から病気の予防のための危険因子探求の学問（防疫のための学問）へと袂を分かち、その方法論と理論を確立していったのである。

　この視点から、危険因子の発見、とりわけ規定因子と病気との間の疫学的因果関係の証明（蓋然性の証明）に学問上の力点が置かれることとなった。

　ちなみに、この疫学の学問的試みは、成功すれば法学の中では重大な変化をもたらすはずのものであった。話は少し横道にそれるが述べておこう。

　法学における因果関係の理論は、かつて「富の再配分の理論」、すなわち豊かにあるところからとって配るといったディープポケットセオリーのような政策的発想からの脱却をはかろうとしたものだった。あるところからとる、といった視点のそとにある、いわば政治的思惑から「隔絶された

私法のシステムを構築しようとする19世紀後期の試み」の産物であった。当時の因果関係論は原因・結果を直線的連鎖と把えることで、他の考慮要因が入ってくることを防いでいた。たとえば因果関係の有無をその遠近で決するコモンローのシステム[9]である。しかし、こうした構想はその根拠も基準も曖昧で恣意的であるため、基準として現実的でないとして、その規範的意味が失われていく。因果関係の議論はその色を失っていくのである。そもそも客観的に誰に事故の責任を負わせるかの決定システムとして因果関係の理論を構築するには無理があったのかもしれない。因果関係の遠近を指標に、原因をつくった者に賠償させるか否かという問題を政治的な判断の介入なしに決定したいという「もくろみ」の崩壊は起るべくして起ったのである。「直近の原因か遠く離れた原因か (Proximate or Remote Cause)」という手法を使うことで、政治による法への介入が回避できるのではないか、と考えた客観的因果関係の理論[10]は、因果関係の遠近性という指標の「曖昧さ」のために、もろくも崩れるのである。

それが疫学の登場によって希望は再燃したのである。疫学は数量的指標をもって登場してきたために、原因の結果に対する影響をパーセンテージで示すことが可能となったのである。このため、事態は新たな展開をみせるかに見えた。疫学的因果関係の理論は「概念として、客観的因果関係という考え」を再構築する試みである。疫学によって明らかになった「因果の綾」という現実的視点の中で、原因と結果の関係が数量的に表現されるようになったからである。閑話休題。

第2節 危険度——疫学的因果関係における関連の強さの量的表現

ここでは、まず相対危険度、寄与危険度といった危険度に関する疫学上の概念を紹介し、そこから疫学的因果関係の議論へと繋げていく。なお、説明の都合上、喫煙と肺ガンの関係が例として使われる。

相対危険度（relative risk）

タバコを吸っている人は、吸っていない人に比べて肺ガンに4倍なりやすい、といったように、疾病の罹患、死亡、有病状態などに関する危険因子の存在する集団の方がその因子の存在しない集団よりも、疾病の罹患、死亡、有病の度合いが何倍高いかを示す指標である。数値が大きいほど危険が大きいことになる。例えば喫煙者以外は肺ガンにかからないとすると、相対危険度は無限大になる。また逆に、仮に絶対に肺ガンにならない飴があるとして、この飴をなめている者は、肺ガンにならない、といったような阻止因子（負の危険因子）のときは、相対危険度はゼロになる。

測定方法としては、(1) 要因のある群とない群において疾病の事象（罹患、死亡、有病）の有無、頻度を測定して比較する方法（コホート研究）と(2) 事象のある群とない群について、過去の危険要因への曝露状況を比較する方法（奨励対象研究）とがある。コホート研究は、要するにタバコを吸う人とすわない人を追跡調査していった結果のことであり、奨励対象研究は、すでに肺ガンと分かっている人、肺ガンでないと分かっている人について過去にタバコをすっていたかどうかを調査する方法のことである。

たとえばタバコと肺ガンの研究を例にとれば、オッズ比とは、タバコをすっており肺ガンになった者（A）とタバコをすわず、肺ガンでない者（D）の積（AD）をタバコをすっており肺ガンでない者（B）とタバコをすっておらず肺ガンとなった者の数（C）の積（BC）で分ったもの（AD/BC）をいう。

タバコをすわない者は、肺ガンにならないとすると、ここでもオッズ比は無限大になり、肺ガンにならない飴の仮説では、ゼロになる。

曝露状況は有病率調査など、一時点での横断調査による。

かようにそれぞれ測定方法において、実際には、研究手法や事象によって測定方法に相違した計算方法があり、さらに点推定、信頼区間の推定、相対危険度が1と有意に差があるか否かの検定などが行われる。

第1章 疫学的因果関係における危険要因の量的評価と複数の危険要因の取扱について

表1　コホート研究

危険要因	事象	事象発生率	相対危険度
あり　N1人	A1人	R1＝A1/N1	R1/R0
なし　N0人	A0人	R0＝A0/N0	

事象		危険要因 あり	なし
あり	N1人	A人	C人
なし	N0人	B人	D人

症例対象研究の場合にはオッズ比を相対危険度の近似値として用いる。
（オッズ比＝AD/BC）

寄与危険度（attributive risk：AR）
　表1のR1/R0を寄与危険度という。寄与危険度は要因の効果に関する絶対的な大きさを表現している。

曝露群寄与危険度割合（exposed group attributable risk percent：EARP）
　ある危険要因に曝露された集団に発生したある事象のうち、その危険要因に起因している割合を示す指標である。喫煙者に限っていえばどれくらい肺ガンに影響しているかを示す指標。
　EARP＝(R－1)/R×100　　R：相対危険度（R≧1）　R＝R1/R0
　例えば肺ガンにおける喫煙の相対危険度が5.0であれば、喫煙者に発生した肺ガンの80％は喫煙に起因することを示していることとなる。このことは、肺がん患者の80％が過去に喫煙の習慣があった（奨励対象研究）とすると、肺がんになる確率はスモーカーの方がノンスモーカーよりも5倍高いことを意味する。

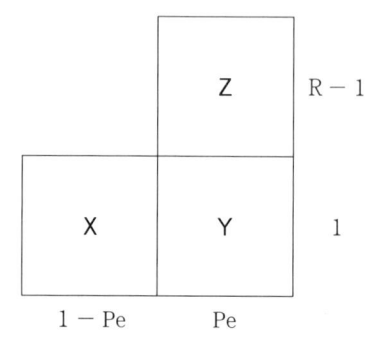

図1 危険要因の存在による過剰発生分[11]

人口寄与危険度割合(population attributable risk percent : PARP)

ある危険要因に曝露された集団を含む、ある人口集団に発生した事象のうち、その危険要因に起因している割合を示す指標である。たとえば喫煙を原因とする肺ガン患者が社会のなかでどのくらいいるかを示す指標として利用される。

PARP ＝（全集団での発生率－非曝露者での発生率）/ 全集団での発生率
　　　＝ $Pe(R-1)/\{1+Pe(R-1)\} \times 100$

R：相対危険度（R≥＝1）　Pe：危険要因に曝露された者の割合

また、発生した者のうちの危険要因への曝露者の割合をfとすると、
$f = PeR/\{1+Pe(R-1)\}$，PARP ＝ $f \times (R-1)/R$ という関係も成り立つ

Z：危険要因の存在による過剰発生分
　　（タバコをすったことによって余分に発生してくる肺ガン）
　Y：タバコをすってもすわなくても発生してくる肺ガン
　X：非喫煙者に発生してくる肺ガン

このことは例えば、肺ガンにおける喫煙の相対危険度が5.0で、男性の喫煙率が60％であれば、男性に発生した肺ガンの70.5％は喫煙に起因することを示すこととなる。また、男性の肺ガン患者の88.2％が喫煙者であることになる。

これを図示すると図1のようになる。

この図では、曝露群寄与危険度割合は EARP ＝ $Z/(Y+Z)$ で現される。けだし、YとZは曝露群（肺ガンにかかった者）を示し、Zは喫煙によって余分に発生した肺ガン患者部分を示しているからである。

また、人口寄与危険度割合は PARP = Z/(X + Y + Z) で現される。けだし、X、Y、Z で肺ガン患者全体が現され、Z によって喫煙によって余分に発生した肺ガン患者部分が示されているからである。

第3節　法的因果関係判断の指標としての相対危険度

民事裁判において被告の行為と原告の損害の間に因果関係があるか否かの判定の基準となる指標を相対危険度や曝露群寄与危険割合に求めるなど、わが国での「高度の蓋然性」の議論は EARP が 80％ を超える (RR = 5.0) ものをいい、米国での「証拠の優越」の議論は EARP が 50％ を超える (RR = 2.0) ものをいうのではないか、といわれているが、この点に関する検証は、後の章ですることとする。

ただ、ここでは、十分原因 (Sufficient cause)、必須原因 (Necessary cause) という概念を紹介しておこう。

十分原因とは、この原因が存在すれば不可避的に (必ず) 疾病が発生するというもので、いわばペストにおけるペスト菌、コレラにおけるコレラ菌にあたる。もっともペスト菌に感染してもペストにならない人間もいるとすれば、ペスト菌はペストの十分原因ではないということになる。

必須原因とは、すべての十分原因の必ず含まれている寄与原因を指す。これが無ければ疾病は全く発生しないというもので、杉花粉アレルギーにおける杉花粉の存在などがこれに当たる。しかし、杉花粉が存在していたからといって杉花粉アレルギーになるとは限らない。最近の研究では、大気汚染 (特に NOx など)、タバコ、マンションでの生活などが、杉花粉アレルギー体質と競合して杉花粉アレルギーを引き起こすと考えられているのである。特にタバコ、マンションでの生活などは、杉花粉症の十分原因でも必須原因でもないが、杉花粉症の危険因子であると認定されているのである。

表2　R：要因X、Yのいずれかにも曝露されていない場合に対する相対危険度

	要因X	
	曝露なし	曝露あり
要因Y　曝露なし	1	R 10
曝露あり	R 01	R 11

例1	1	3	例2	1	3
	2	3		2	10

2×3＜10

例3	1	5	例4	1	5
	2	6		2	10

2×5＜6

第4節　複数の危険要因が存在し相互作用をする場合

　複数の危険因子が作用する場合には、ある要因が他の要因の修飾を受けて結果に互いに独立である場合以上に、あるいは以下に影響を与えることがある。この場合に影響を与える要因のことを effect modifier と呼ぶ。
　このとき、R 01 × R 10 が R 11 に等しければ Y は X の effect modifier ではない (例1、4) が、等しくなければ effect modifier である (例2、3)。例2では、2×3＜10 で正の修飾が働いており、例3では 2×5＞6 で負の修飾が働いている。
　要因XのEARP：
　　Y曝露なし　　(R 10 −1)/R 10
　　Y曝露あり　　(R 11/R 01 −1)

例1
(3−1)/3＝67%
(6/2−1)/(6/2)＝67%

例2
(3−1)/3＝67%
(10/2−1)/(10/2)＝80%

例3
(5−1)/5＝80%
(6/2−1)/(6/2)＝67%

例4
(5−1)/5＝80%
(10/2−1)/(10−2)＝80%

　例2および例3では、要因XはYの曝露なしでは曝露群寄与危険度割合がそれぞれ67%、80%であったものが、Yの曝露によって、それぞれ80%、67%に変化している。この増減は、Yの影響によるものであるから、例2および例3においてYはXのeffect modifierと呼ばれることになる。

　たとえば、法的に責任が問題となっている被告側に起因する危険因子をXとし、Yをeffect modifierで原告側に起因する危険因子ないし負の危険因子とすると、例2では、Yの曝露によって危険はXとYの危険因子が単に並存する以上に増大したことになる。例えば仮に杉花粉症をめぐって、Xを大気汚染、Yをマンション居住とすると、例2のような結果がでれば、杉花粉症は、大気汚染のみならず、マンション居住によってさらに悪化したこととなる。それゆえ、杉花粉症は、大気汚染を避けられないとしてもマンション居住をやめることで改善することが予測されるのである。また、逆に例3にあてはまる事案として喘息を疾病、Xを大気汚染としながらも、Yを喫煙の慣習として、それらが例3の場合に当たるとするならば、喫煙は喘息の危険因子としてあるにしても、大気汚染との関係では負の修飾因子としてある、ということになる。

　実際こうした議論が可能な事例が、わが国の公害事例においても現れてきている。次に、effect modifierの存在が確認されている事例を紹介しよう。

（5´）　拙書『米国医療と快楽主義』（信山社、1995年）212頁。
（6）　拙稿「複数原因子と因果関係の証明度」沖大法学18号（1996）、拙書前掲注（5）212頁。
（7）　ちなみに新村出編『広辞苑』（岩波書店、第5版、1998）は、疫学を次のように説明している。「疫病・事故・健康状態について、地域・職域などの多数集団を対象とし、その原因や発生条件を統計的に明らかにする学問。最初は疫病の流行様態を研究する学問として発足。」
（8）　米国公衆衛生総監諮問委員会 Smoking and Helth, 1964.
（9）　本書第3編参照。
（10）　モートン・J・ホーウィッツ著（樋口範雄訳）『現代アメリカ法の歴史』（弘文堂、1996）64頁。
（11）　山口前掲注（6）33頁。

第 2 章　寄与割合の前提

第 1 節　複数原因子の適用例——大気汚染と喫煙

　大気汚染による呼吸器疾患への慢性的影響について行われた種々の疫学調査（全国九地域における呼吸器有症率調査、近畿地方大気汚染調査連絡会などの調査）の過程で、呼吸器有症率との関係では、大気中の三酸化硫黄の濃度に対して喫煙が負の effect modifier として作用することが明らかになってきた[12]。

　SO_3 濃度 1.0 を SO_3 濃度としてはわずかであるとして曝露なしとし、1日 11 本以上 20 本まで喫煙するものを対象として三酸化硫黄濃度と気管支炎の関係において喫煙の effect modifier としての性質を見てみると次のようになる（以下喫煙者というときは、断りのない限りすべて 1 日に 11 本から 20 本のタバコを吸う者をさすこととする）。

表 3　慢性気管支炎有症率

SO_3濃度	1.0 (mg/day/100cm²)	3.0 (mg/day/100cm²)	RR	EARP
非喫煙者	1 %	5 %	5.0	80%
喫煙者（1 − 10本/日）	3 %	8 %	2.7	63%
喫煙者（11 − 20本/日）	6 %	11%	1.8	44%

　三酸化硫黄 3 % を要因 X の曝露あり、1 % を曝露なし、喫煙 11 本以上を要因 Y の曝露あり、非喫煙者を曝露なしとすると、R 11/R 01 が R 10 に等しくなければ、effect modifier であるというのだから、11/6＝1.83 で R 10 の 5 よりもはるかに小さいこととなる。この結果、非喫煙者が三酸化

硫黄と気管支炎の因果関係を認定されやすいのに対して、喫煙者は因果関係の認定に困難が生ずるという事態に陥ることとなる。すなわち喫煙者にとって三酸化硫黄は曝露群寄与危険度が小さいということになり、気管支炎になってもそれは大気汚染（三酸化硫黄）のせいであるとの認定がされにくいということを意味する。

　たとえば、因果関係の証明度を「高度の蓋然性」に求め、その相対危険度を5あるいは曝露群寄与危険度を80％とすると、非喫煙者には三酸化硫黄と気管支炎の因果関係は曝露群寄与危険度80％であるから因果関係は認められても、喫煙者には曝露群寄与危険度44％では因果関係は認められないこととなるからである。

　しかし、現実の事件における判例は、喫煙者などに対しても特別な扱いをしていない。その理由を判例は「喫煙が本件疾病に影響するからといっても、それにより大気汚染による影響がなくなるわけではなく、因果関係に消長をきたすわけでもない[13]」とか、「本件疾病の発病及び症状の増悪に原因を与える因子としては、大気汚染物質のほかに、各人の年齢、性別、居住歴、職業歴、喫煙歴、遺伝、アレルギー体質、既往症等を挙げることができるのであるから、そのうちの大気汚染物質と本件疾病等との間における因果関係を立証するについては、訴訟技術的に難しい問題がある。」としながらも結局「患者原告ら及び死亡患者らの健康被害と大気汚染との間に因果関係を肯定することができるのであれば、その発症及び増悪について他の因子が関与していたとしても、それは大気汚染との間の因果関係を否定することにならないのであるから、大気汚染との間の因果関係を否定するためには、その発症及び増悪が専ら他の因子に起因したものであって、大気汚染の影響を受けたことによるものでなかったことを証明しなければならないものというべきである。」と、いったん原告側が因果関係の証明に一応成功すれば、（証明責任は転換し）それを覆すには因果関係の不在を完全に証明しなければならないとすることで原告を勝訴させたのである[14]。

かようにわが国の判例は effect modifier の考え方を採用しておらず、また、それゆえに、わが国では疫学的因果関係の理論に対する理解が法曹において不十分ではないか、といった批判を生む余地を生じさせている。また、保健衛生学者のほうも、法における因果関係の視点を誤解している節がある。たとえば、保健衛生学者からは、証明責任の分配は「本来因果関係について判断ができない部分を、その事件を解決する目的で因果関係なしの部分に押しやったり、逆に因果関係ありの部分に押しやったり」しているように見えるようである[15]。

しかし、本稿では曝露寄与危険度割合や effect modifier の扱いをめぐる議論をきっかけに民事法における因果関係とはなにか、を考察していきたいわけである。この目的のために、法における因果関係およびその証明(度)、証明方法について、もう少し見ていきたいと思う。

第2節　法における因果関係——証明の質

鉱害、大気汚染、水質汚濁などの公害事件では、因果関係の証明については、蓋然性説が有力に主張されている。蓋然性説とは、「因果関係の存在についてはかなりの程度の蓋然性を示す程度で充分である」との主張のことをいう。それは、「公害事件においては加害行為と損害との因果関係が不明確な場合が多く、また被害者がそれを証明するには技術的・経済的に多大の困難を伴う」からであるとされる[16]。

最高裁も「訴訟上の因果関係の立証は、一点の疑義も許されない自然科学的証明ではなく、経験則に照らして全証拠を総合検討し、特定の事実が特定の結果発生を招来した関係を是認しうる高度の蓋然性を証明することであり、その判定は、通常人が疑いを差し挟まない程度に真実性の確信を持ちうるものであることを必要とし、かつそれで足りる[17]」としているが、別段、公害事件に限定していない。

以下に紹介する判例はルンバール・ショック事件と呼ばれ、化膿性髄膜

炎の治療中に腰椎の髄液採取（ルンバール）のショック（脳出血）が原因であるとして争われた事例であり、原因としてのルンバールと病変との因果関係の証明に関してのものであった。ルンバールによる骨髄採取とペニシリン注入の施術を受けたところ、その後15分ないし20分後に突然、嘔吐、けいれん発作を起し、右半身不全麻痺、性格障害、知能障害、運動障害等を残した、という事案である。

最高裁は、原審が次の事由から因果関係を認定したことを、蓋然性説を採用することで支持した。すなわち、(1)化膿性髄膜炎の病状から漸次快方に向かっている段階で突然起ったものであり、(2)本件発作後に行われた髄液検査の結果が発作前よりもむしろよい結果を示していたこと、(3)患者は入院当初より出血性傾向があり、本件発作当時も血管が脆弱でなお出血性傾向が認められたこと、(4)本件発作が突然のけいれんを伴う意識混濁ではあったこと、(5)けいれんが特に右半身に強く現れ、その後右半身不全麻痺が起ったこと、脳波所見によっても脳の異常部位が脳実質の左部にあると判断されること（脳実質左部に病巣がある場合、右半身に異常が現れる）、(6)本件発作後少なくとも退院まで主治医は原因を脳出血によるものとして治療していたとの原審の事実認定をもとに、ルンバールと発作、脳出血の因果関係はあるとしたのである。そこには、「高度の蓋然性」がある、というわけである。

実は、こうした「高度の蓋然性」を証明の質として採用した判例は、このルンバール・ショック判決以前にもあった。ただ、それを「高度の蓋然性」と認識していなかっただけである。昭和32年に最高裁で下された「過失の一応の推定」あるいは「選択的認定」と呼ばれる判決を次に紹介しよう[18]。

事件の概要　Xは、昭和24年9月Y医師から心臓脚気の診断を受け、ビタミン剤の皮下注射などの治療を開始した。同年10月末頃Xの右上膊

部が赤く腫脹し疼痛を伴うようになったので、Yの執刀で部位の小切開手術を受けた。しかし症状は好転せず、結局別の病院で別の医師の下、切開手術を受ける。その結果、快方に向かったが全治した後も右腕、特に上膊に高度の筋萎縮を生じ、肩胛及び肘関節に軽度の運動障害が残ることとなった。

原審はXの本件疾患はYが注射をした際に「その注射液が不良であったか、又は注射器の消毒が不完全であったかのいずれかの過誤があって、この原因に基いて発生したものであること、従ってそのいずれにしてもYがこの注射をなす際に医師としての注意を怠ったことに基因して生じた」と認定した。

Yは、次の二つの理由をあげて上告した。第一に、Yの過失が注射液の不良にあるのか消毒不完全にあるのか不明であり、右のような認定は無に等しく、結局原判決には審理不尽もしくは理由不備の違法がある。第二に、Xは注射液が不良であったという事実を主張していないのにこれを認定したことは、民訴法186条[19]に違反するというものであった。

判　旨　上告棄却「原審は、挙示の証拠により『Xの心臓性脚気の治療のための注射した際にその注射液が不良であったか、又は注射器の消毒が不完全であったかのいずれかの過誤があった』と認定したけれども、注射液の不良、注射器の消毒不完全はともに診療行為の過失となすに足るものであるから、そのいずれかの過失であると推断しても、過失の認定事実として、不明又は未確定というべきでない。」

「Xの主張しない『注射液の不良』を、過失認定の具体的事実として挙げたからと云って、民訴186条に違反するということはできない。けだし同条は、当事者の主張しない、訴訟物以外の事実について、判決することができないことを定めたものであって、前記注射液不良という事実の如きは、X主張の訴訟物を変更する事実と認められないからである。」

なぜ、この判決が『高度の蓋然性説』を採用したものかというと、それは、「注射のあとが化膿した場合には、それは十中八九、注射をした者に当然なすべき注意を怠ったことによる」という蓋然性のきわめて高い経験則を基礎にした推定命題を採用したものだと理解できるからである[20]。

なお、第二の論点である弁論主義の問題は、過失が抽象的事実であるという点で実は大きな意味があるが、その議論は別の機会に譲ることとする。

このように見てくると「高度の蓋然性の理論」はその当初、証明手法の問題、いわゆる証明の「質」的問題にすぎなかったことがわかる。それが、後に証明の度合い、いわゆる証明の「量」的問題に発展していくのである。

第3節　因果関係の証明度、あるいは証明の「量」的処理

問題は高度の蓋然性というときの蓋然性の度合いである。高度の蓋然性を疫学的に相対危険度や曝露群寄与危険度割合であらわすとどの位の数値になるであろうか。一説によると高度の蓋然性の理論を採用している裁判所の因果関係の認定は、RR＝5.0　EARP 80％を越えるくらいではないか、という。100％なら蓋然性ではなくて、完ぺきな証明を要求していることになり、それでは証明責任は少しも軽減されたことにならない。かといって米国のように「証拠の優越」があればよし、とするのではRR＝2.0　EARP＝50％くらいとなってしまい、容易すぎるからというのである。

それでは、なぜ、日本では証明度が50％位にならないかというと、それは、日本が大陸流の証明責任の分配の理論を採用しているからであると説明される。すなわち、米国法において「証拠の優越」が採用されるのは、「積極的に働きかける権限がなく、ただ黙って法廷における攻防を見ていなければならない陪審員に高度の確信を期待することができないとい

う事実を前提としており、職業的裁判官が積極的に事件に働きかけ、納得いくまで審理することのできる大陸型事実審の構造のもとでは、証拠の優越によって事実を認定することは許されるべきではない[21]」というわけである。

ここで「50％の心証では足りない」という議論は、もちろん疫学的手法、特に相対危険度のような数量的処理を前提とするものではなかった。

ところが、「蓋然性の理論」は、次第に因果関係における証明度の問題として疫学的手法を、関数的関係、数値的処理として認めていくのである。

それは、始めは原因とされる事象が、他の原因とする事象に比べて比較的多いこと、たとえばレントゲン線照射を原因とする皮膚ガンが他の原因と比べて比較的多いことを因果関係を認める一つの理由としたり[22]、大腿四頭筋短縮症に関して、大多数は筋肉注射を原因としていて他原因のものは極めて稀であり、市販の筋肉注射は強弱の差はあるが例外なく筋組織障害を有することなどを理由としたりした[23]。

さらに、寄与危険が少ないとした例では、徳島地裁で昭和49年に判例がでている。そこでは、種痘と点頭てんかんとの因果関係で種痘から脳炎になったとしても、脳炎から点頭てんかんになるものは12％に過ぎないとして因果関係を否定したのである[24]。

しかし、基本的発想として疫学的因果関係を採用した著名な判決といえばやはり、イタイイタイ病事件[25]とスモン事件[26]であろう。これらの事件では、問題となった因子が、疾病の唯一の原因因子であるか、そうでなくとも相対危険度が著しく大きい場合について因果関係を認定しているのである。

曝露率を寄与危険度の代理指標として因果関係を認定したものもある。例えば、特定の缶入油の使用者群中の発生率が81.3％であることをあげたり[27]、患者がすべてカネミライスオイルを摂取し、非摂取者からは患者がないことを指摘して、因果関係を認定する根拠としている[28]。

第4節　判例における修飾因子の扱い

　それでは、判例は相対的危険度の高低で因果関係の有無を決するなら、修飾因子の存在をどのように考慮したのであろうか。修飾因子によって因果関係が否定され、ないし修正されるような判例は出ているのであろうか。

　一般的にいって次のような構造になっている。判例は因果関係の審理にあたって、いわば総論部分と各論部分にわけて審理する傾向が強い。まず総論部分で、一般的に因果関係があるのかないのかを、疫学的手法で検討する。すなわち、原告患者群の疾病の症候と原因物質との間を疫学的観点から検討するのである。その場合には、患者個々人の体質や特殊な環境因子は考慮の対象とされないことはもちろんである。

　そうして各論部分で、個々の原告患者の特殊な事情は、右因果関係の作業の認定後に行われる。ここでは修飾因子の存在も問題とされるが、総論部分ですでに高度の蓋然性をもって因果関係の存在を認定された後においては、これを個々の患者について否定するには、それだけ強い否定材料が必要となる。

　そこで結局判例は、因果関係そのものは否定せず、ただこうした修飾因子を考慮して、賠償額そのものに影響を与えるようにしている。たとえば、川鉄事件判決は、喫煙、狭心症、肝臓病、遺伝的素因、ハウスダスト・アレルギー、高血圧症、心臓病、職場環境（溶接作業）、ペニシリン・アレルギー、板金業、僧帽弁狭窄症などをあげている。

　原告Xについて、千葉川鉄大気汚染公害訴訟判例は「昭和45年ころに疾病に罹患し、その症状は3級程度のものであった。昭和53年3月まで千葉高等学校に勤務し、比較的軽症であった。喫煙が発症及び症状の増悪に影響を及ぼした。（改行）その他諸般の事情を考慮し、その包括慰謝料を1000万円と算定するのが相当である。」としている[29]。

さらに別の判例には、effect modifier の正の修飾因子としてアレルギー因子の存在を認めつつ（この修飾なしにも因果関係は認められた事案ではある）、この因子が喫煙のように個人の責め（被害者の過失）によらないものであることから、原因因子との間の因果関係を認めたものがある[30]。

いわく「閉そく性肺炎疾患の原因に関係ある因子は、大気汚染のほかにも多数あり、各因子の疾患に影響を及ぼす影響も大小いろいろある。（改行）ところで問題は、大気汚染と原告らの罹患または症状増悪（継続を含む。以下同じ）との間の法的因果関係の有無であるから、それには、右大気汚染がなかったら、原告らの罹患または症状増悪がなかったと認められるか否かを検討する必要があり、かつそれでたりる。けだし、他の因子が関与していても、大気汚染と罹患等との間に、右因果関係が認められれば、損害賠償責任に原則として消長をきたさないというべく、例外的に大気汚染以外の因子に被害者の過失が考えられるときには、過失相殺が問題になりうるにとどまると解されるからである。」としているのである。

すなわち、一旦認定された因果関係を覆すには、疫学上の危険寄与度の計算方法は採用されず、当初の因果関係を全面的に否定するに足る「特段の事情」を相手方の方で証明していかなければならない、というわけである。

さきに引用した西淀川判決[31]も「喫煙が本件疾病に影響するからといっても、それにより大気汚染による影響がなくなるわけではなく、因果関係に消長をきたすわけでもない」としており、また川鉄事件判決も「患者原告ら及び死亡患者らの健康被害と大気汚染との間に因果関係を肯定することができるのであれば、その発症及び増悪について他の因子が関与していたとしても、それは大気汚染との間の因果関係を否定することにならないのであるから、大気汚染との間の因果関係を否定するためには、その発症及び増悪が専ら他の因子に起因したものであって、大気汚染の影響を受けたことによるものでなかったことを証明しなければならないものというべきである。」と、いったん原告側が因果関係の証明に一応成功すれば、（証

明責任は転換し)それを覆すには因果関係の不在を完全に証明しなければならないとすることで原告を勝訴させて、修飾因子の存在は個々の原告の包括的慰謝料のところで考慮しているのである[32]。

そこでは、疫学的因果関係が通常認められる場合、個々人の個別的事情によって、この因果関係の中断を主張するなら、それは被告の仕事であって、被告がその証明に成功しない限りは、中断は認められないとする発想(証明責任の転換論、間接反証の理論などの因果関係に関する証明の議論)を背景にしているのである。

判例は、危険因子を数量的に、すなわち厳密な意味で寄与危険度を計算したうえで議論しているわけではなく、むしろ「量」の問題として扱いたいなら「他の因子が疾病に原因していることを被告の側で証明せよ」というわけである。そうして、その証明として修飾因子の存在の議論ぐらいでは不十分である、というわけである。

一般的に言って、判例では、喫煙経験やアレルギー素因などの他原因の評価にあたっては、リスクの定量的評価は重視しない傾向にあるといえる。危険因子が複数存在する場合、曝露群寄与危険度を単純に足し算すると100%を越えることはままある。それゆえリスクを数量で評価することを避けることも、あながち間違いとは言えないであろう。しかし、同一の物質を複数の企業などが排出している場合、企業の責任については寄与割合という考え方を採用して数量的評価をしている判例がある[33]。

そこで、次に寄与割合という概念を検討し、この概念と修飾因子および数量的評価の思想がいかなる関係に立つかを明らかにしていこう。

(12) 「西淀川大気汚染公害第一審訴訟判決」大阪地判平3・3・9判時1383号53頁以下参照。
(13) 前掲西淀川69頁。
(14) 「千葉川鉄大気汚染公害訴訟第一審訴訟判決」千葉地判昭63・11・17判時1383号53頁以下参照。
(15) 浜島信之「医事紛争における因果関係論」日本医事新報3417、46頁。

(16) いずれも森島昭夫『不法行為講義』(有斐閣、1987) 290 頁。
(17) 最判昭 50・10・24 民集 29 巻 9 号 1417 頁。
(18) 最 2 小判昭 32・5・10 民集 11 巻 5 号 715 頁。
(19) 処分権主義の規定であるが弁論主義を問題にしているのであろう (筆者記)。
(20) 新堂幸司「概括的認定」別冊ジュリスト民事訴訟法判例百選 Ⅱ (No. 146 (1998. 3)) 248 頁。
(21) 森島前掲注 (16) 293 頁、証明度に関する最近の研究としては、伊藤滋夫「事実認定序説⑼－民事判決における事実判断の構造－」。
(22) 最判昭 44・2・6 民集 23 巻 2 号 195 頁。
(23) 福島地白河支判昭 58・3・30 判時 1075 号 28 頁。
(24) 徳島地判昭 49・5・17 判時 787 号 105 頁。
(25) 富山地判昭 46・6・3 判時 635 号 17 頁、名古屋高裁金沢支判昭 47・8・9 判時 647 号 25 頁。
(26) 東京地判昭 53・8・3 判時 899 号 48 頁、広島地判昭 54・2・22 判時 920 号 19 頁。
(27) 判時 866 号 21 頁。
(28) 判時 881 号 17 頁。
(29) 前掲注 (14) 千葉川鉄大気汚染公害訴訟第一審判決、177 - 178 頁、184 - 216 頁。
(30) 津地四日市支判昭 47・7・24 判時 672 号 30 頁。
(31) 前掲注 (12) 西淀川 69 頁。
(32) 西淀川公害訴訟判決第二次ないし第四次、判タ 889 号、判時 1536 号。
(33) 判タ 889 号 3 頁以下。

第3章　寄与割合あるいは西淀川公害訴訟判決
（第二次ないし第四次）

第1節　判　　決

　西淀川公害訴訟判決（第二次ないし第四次）の特色は寄与割合に応じて責任の分割を認定したところにある。判決は次のような二段階の操作によっている[33']。

　一般論：民法719条1項前段は共同不法行為が成立する要件として客観的に関連共同があれば足りると解されている。同条前段は、数人が「共同シテ不法行為ニ因リテ」他人に損害を与えたときには、「各自連帯ニテ」損害賠償責任を負うと規定している。判決は各人に不法行為を共同しているという意識は不要であり（これを主観的連絡を必要としないと表現する学説もある）、客観的に各人の行為に（相当因果関係の範囲内で）関連共同があれば足りるとしている。

　判決は、この関係を「弱い共同関係」とし、この関係では、まだ加害者間で責任の分割が認められるとしている。そうして共同行為者間に「主観的な要素」「共同行為への参加の態様」「そこにおける帰責性の強弱」「結果への寄与度」によっては、それは「強い共同関係」とされ、行為者各人は共同行為の結果の全部に対して責任を負うものとされるとの立場を明確にしたのである。

　しかし、被告は、弱い共同関係であること、自己の寄与度の程度及び責任の分割が合理的に可能であることを主張・立証することで責任の分割の抗弁としうるとすることで、共同関係の証明責任の分配については、強い共同関係が推定されるとの立場を明確にした。一項後段の「共同行為者中

ノ執レカ其損害ヲ加ヘタルカヲ知ルコト能ハサルトキ」にも各自連帯責任を負うものとしているが、これは寄与度不明の場合も含むと解されるというのがその理由である。

　しかし、かように共同不法行為を位置づけると、主観的な関連共同がないかぎり、単独では損害が発生しない場合には、たとえ複数の原因が重合的に競合して被害が発生しても、被害者は救済されないこととなってしまう。けだし、単独では不法行為とならないのだから、主観的関連共同がないかぎり「不法行為」は成立しないからである。そこで判決は、かような場合には、719条の類推適用を画策する。そのための三つの要件が示された。

　(1) 競合行為者の行為が客観的に共同して被害が発生していることがあきらかなこと。

　(2) 競合行為者数や加害行為の多様性など、被害者側に関わりのない行為の態様から、全部又は主要な部分を惹起した加害者あるいはその可能性のある者を特定し、かつ、各行為者の関与の程度などを具体的に特定することがきわめて困難であり、これを要求すると被害者が損害賠償を求めることができなくなるおそれが強いこと。

　(3) 寄与の程度によって損害を合理的に判定できること。

　(1)の要件は719条を類推適用するための必要不可欠の要件であろう。また(2)の要件は、(3)との関わりでのみはじめて理解できるものである。それは、被告となった特定工場群と呼ばれる10社からなる主要工場と、被告とならなかったその他の数百の工場群から排出される硫黄酸化物を中心とする汚染に、自動車の排気ガスからの窒素酸化物が加わった西淀川区における大気汚染において、すべてを連帯責任とするわけにはいかなかったが、かといって被害者の救済をはからないわけにもいかなかったという実際上の判断に基づいているのである。

　それでは、(3)の寄与の程度とはなにであろうか。それは汚染された大気

の基準としての二酸化硫黄、二酸化窒素および浮遊粒子状物質中に占める特定汚染源からの排出の割合のことをさしている。実際の判決では、たとえば慢性気管支炎について、二酸化硫黄や二酸化窒素が慢性気管支炎の原因となりうることは挙げられているが、そのうちのいずれの物質が寄与危険度が高いかとか、二酸化硫黄と二酸化窒素のそれぞれは互いに修飾因子としての働きがあるのかないのか、といったことについての議論は見受けられない。二酸化窒素と二酸化硫黄の両者、あるいはさらに浮遊粒子状物質をすべて総括して病因との因果関係を論じているのである[34]。これは、実際の各汚染物質の流出元での流出割合が被告間で相違すること、すなわち二酸化硫黄は主として工場群において、二酸化窒素は主として自動車によって排出されているという事実を議論の射程外において、両者を一括して汚染源として、それぞれからの加重平均をもとに寄与割合をもとめた議論である。もちろん加重平均を求めるためには、原因物質の大気汚染が問題となった地域への到達について、距離減衰をシュミレーションして割り出し、これを加味して寄与の程度としているのである。

このことは大気汚染以外の病因と目される因子、たとえば喫煙との関係では大変に興味深い差異を生み出している。けだし、例えば同じ気管支炎の病因を論じるにあたって、大気汚染物質間では寄与の程度ということを論じながら、他の危険因子との間ではこういった議論をせずに、因果関係の議論を通過させているからである。

「喫煙は軽度に呼吸器症状の有症率を規定する決定的に重要な因子であるが、この軽度の症状をより重篤な呼吸器症状に進展させる因子として大気汚染が付加的に重要な役割を演じているとする考えもある」とか「感染その他の因子の少ない急死した若い男の剖検成績で、喫煙者と非喫煙者との間に差異が認められず、非喫煙者にも気管支腺肥大の所見があったことから、喫煙以外の刺激も重要であるとの指摘もある[35]」などといった議論のみで気管支炎と大気汚染の因果関係を肯定していくのである。

第2節　判決批評

　この判決の態度は、問題となっている物質が複数あるときでも、それを一方では一派ひとからげにしておきながら、他方では、問題としたくない因子においては、因果関係の認定にあたって、その寄与危険度を論ぜずに過ごそうとしているのである。

　結局「寄与割合」という発想は、719条の類推適用のための要件のうちの最初の二つ、すなわち、① 競合行為者の行為が客観的に共同して被害が発生していることが明らかなこと、② 競合行為者数や加害行為の多様性など、被害者側に関わりのない行為の態様から、全部又は主要な部分を惹起した加害者あるいはその可能性のある者を特定し、かつ、各行為者の関与の程度などを具体的に特定することがきわめて困難であり、これを要求すると被害者が損害賠償を求めることができなくなるおそれが強いこと。

　この二つの要件を満たしているとき、それぞれでは、不法行為が発生していることすら認定できないが、しかし、被害者の救済のために何らかの保障をする必要があるための便法にすぎなかったこととなる。それは、一部の加害者と目される者に全部の責任を連帯債務として負担させることまでは出来ないと考えたからであろう。結局、寄与割合という概念は、被告に部分的に責任を負わせるという結論を導くための法学上の概念装置だったことになる。

寄与危険度割合による責任の分割との相違

　寄与危険度割合による責任の分割は、修飾因子が存在する場合に、修飾因子をもって原因因子との因果関係を部分的にしか認めず、従って、原因因子による責任と修飾因子による責任に分割していこうというものである。たとえば、気管支炎の原因因子としての大気汚染に対する喫煙の関係

(川鉄事件)がそれである。判決では認められなかったが、疫学者からは喫煙の修飾因子としての性質を認めて、原因因子と気管支炎との間の因果関係を部分的にのみ認め、責任の分割を認めよ[35']、ということになってくる。

　これに対して寄与割合の議論は、様相を相当に異にする。寄与割合の対象となっている原因物質は基本的には異なるものでないか、異なっていてもこれと同一の物質と同視している。従って修飾関係ということはない(もっとも、将来において調査研究が進み二酸化硫黄と二酸化窒素との関係が明らかになれば、事態は異なったものとなろう)。しかし、それぞれの汚染源単独では損害との間に因果関係があると認定されているわけではない。この点では寄与危険度割合の議論に似ているが、また非なるところもある。似ている点は、寄与危険度割合も修飾因子の存在を加味すると、原因物質の曝露群寄与危険度割合は50%を切るものも出てくる点である。しかし、これまで紹介した判決の多くは、曝露群寄与危険度割合が50%を割っていることを認めず、修飾因子を抗弁事実とすることで証明責任を転換することで、原因物質と疾病との因果関係を100%認定してしまう方向性を創出している。この点は大いに異なるのである。

　けだし原因因子を規定するのは原告であり、仮に原告が修飾因子の方を原因因子として訴えれば(例えば川鉄事件の被害者が、気管支炎の原因としてタバコメーカーを訴えれば)、それはそれで因果関係が認定され勝訴する可能性があるのである。ところが、両者を同時に訴えれば、仮にタバコの煙を構成する物質と大気汚染物質が同じものであれば、どちらも決定的原因ということはできず、西淀川訴訟(第二次から第四次)のように民法719条を類推適用して、それぞれに部分的責任を認めざるをえないこととなる。

　疫学者の説く因果関係に問題がないわけではない。疾病のもう一つの危険因子が、アレルギー体質のように他者を責め得ない場合(そうしてそれが負の修飾因子であるとき)、疫学者の立場をストレートに採用すれば、原告の望む原因因子との因果関係は認容されないばかりか、アレルギーを責

めることもできないこととなってしまうのである。
　これに対して寄与過失の構造を認める判例ならアレルギーのようなものでは因果関係は中断されない。ところが後に述べる割合的認定に関わる判例では体質的因子は過失相殺の類推適用の対象となるのである。
　それでは、修飾因子の種類によって因果関係の認定方法を操作することは許されることなのだろうか。

　(33′)　拙稿前掲注（6）
　(34)　判タ889号113頁以下。
　(35)　判タ889号114頁。
　(35′)　こうした見解については本書280頁以下参照。

第 4 章 小　　括

　「我考える、ゆえに我有り」ではなく、「考えている私は、私ではない」または「私が考えていると思う私がいるとすれば、その『考えている私』は、私の外に存在する」。『私』という「概念」は私の心（精神）のなかで対象化されているのである。それは「本」や「ペン」といった概念と違わないのである。
　そもそも概念というものは、私の中にありながら、あたかも私の外に客観的に存在するかのように私たちは思っているが、実はそうではない。「私」という概念に対応する「私」は、実際に存在する「私」そのものであり、「本」や「ペン」という概念に対応する事物も存在するではないかと、反論されるかもしれない。しかし、何語かわからないが外国語の「本」だと思ったものが、実は本ではなく、紙の塊でそこにはインクのシミがあるだけかもしれないし、「ペン」だと思ったものが実は「錐」であるかもしれないのである。
　因果関係（因果律）の概念も、原因が存在するわけでも結果が存在するわけでもない。原因と私たちが考えるものが存在するとするなら、それは結果という事実と私たちの心に映る私たちの心の外の事象に対して原因と理念できるだけのものが存在したに違いないと経験的に、あるいは生得的に（因果関係の概念が人の精神の中にどのようにして生まれたか、あるいは最初から備わっているものなのかについては争いがある）、感知しているにすぎず、世界にとって因果律が現実の事象である保障はどこにもないのである。
　16世紀末までの西欧文化においては、知は類似によって分類され比較され結びつけられてきたという[36]。物事を知り、自然界の様々な事象を理解し、社会の動きを把握し、何が正しいか誤りかを認識するための「知の構造」は、言語によって構成された世界でしかなかったのである。そし

て物と言語の関係は、そのころ現れた百科辞典や博物学に代表される類似・相似・相等・和合・適合などといった関係による分類からはじまっているのである。

　因果関係の概念も元をただせば、こうした16世紀的「知」を足場に築かれた原因と結果の連続性に関する概念にすぎないのである。それゆえ因果関係における原因と結果の関係は、自然の中に発見されるように見えても発見されるものではなかったのである。それは発明された概念である。原因と結果は、そもそも別の物ではなく、因果関係という概念に導かれ、因縁づけられた関係概念であり、はじめから一組の対としてしか存在を許されない、原因と結果の繰り返しの中から連結されていく因果の鎖の構成単位でしかなかったのである。

　こうした因果関係の概念の特徴は、16世紀的「知」の特徴に一致する。すなわち、過剰であると同時に絶対的に貧困なことである[37]。原因と結果の関係はそれ自体では決して安定したものではありえず、原因の直後、結果にいたる前に別の結果があり、これがさらに原因となって当初結果とみられていたものへと導くといった時系列による細分化が常に可能なのである。それゆえ原因と結果の鎖はその因子をいつでも小さなものへと交換可能な、無限に続く細分化への可能性の上に立つ。概念が事物の事象を追い越しているという意味においては過剰であり、この作業に終わりがない、衆目が合意に達することがないという意味では貧困な概念なのである。このような因果関係の概念がルネッサンスを経てデカルト的近代思想の荒波に洗われながらも法の世界で生き残ったのには、ベーコン卿による『法の格言集』によるところが大きいと言われている[38]。

　しかし現実の世界において、因果関係を「一対一」対応の原因と結果と見る必要も必然性もない。別の見方、例えば因果の綾 (Web of causation) のようになっていると理解することも可能である。実のところ疫学の世界ではそのように解されているのである。

　因果関係の問題はこれにつきない。疫学の世界では、原因は、結果に対

する確率（寄与度）にすぎないのである。それは与えられた事象（通常疾病患者の群）に対する疾病原因物質の発見のための技術であり、防疫的視点からの原因にすぎないのである。そこでは個々人が発病に至った具体的経緯よりも、数量的処理の対象となる事象の方が問題とされる。アレルギー体質など人間の生得的なものよりも、喫煙や飲酒、花粉、大気中の物質のような外来的な原因に焦点が当てられるのもこのためである。疫学者は防疫的視点から原因物質を探求するから、こうした視点からは相対危険度が5よりも低いものもまた、研究の対象となるのである。たとえば、米国で大きな話題を呼んだ裁判として1950年代に流産防止のために妊婦に投与された diethylstilbesterol (DES) が、その妊婦から生まれた女児の膣に思春期になって腺ガンを起こしてきた事件がある。8人の患者と32人の対照の過去を調査すると8人中7人にDESの投与が認められ、32人の対照中には1人もDESの投与を受けていなかったのである[39]。

ところがわが国で法的責任を決定するための因果関係の理念は疫学的因果関係を理解しているとは言い難い。そこで、この問題をより詳細に検討するため部分的因果関係の議論を見ていくこととしよう。

(36) ミッシェル・フーコー著（渡辺一民、佐々木明訳）『言葉と物』（新潮社、1974）42頁。
(37) フーコー前掲 55頁。
(38) ホーウィッツ前掲注 (10)『現代アメリカ法の歴史』63頁。
(39) 浜島信之「疫学と民事裁判」日本公衛誌38巻8号541頁。Herbst AL, Ulfelder H, Poskanzer DC. Adenocarcinoma of the vagina, Association of material stilbesterol therapy with tumor appearance in young women. N. Engl J Med, 1971, 284: 878-881.

第2編

部分的因果関係とは

第1章　部分的因果関係をめぐるわが国の判決

第2章　部分的因果関係をめぐるわが国の学説

第1章　部分的因果関係をめぐるわが国の判決

第1節　はじめに

　本編の目的は次のことを主張するためである。因果関係においても過失相殺の議論と同じような議論が認められるべきであり、それによって加害者は被害者が事故に寄与した原因部分については損害を免除されるべきである、というものである。

　因果関係とはそもそも事故とその原因行為との間を繋ぐもの（関係性）として概念されてきたわけであるが、それはかつての議論のように一本の直線的な因果の流れ——原因なければ結果なし——として想定理念されるものではなく、疫学上の因果関係モデルのように「くもの巣」様のものとして理解されるものと考えられるべきだからである。「くもの巣」様とは、複数の原因が一つの結果に影響を与えており、またこの結果も複数の原因となっているような状態をいい、さらに複数の原因の間でも、それが相互に影響を与え合っているような様態をいう。

　このように原因は複数ありながら、法は損害賠償のために特定の原因のみを原因行為と名指しする以上、基本的には加害者と名指しされた者の責任は自己の原因とされる行為が結果に影響をもたらした部分についてのみに限定されるべきである。

　このことは損害賠償の社会的機能が、「正義の実現」という大命題の下に行なわれる、富の正当な再配分である限りにおいて正しいはずである。

　わが国の部分的因果関係の議論は疫学の理解なしに発展してきた極めて法的な概念であるが、不明確な部分も多い。たとえば、その基礎は複数の

原因あるいは素因と場合によっては呼ばれる因子と結果の間にそれぞれ因果関係があることを認めているのか、それとも因果関係は賠償の対象となっている原因と結果の間にのみ存在し、原因と呼ぶことのできない因果の流れの部分、たとえば被害者側の素因と結果の間には法的な意味での（つまり賠償の対象となる）因果関係がない（それゆえ因果関係は部分的であり、すべてではない）と捉えるのかすら論者の間で一致をみていない。私見によればこの原因の多くは、因果の綾の中で、それぞれの原因（素因）が結果に与えている割合を計測することなどできないとの暗黙の了解があったに違いない。それだからこそ素因と結果の間の因果の綾は因果関係と呼ばず、影の世界に隠されてしまったのである。

　それでも部分的因果関係の議論はそれが因果の綾という世界観を不透明ながら反映しているがゆえに疫学的因果関係の理念とおおまかなところにおいて合致する。

　1　部分的因果関係の議論[40]は、道徳的・倫理的にも正当化されるし、経済学的視点からみたとき「原因行為設定者はその設定した原因が与えた影響についてのみ結果に対して責任を負うべきである」との原理は政策的にも支持される。道徳的・倫理的観点からの議論から見ていこう。

　部分的因果関係の議論は、特定個人によって制御可能であった行為ならば、その者は他者に対する損害発生を防ごうと思えば防げたはずであり、それをしなかったことによる損害はこの特定個人によるものであること明らかである、と説明される。この議論はかつて「過失」において予見可能性と結果回避義務として議論されてきた[41]。

　また、この部分的因果関係の理論は、過失相殺や寄与過失の領域においては、厳格責任や無過失責任をめぐるような、激しい対立や数多くの議論をみることもなく当然の前提とされてきているように思われる。

　それでは部分的因果関係においてこのような議論がなされてこなかったのはなぜであろうか？

第一の原因は部分的因果関係の議論は近年の公害や交通事故によるところが大きく、疫学的研究の成果が現実社会において影響をおよぼすより以前には知られていなかった議論だからである。例えば西淀川大気汚染訴訟のように大気汚染の激しい地域での喫煙者と気管支炎の関係について想起されたい[42]。このため最近まで法学においては疫学を使った部分的因果関係の議論は法学とは無縁だったのである。

また第二の原因として、法学において因果関係はall or nothingであれば十分で、富の再配分が一方当事者にかたよりすぎている場合の修正には過失相殺の理論で事足りていたことがあげられよう。

第三の原因として、部分的因果関係の議論には「制御可能性の議論」と筆者が呼ぶところの議論がこれまで欠如しており、このために部分的因果関係を認めるべきか否かについて明確な基礎的な議論ができなかったためではないかと考えられる。

さらに第四の原因として疫学における用語が法学のそれとかけ離れたものとなっているため、これを新たに法学の因果関係の議論として構築していくことが容易でなかったためであると推測される。たとえば原因子（または原因因子）であるとか、リスク（危険）などをこれまでの法学の中でどのように解釈していくか、という問題である。確率的心証の議論を想起されたい。そこでは部分的な因果関係が、すなわち因果の綾の中のひとつの流れが結果に与えた影響の可能性の問題として扱われる発想の萌芽がみられるにすぎない。

ともあれ、タバコメーカーに対する健康被害者の訴えのように疫学的因果関係の議論の重要性は日増しに増加しており、疫学における原因子の議論、すなわち疫学的因果関係の議論も法学において無視しえないところまで来ている。

2　次に政策的視点からの議論を見てみよう。

従来過失相殺の法理を認めることは、被害者にとって事故抑止のための

モチベーションとなると説明されてきた。たとえばシートベルトの着用を義務化し、これを怠っていて事故に巻き込まれた場合は、被害者にも過失があるとして賠償額を減額（過失相殺）するという政策である。過失相殺の道徳的・倫理的正当性はともかくとして、政策的視点からは、立法や判例、法理は、当該の政策を選択しない場合よりも事故によって失われる社会的ロス、社会的コストを減じていくことになるからである。このことは、ミクロ経済学の中では以下のように説明される。

過失相殺の法理を採用することで社会は加害者には減ずることのできない事故回避あるいは事故の損害を減ずる機会を得るのである。それは、その当不当はともかくとして潜在的被害者の負担でなされなければならず、それを怠ると、怠ったことによる被害の部分については賠償を受けられないという動機付けによってなされるのである。

これと近似な議論が部分的因果関係の議論においても適用できる、というのが筆者の主張である。例をあげて説明しよう。

気管支炎となった被害者は大気汚染に曝露された状況下で喫煙していたとしよう。被害者が喫煙する自由を有しているとしても、かかる大気汚染による気管支炎の賠償においては、喫煙による因果関係部分について賠償を受け得ないことは被害者に帰責性があるゆえ正当化されるであろう。

それでは気管支炎の原因が大気汚染と被害者のごく特異なアレルギー体質による場合はどうであろうか？あるいは、被害者の住宅のハウスダストによる場合はどうであろうか？老人や若年者が大気汚染の影響を受けやすい場合は部分的因果関係の理論をどのように構築すべきであろうか？

筆者の提案は次のようなものである[43]。部分的因果関係の理論は被害者の行為にも結果に対する因果関係が認められ、事故抑止が可能であるとき、損害の範囲は、疫学的ないし統計的処理によって決定されるべきであるというものである[44]。社会的コスト（被害者の損失、および社会が損失防止にかける費用から加害者の利得をひいたもの）を最小にするには、被害者にも損害の一部を負担させることで事故予防のモチベーションを被害者に与

えることがよいという理由にもとづくものである。事故の予防が可能な者が事故予防に努めることによって事故は減少するからである。かかる議論はすでに過失相殺を正当化すべきか否かをめぐって「法と経済学」において議論されてきた。また、被害者の素因のように被害者には制御できないもの、加害者においても制御の難しいものについて、それを不可抗力とするか否かの判断は、政策的に決定されるべきである。

　過失相殺があてはまるような事故の場合、被害者もまた事故による損害の負担をさせることで事故を予防しようとするインセンティヴが被害者にも生じ、その結果、事故そのものが減少していくという議論である。制御可能性の議論と筆者が呼ぶこの議論は不法行為において、その事象が過失責任の領域であるのがよいのか、厳格責任を適用する領域とすべきかの峻別についての基準を提供してくれる。過失相殺の可能な事故であれば、厳格責任を適用せず、事故の結果に因果関係のある原告が損害の一部を負担することがよい。また同様に事故の結果に因果関係のある原告は自身の行為に起因する割合においては被告に賠償を請求できないとするものである。

　過失責任を支持する根拠として一部の学者は、それがより経済的である（社会的効用が大きい）ことをあげる。そうして、厳格責任よりも過失責任主義のほうが過失相殺（寄与過失）を認めるから被害者も事故防止に努めることになるから、というものであった。しかし、かかる議論の根底にある議論は、実は被害者側にも結果に対する原因がある、加害者側の行為のみが原因ではない、という因果関係の問題だったのである。米国では特定の事故が厳格責任の領域に属するのか、過失責任の領域に属するのかという区分けの議論があるが、それは被害者の行為にも帰責があるか否かの議論だったことになる。

　3　米国ではどうであろうか。米国では「法と経済学」の視点からこうした発想は支持されてきた。米国では責任を分割することで加害者側の経

済的負担を軽減してきた。それをわが国のように因果関係を分割するのではなく、責任概念を分割することで実現した。もっとも、この加害者の負担を社会的発展の視点から軽減しようとする米国の方向性は、PE/PSと呼ばれる被曝後発病前の訴訟において、損害額の決定に関して種々の困難に直面している（この点に関しては第三編で詳述する）。

4 部分的因果関係をめぐるわが国の議論は、理論上の問題点とその適用たる実際の事件における事象に分けて検討していく必要がある。部分的因果関係をめぐる学説は、それを因果関係の問題と考えるものから過失相殺の問題と考えるもの、証明責任の軽減と捉えるものまで、その学説の基礎は様々で一定していない。

　こうした理論が対象としている現象は、主に四つに分けられる。第一に交通事故などにおける被害者の過失の問題、第二にいわゆる括弧つきの疫学的因果関係の問題、第三に括弧のつかなくなった疫学的因果関係、すなわち公害などにおいて寄与割合（寄与過失）と呼ばれる原因関係の競合の問題、第四に災害などが事故に一定の影響を与えていてすべての責任を加害者に負担させることが適当でないとされた問題である。第一の問題は古くは過失相殺の問題として扱われてきた。第二のいわゆる疫学的因果関係の問題とは公害などにおいて加害者企業の行為と損害との間で100％の因果関係の証明が極めて困難なため、証明責任の緩和の手段・道具として使われてきたものである。第三の括弧のつかなくなった疫学的因果関係とはこれまで不真性連帯債務として扱われてきた加害者間での責任を寄与度に応じて各個に負担させる新たな手段として発案されたものである。第四の問題は、予想を越える災害などにおいて、それでも予見可能な範囲内で結果回避義務を尽くしていたならば、結果は違ったものとなっていたかもしれないという事案において、損害の一部のみを加害者に負担させようと発案された議論である。

　判例はこうした事象に対してその場その場で対応してきたわけである

が、これを疫学の概念を使って統一的な理解の下に纏め上げ，不法行為法の構造的理解を統合することで、これまでの議論を整理し、今後さらに増加が予測されるこの分野における事件の解釈の指標を示そうというのが本編の目論見である。

第 2 節　交通事故などにおける過失割合あるいは割合的認定

　交通事故などにおける過失割合の問題あるいは割合的認定の問題はその実質に従えば二つに分けられる。交通事故において被害者にも過失が認められる場合と、交通事故に先行する別の素因があり、それが被害者の損害を大きくしていると考えられる場合である。前者の交通事故における過失割合の問題は、それをどう評価するかが主として議論の対象であった。後者の素因という用語の導入では、これを素因、原因や過失ではなく、素因と呼ぶことで被害者側に倫理的に非難される点がなくとも賠償額を減額できるという装置を認めるべきか否かが問題とされた。

1　過失割合認定の問題

　過失割合をどう認定するかの問題であった。最初から経験則による過失割合が明確になっていたわけではない。裁判官たちの研究会とそこにおける類型化が果たした役割は大きい。信号を無視して交差点を渡った通行人の過失や横断歩道から数メートルしか離れていないところを横断した歩行者などのように、その過失割合を衡平の観点から決定していく作業は容易なものではなかったときく。たとえば次に揚げる判例は過失割合の認定を裁判所の裁量権の問題としながらも、裁量権の範囲には限界があるとした事例である[45]。

　信号機がなく交通整理の行われていない交差点での先入車両である自転車と自動車の衝突事故につき、自転車対自動車の過失割合を 4 対 6 とした

のは、先入車両の優先の原則を考慮すると自動車の過失割合が著しく低く裁量権の範囲を逸脱して違法である

　最高裁への上告理由の一つに原判決の理由齟齬があげられているが、過失割合の認定の誤りを理由不備・理由齟齬と認めた判決もある[46]。

　加害自動車と同一方向に進行していた被害自転車とが衝突した場合において、自転車に過失があるかどうかを判断するにつき、自転車が道路上で方向を転ずるのを自動車の運転手が3.2メートル手前で発見したと認定しながら、判示事情のもとで自転車が自動車の直前においてＵターンしたと認むべきではないと認定し、自転車には過失はないと判断したのは、審理不尽・理由不備・理由齟齬の違法がある。

　過失割合の認定はいかにしてなされていたのであろうか。字義にこだわれば、被害者の過失と加害者の過失を衡量して、カズイスティックに決定していたようである。しかし、こうした手法に問題がなかったわけではない。

　そもそも被害者の過失は加害者の行為のように結果に対して原因ではないと考えられてきたふしがある。それゆえ被害者の過失をどう評価するのか理論上の問題がありながらこの点についての議論は避けられてきたのである。被害者の過失もまた、結果を帰因した「過失」と捉えるなら、過失から因果関係、そして損害へと、因果の連鎖が必要なはずである。そうであるなら加害者の行為との競合の中で、それぞれの行為が結果に及ぼした影響、すなわちそれぞれの行為の因果関係における結果に対して及ぼした影響の度合いが明らかにされていいはずのものである。しかし、それはなされてこなかった。あるいは、事故は二つの不注意が競合して起こったものであるなら、その結果は分離することのできない一個の事象から発生したものであるから、結果に対する責任を分割するには、それぞれの行為の異常性、違法性の比較によるしかないと考えていたのであろう。

　しかし、疫学における相対的寄与危険度や統計的確率の手法を使えば、

第1章 部分的因果関係をめぐるわが国の判決　45

それぞれの行為が結果に与えた影響を量ることは今や理論的には可能である。
　次の事案で考えてみることとする。

　疫学による割合的認定
　オートバイを運転していた者がヘルメットをかぶっていなかったとき事故の被害にあったとしよう。たとえば交差点で右折しようとしたとき直進してきた車（前方不注意・速度違反）に横から当てられ転倒死亡したとしよう。オートバイの運転者の過失はヘルメット不着用以外にはないとする。こうした事故について統計があり、横転事故死における過失割合の問題を考えるために統計的処理とはどういうものかを見てみよう。同様な事故において死亡者の5人のうち4人までがヘルメットをかぶっていなかった。いわゆる相対危険度80％である。事故の原因は直進車の速度制限違反と前方不注意であったとして、加害者はいくら賠償すべきであろうか。事故を一般的事案から個別化するようなもの（夜間であるとか、制限速度を数十キロも越えていたとか、道路が傾斜していたといったもの）は、一切無いとして損害をいかに認定すべきであろうか。統計的手法（疫学的構成）なら次のように認定されることとなる。
　加害者は被害者がヘルメット着用の場合の損害のみを賠償すべきだから、通常発生する損害はヘルメット着用だったら被っていたであろう通常損害ということで80％を認定し、ヘルメット着用でも死亡という場合の損害額の20％を足したものを損害とすべきであろう。ヘルメット着用の場合の通常損害を事象A、ヘルメット着用でも死亡の場合を事象Bとすると、Aの事象が起った場合の損害とAの事象が起る確率の積にBの事象が起った場合の損害とBの事象が起る確率の積の和が求められるべき加害者の責任となる。
　（事象Aの場合の損害）×（Aの起る確率）＋（事象Bの場合の損害）×（Bの起る確率）

もう一つ例をあげよう。

シートベルトを着用していなかった以外に過失のない被害者の損害を計算してみよう。事例は反対車線から車線を越えて正面から突進してきた車に追突、死亡したとしよう。

シートベルトをしていれば80％被害はないとしよう。
シートベルト着用でも起ったであろう特別な損害の場合を事象A
シートベルト着用なら通常起るであろう損害の場合を事象B
Aが起きる確率20％、Bが起きる確率80％　Bの場合、損害はゼロであるから、被害者死亡による損害×20％のみが加害者の責任ということになる。

現実の交通事故において認定がこのようになされていたわけではない。現実には割合的認定の名のもとに加害者と被害者の過失割合が裁判官の心証度という経験的裁量に基づいて認定されている。

2　被害者の先行する素因が事故の結果に影響を与えている場合

昭和40年代の議論は、被害者が事故以前から有していた疾病や身体的疾患などが事故により悪化し、損害を拡大しているとき、こうした素因を理由に過失相殺の規定を類推適用できるかが争点となっていた。しかし、その割合をどのように認定すべきかの議論はなかった[47]。議論はそれまで過失相殺の類推適用としていたものを被害者側の事情で損害が予想を越えたような場合は相当因果関係上の特別事情と扱うことで、過失という主観的要件を除去した。心証度による因果関係の割合的認定（倉田卓次博士）あるいは寄与度による因果関係の割合的認定（野村好弘教授）へと理論構成を変更しようというものだった[48][49]。

それゆえ、この割合的認定の問題として常に議論の対象となっていたのは、交通事故のときにおける被害者の過失ではなく、被害者が以前から有していた体質的あるいは心因的素因である。交通事故の当事者が共に過失

があったため、事故が起きてしまったといった事案においては[50]、過失割合ですなわち過失の大きさの比較で解釈してしまう方が容易であり、素因の場合は比較の対象となりにくいため、過失相殺の議論の外に事故の割合的認定という新たな概念を持ち込むことで新たな地平を見いだそうとしたのではないかと推測される。

　被害者の体質的素因や身体的素因を過失類似のものとすることの困難さが、すなわち過失相殺するには被害者の主観（非難可能性）が要件に入らざるを得ないが、体質的素因や身体的素因では被害者を非難しにくかったためであろう。それでこうした主観的要素なしに、むしろ被告の素因が原告の行為の結果に対してどれだけ影響しているかという因果関係の問題と考えるべきだと構成するほうがよいということになった。

　しかし、割合的認定にも問題がなかったわけではない。被害者側の寄与度をいかに決定するか、という問題である。

　こうした割合的因果関係論定着のために寄与度の計測を可能とするための計器論が提唱されている[51]。そこで数学的蓋然性を算出することは当面資料不足の問題があって不可能としながら、これに代わって信用可能度という概念装置が提唱されている。この装置では事故の寄与度を判定する基準を10段階に分類し、これに寄与度を0から100％まで割り振っている。（表4参照）例えば寄与度0％とされる分類標識Aの段階に属する類型は、事故と無関係に存在する傷病と、事故による傷病との判断が混在し、前者に死亡（または障害・後遺症）の原因を構成している確実性がある場合とし、この場合の事故の傷病に対する寄与度は0％としている。続いて分類標識Bでは、事故が誘発した疾病で、事故後の短期間に死亡を惹起している場合とし、寄与度は10％としている。5段階（寄与度50％）の分類標識Fでは、事故と無関係に存在する疾病と、事故による疾病が競合し、その片方のみでは死亡（または障害・後遺症）を惹起しない可能性がある場合としている。寄与度100％の第10段階・分類標識Kでは、事故と無関係に存在する疾病と、事故による疾病との判断が混在し、後者に死亡（または

障害・後遺症)の原因を構成している確実性がある場合としている。

しかし、実際の裁判ではこの装置は使われることはなく裁判所が裁判の類型化を通じて独自に作成した表によって基づいて因果関係の認定をしている[52]。

ともあれ割合的認定論は、被害者の過失が加害者の過失行為と競合して結果をもたらしているのではなく、被害者の行為が結果に対してどれだけ影響しているか、その割合を認定しよう、という意味ではそれまでの議論よりも一歩前進したものである。もっとも被害者の身体的特徴や心因的要素が結果に影響していると考えられるとき、それは加害者の行為による結果から割り引いて考えられるべきであるということになるが、それは加害者側の因果関係ではないと構成される。被害者の行為ないし被害者側の心因的身体的要因は「いわゆる因果関係の競合」(複数の原因のどちらにも故意／過失が必要とされる)の問題ではないというわけである(こういう表現を使わない研究者もいる：後述野村説参照)。それゆえこの発想は明らかに疫学的因果関係の議論とは異なるものとなっている。因果関係の競合の問題とは、複数の因子が原因として競合している関係だからである。

ともあれ寄与度判定基準という構成をとることで割合的認定の問題はそれぞれの原因が結果に与えている影響をいかにして計測するかの問題をとりあえずは越えることができた。

事実認定・心証形成過程の客観化・合理化は判例形成上不可欠のものであることは、もはや民事訴訟を研究テーマとする者でなくとも争いのないところであろう。論理法則・経験則を無視した自由心証主義などなんの意味もないといっても過言ではない。事実認定の客観性があってこそ、その正当性は他者によって追認可能なものとなり、正当性の証左が可能となるのである。

この中で経験則の適用は、その相対頻度の極限である客観的蓋然性を出発点におき、証明主題の蓋然性、すなわち具体的、個別一回的事象における真実の評価を到着点として証拠の認定、情報の収集を通じて確率的に変

表4 渡辺方式による事故の寄与度判定基準の組成*

分類標識	判定度合	相対的配列	使用可能度	寄与度
A	ゼロ段階		確 実 性	0 %
B	第1段階			10
C	第2段階			20
D	第3段階		可 能 性	30
E	第4段階			40
F	第5段階			50
G	第6段階			60
H	第7段階		蓋 然 性	70
I	第8段階			80
J	第9段階			90
K	第10段階		確 実 性	100

A	ゼロ段階	事故と無関係に存在する傷病と、事故による傷病との判断が混在し、前者に死亡（または傷害・後遺障害）の原因を構成している確実性がある場合……事故の寄与度0％
B	第1段階	事故が誘発した疾病で、事故後の短期間に死亡を惹起している場合……事故の寄与度10％
C	第2段階	事故が原因となって発現した可能性のある傷病が、他より劣勢である死亡（または傷害・後遺障害）の場合……事故の寄与度20％
D	第3段階	事故が主な原因となって発現した可能性のある傷病が、他よりも劣勢である死亡（または傷害・後遺障害）の場合……事故の寄与度30％
E	第4段階	事故が決定的な原因となって発現した可能性のある傷病が、他よりも劣勢である死亡（または傷害・後遺障害）の場合……事故の寄与度40％
F	第5段階	事故と無関係に存在する傷病と、事故による傷病とが競合し、その片方のみでは死亡（または傷害・後遺障害）を惹起しない可能性のある場合……事故の寄与度50％
G	第6段階	事故と無関係に存在する傷病と、事故による傷病とが競合し、そのいずれでも死亡（または傷害・後遺障害）を惹起する蓋然性の高い場合……事故の寄与度60％
H	第7段階	事故が原因となって発現した蓋然性の高い傷病が、他よりも優勢である死亡（または傷害・後遺障害）の場合……事故の寄与度70％
I	第8段階	事故が主な原因となって発現した蓋然性の高い傷病が、他よりも優勢である死亡（または傷害・後遺障害）の場合……事故の寄与度80％
J	第9段階	事故が決定的な原因となって発現した蓋然性の高い傷病が他よりも優勢である死亡（または傷害・後遺障害）の場合……事故の寄与度90％
K	第10段階	事故と無関係に存在する傷病と、事故による傷病との判断が混在し、後者に死亡（または傷害・後遺障害）の原因を構成している確実性がある場合……事故の寄与度100％

＊ 前掲野村・小賀野　53頁以下

動して蓋然性の証明であるということができるのである(53)。
　ところが、素因論と「割合的認定論」はそれを「因果関係の競合」としない。割合的認定は、その基礎たる寄与度判定基準は客観的蓋然性の基礎を欠いている。正当性の証左などできない、論理法則、経験則を無視した追認不可能な誤った「自由心証主義」を導きかねない構造を内に隠してしまったのである。
　素因論を採用した次の判決がある。
　「身体に対する加害行為と発生した損害との間に相当因果関係がある場合において、その損害が加害行為のみによって通常発生する程度、範囲を超えるのであって、かつ、その損害の拡大について被害者の心因的要因が寄与しているときは、損害賠償額を定めるにつき、民法722条2項を類推適用して、その損害の拡大に寄与した被害者の右事情を斟酌することができる。」(54)
　結局、この判決においては「加害行為のみによって通常発生する程度、範囲」という客観的蓋然性があり、この範囲を越えたものは賠償する必要がない、と「通常」というあいまいな基準でしか決定の手法を示していないのである。

事実決定における裁判官の裁量
　確かにオートバイのヘルメットやシートベルトのように、その着用の有無が事故の重大さに与える影響についての統計的研究がなされる以前から過失相殺による損害賠償の減額は必要だったと考えると、やむをえないことなのかもしれない。被告は原告の過失を証明する必要はあっても、それによる過失割合の認定は裁判官の仕事と考えられてきたことが、この傾向に拍車をかけていたようである。
　実際のところ、法学者、弁護士、自然科学者らが集まって交通法科学研究会が発足したのは1997年4月のことである。この会の共通認識には事故過程の事実発見、分析において現状が科学的でないという実態があり、

それゆえ事故低減に裁判が有効に機能していないという懸念があったという[55]。

　現実の交通事故では、人身事故になれば警察が実況見分調書をつくっており、原告も被告もこれに依拠してしまう場合が多いのではないか。ところが、この実況見分調書は、決して事故事情を正確に再現しているわけではないことが、識者によって指摘されている[56]。たとえば被害者を運転者が認識した地点は、事故発生地点から逆算した地点を加害者に確認させた程度のものといった具合である。このため被害者の過失（たとえば深夜タクシーを捜して車道上に飛び出していた）が気づかれずに調書は被害者は路上を横断中だったとして調書が作られ、のちに意識を回復した被害者の証言から真実が明らかになるといったことが現実にあるという[57]。

　ちなみに、後に見るように鶴岡灯油事件では、最高裁判所は損害額の認定は当事者の証明責任の原則によるとして、損害額の証明が十分になされていないときは、証明責任の原則によって証明できない者が不利益を被ってもやむをえないとしているから、被害者の過失およびその割合も当然に加害者の証明責任ということになる。

　しかし、現実には加害者が被害者の過失がどのくらい事故を誘発するものかについて知ることは困難である。警察の事故調書もこうした視点から作られていないため、年間90万件を超える交通事故があっても、その科学的な解析はどこでも行われていないという事実がある[58]。

　こうした現状を考えると実際の事件では、被害者の行為が損害に及ぼした影響をいかに計るかは、事実の評価の問題とされ、与えられた事実から裁判官が評価し認定しなければならない最も困難な仕事となっているのである。

　実際のところ、判例は民法722条（過失相殺）の類推適用の射程を割合的認定にまで広げてきている。ただ原告の主観的要件としての「過失」は幼児のように自己の行為を安全の視点から認識できない者の場合には議論の対象とすら[59][60]ならないという問題を残している。

被害者の損害が被害者の事故以前の行為と部分的に因果関係があるとして民法722条2項を類推適用した先の判決があるので、少々長いが紹介しておこう⁽⁶¹⁾。この判決では因果関係の競合を「推認するのが相当である」とのみ述べて、その根拠等一切記していないところに特徴がある。

　一　被害者に対する加害行為と被害者のり患していた疾患とがともに原因となって損害が発生した場合において、当該疾患の態様、程度などに照らし、加害者に損害の全部を賠償させるのが公平を失するときは、裁判所は、損害賠償の額を定めるに当たり、民法722条2項の過失相殺の規定を類推適用して、被害者の当該疾患をしんしゃくすることができるものと解するのが相当である。けだし、このような場合においてもなお、被害者に生じた損害の全部を加害者に賠償させるのは、損害の公平な分担を図る損害賠償法の理念に反するものといわなければならないからである。

　二　これを本件についてみるに、原審の確定した事実関係の概要は、次のとおりである。

1　本件事故は、昭和52年11月25日午前四時五八分ころ、東京都杉並区下高井戸1丁目19番先の首都高速道路四号線下り車線上で発生した。すなわち、被上告人茂木健一(以下「被上告人茂木」という。)は、加害車両を運転し、下り車線の左側第一車線を新宿方面から高井戸方面に向かって走行中、進路前方の非常待避所から第一車線に進出しようとする車両があり、これに対応して先行車両が急ブレーキをかけたため、第二車線に進路を変更した。被上告人茂木は、第二車線の被害車両(高橋石造の運転する個人タクシー)が前方を走行しているものと思っていたが、実は被害車両が停止し、第二車線をふさいでいることを前方約14メートルに迫って発見した。そこで、あわててハンドルを左に切り戻し、被害車両と第一車線の先行車両との間を通り抜けようとしたが、その際、加害車両の右側面を被害車両の左後部に衝突させた。

第1章　部分的因果関係をめぐるわが国の判決　　53

2　高橋石造（以下「石造」という。）は、本件事故前の昭和52年10月25日早朝、タクシー内でエンジンをかけたまま仮眠中、一酸化炭素中毒にかかり、意識もうろう状態で内野病院に入院し、翌日意識が戻り、11月7日に退院して直ちにタクシーの運転業務に従事したが、右一酸化炭素中毒の程度は必ずしも軽微なものではなかった。

3　石造は、本件事故によって頭部打撲傷を負い、その後次のとおりの経過をたどって死亡するに至った。㈠石造は、本件事故直後、意識が比較的はっきりしており、被上告人茂木や臨場した警察官の質問に対して不十分ながらも対応していた。動作には精神症状に問題のあることをうかがわせるような不自然な点がみられたが、これといった外傷もなく、石造から頭部の痛み等の訴えもなかった。しかし、石造は、ほどなく記憶喪失に陥り、一人で自宅に戻れなくなったため、長男が引取りに出向いた。㈡石造は、その後、自宅療養を続けていたところ、煙草を二本同時に吸おうとするなど奇異な振舞いを示すこともあって、同月30日、中村外科病院に入院し、頭部外傷、外傷性項部痛症と診断されたが、精神症状の存在を理由に精神病院への転院を指示された。㈢石造は、12月7日、国立国府台病院精神科で診察を受け、痴呆様行動、理解力欠如、失見当識、記銘力障害、言語さてつ症等の多様な精神障害が生じていると診断され、同月16日、右病院に入院し、以後、同病院で治療を受けたが、症状が改善しないまま、昭和55年12月29日、呼吸麻痺を直接の原因として死亡した。

4　石造の前記精神障害は、頭部打撲傷等の頭部外傷及び一酸化炭素中毒のそれぞれの症状に共通しているところ、昭和54年6月ころのCTスキャナーによる脳室の撮影では、石造の脳室全体の拡大（脳の萎縮）がみられ、これは頭部外傷を理由とするだけでは説明が困難である。石造は、本件事故により頭部、頸部及び脳に対し相当に強い衝撃を受け、これが一酸化炭素中毒による脳内の損傷に悪影響を負荷し、本件事故による頭部打撲傷と一酸化炭素中毒とが併存競合することによって、一たん

は潜在化ないし消失していた一酸化炭素中毒における各種の精神的症状が本件事故による頭部打撲傷を引金に顕在発現して長期にわたり持続し、次第に増悪し、ついに死亡したと推認するのが相当である（傍点筆者）。

　三　原審の右認定は、原判決挙示の証拠関係に照らして首肯するに足り、これによれば、本件事故後、石造が前記精神障害を呈して死亡するに至ったのは、本件事故による頭部打撲傷のほか、本件事故前にり患した一酸化炭素中毒もその原因となっていたことが明らかである。そして、原審は、前記事実関係の下において、石造に生じた損害につき、右一酸化炭素中毒の態様、程度その他の諸般の事情をしんしゃくし、損害の50パーセントを減額するのが相当であるとしているのであって、その判断は、前示したところに照らし、正当として是認することができる。原判決に所論の違法はなく、論旨は採用することができない。

　因果関係の割合的認定は事実の問題でなく法的評価の問題であろうか？疫学のように因果関係が一目瞭然でなく、統計的処理をしてはじめて自然的事実が明らかになるものと違い、被害者の過失が自明であれば、その過失の結果に与えた影響もまた自明なように映るのかもしれない。しかし実際には交通事故においても被害者側の過失の結果に与えた影響は多くの統計的研究を通じてしか明らかにならないものではないだろうか。

　事実認定は経験則の適用課程を通じてなされるもので、かかる経験則は科学的経験則であるとするならば、それは相対頻度の極限としての客観的蓋然性から主観的蓋然性（問題となっている事案における蓋然性）への適用ということができよう[62]。

　例えばシートベルトをしていなかったため、追突事故において被害が拡大している場合、シートベルトをしていたなら被っていたであろう損害は、科学的経験則（客観的蓋然性）から導かれうる。そこで、個別の状況において、それを適用していく過程（主観的蓋然性）が生まれてくるわけであ

る[63]。

　問題は科学的事実の認定は誰がするのか、という問題であれば鑑定を利用できるはずである。それがなされてこなかったのは、被害者側の過失の問題が統計的研究を通じて「結果にどのように影響をあたえているか」という科学的経験則の問題と認識されてこなかったからであろう。また、かかる経験則についての研究も十分に始まっていなかったためではないか。
　結局割合的認定は裁判官の心証という曖昧な基準に頼らざるを得なかったため、先に述べたような判例の集積、研究が必要だったのであろう。
　この問題については第2章の学説の部で再度検討する。

第3節　いわゆる括弧つきの疫学的因果関係

　疫学では危険因子と事象との間に事象発症率が介在し、それゆえ因子の危険度が数量的に処理できるのである。ところが法学でいう疫学的因果関係というのは、日本の裁判所が生み出した法学上の特殊概念である。それはきわめて大雑把な意味では疫学であると言うことができるとしても数量的な処理を主体とする現代的な意味での疫学からは程遠い。また疫学と個別の被害者の、個々の損害に対する因果関係の立証として使うことには疑問がある。それでも法の世界では疫学的因果関係という用語を使って証明責任を軽減したり、また別のときには個別の因果関係の推論の道具として使われている。本節では、疫学的因果関係の名のもとに因果関係の証明度を下げた水俣病訴訟における因果関係確定までの経緯を紹介する。
　水俣病訴訟ではメチル水銀イオンと水俣病の因果関係が常に問題となっていた。
　チッソ側がなぜ因果関係を認めようとしなかったかについて触れたNHKの取材による記述の要約から見ていこう。
　チッソの社員だった西田栄一が工場長時代、工場廃水に含まれているアセルアルデヒドを水俣病の原因ではないかと疑ったとき、最初に調査した

のが、戦前および戦後の排水中に含まれるアセルアルデヒドの量であった。「その結果、昭和14、5年当時は昭和29年と同程度の9000トン台に達しており、昭和13年から昭和19年の間も7000トン以上の生産量を維持していましたから、昭和29年に発病したのであれば少なくとも昭和14年、5年当時にもある程度発病してもよいはずであると考えました。それでアセルアルデヒドの水銀については医師や研究者には確かめておりません」(水俣病刑事裁判調書)[64]としている。確かに全国6社7工場あるなかで、水俣だけがずば抜けて発症率が高かった。その後の発表された企業内研究は、①厚生省(当時)が、重金属の中毒と症状が似ていること以外に原因を結びつける根拠を示していないこと、②水俣湾の魚介類とほかの地域でとれた魚介類とでは、三物質(タリウム、セレニウム、マンガン)の含有量に差が無いこと、③発病したネコと健康なネコとでは肝臓内の三物質の含有量に差がないこと、④排水に溶ける三物質の量はきわめてすくないこと、の4点をあげて反論している[65]。

その後有機水銀説が熊本大学の武内忠男教授によって主張されだしたときも、工業排水を原因とすることに否定的な見解も有力であった。有機水銀説は、イギリスでおきた有機水銀を製造する工場でおきた従業員の症状、この調査のときに行われたメチル水銀を投与した動物実験などをもとに①症状が似ていること、②解剖結果が一致していること、③水俣の泥土から多量の水銀が検出されたこと、④水俣病患者の尿の中の水銀値も健康な人に比べて多く、小脳に多く水銀が認められること、⑤解剖された患者の臓器の中の水銀値も健康な人に比べて多く、小脳に多く水銀が認められること、⑥水俣湾内の魚介類からも多量の水銀が検出されること、⑦ネコやネズミに、有機水銀の一種、ジエチル水銀を投与すると、水俣病と同じ症状を示すこと、を根拠としていた。しかし、工場排水と結びつけることには、これまでの排水量との相関、各地の同様の工場での事態(水俣病に似た病気が起きていない)などから否定的に捉えられたわけである。

ネコの実験については興味深い事実がある。工場排水を直接ネコのえさにかけて与えていたところ水俣病と同様の症状が出たのである。実験に使われたネコは1匹だけであり、人間の場合のように魚を食した場合と同等に扱うことは出来ないとして企業内部で公表を控える判断をしている[66]。

そうしてクロ貝から水銀を抽出しようとした実験では、わずかしか抽出されなかった。もっともこの実験も公表されていない[67]。それは「貝粉末中では水銀は蛋白質と結合して居り、酵素によって蛋白質が加水分解されてアミノ酸となり、このため水銀が水に可溶化するものと現在迄のところ推定されている」と分析しているが、結局何が水俣病を起こすか特定できないでいる[68]。「……何故昭和29年以来、水俣湾だけに限って"有機水銀"が不可解な病気を起こす原因となり得たであろうか。この疑問が依然として強く残るのである。」(当時チッソが県議会に提出した反論書)[69]

チッソが、①確かにメチル水銀を排出したこと、②メチル水銀が工場のプロセスの内部で生成された必然性、③排出された量が水俣病を引起すのに十分な量であったこと、この3点が解明されないかぎり、水俣病の原因だとは断定できないのであるとの見解を維持したのである。もっとも、このいずれの点についても有効な解答は裁判でも示されていないのである[70]。そうして、もちろん科学研究の側でも答えはなんと1998年まで出ていなかったのである。

端的に言えば水俣病と工場廃水の因果関係を確定するには疫学的因果関係の条件のうち「関連の一致性」「関連の強固性」「関連の整合性」について疑問が発生していたのである。判例は一貫してメチル水銀イオンを水俣病の原因因子として認定してきたが、当初より指摘されてきたように実験室での実験での再現が難しく(関連の整合性)、全国6社7工場の中で疾病率がずばぬけて高く、戦前からある工場なのに戦前には水俣病は発生していなかった(関連の一致性)、チッソ水俣工場でも疾病の急増が排水量と関連していない(関連の強固性)など疫学的因果関係が証明されたとは言いがたい状況だったのである[71]。かろうじて認められたのは「関連の特異性」

と「関連の時間性」くらいだったのである。「関連の特異性」があったといっても「メチル水銀が工場において発生の可能性がなかったわけではない」くらいのものであり、「関連の時間性」についても問題があった。チッソ開業以来水俣病発症まであまりにも時間があきすぎていたのである。
興味深い研究があるので紹介しよう。

　胎児性水俣病患者の年次ごとの発生率および水俣住民のヘソの緒の水銀濃度の平均値をみてみると共に 1952 年ころから患者は急増、ヘソの緒の濃度も急激に上昇している。そうしてそれは 1961 年をピークに今度は急激に減少していくのである（グラフ１、グラフ２参照）。水銀が水俣病の原因であることが証明されたことになる。

　それでは水銀はどこから来たのであろうか？

　この謎は長いこと解けなかった。メチル水銀の排出量が 1952 年から急増していれば謎は解ける。問題は原材料にあった。1951 年 8 月からそれまでの材料をやめ、粗悪品が使用されるようになる。このプロセスはそれまでと異なりメチル水銀を急増させていたのである。このことに気が付いた者は 1998 年まで誰もいなかったのである。別の言い方をすれば 1998 年になってようやっとチッソが水俣病の原因であったことが疫学的に証明されたのである[72]。もっとも当時はこの謎が解けていなかった裁判においても、表立って問題とはならなかった。

　そうすると同様の疾病を生んだ昭和電工の場合はどうなるか、ということが当然気になるところである。実はこちらも、2003 年になってようやっと真相が明らかとなる。昭和電工は、事実関係を否定しているが、西村肇氏が昭和電工鹿瀬工場が大量のメチル水銀を生成していた工程を明らかにするのである。それは昭和電工の反論データを使っての逆証明という皮肉なものだった[73]。

　こうして科学でいうところの疫学的因果関係は水俣病発生当時も裁判の時点でも証明されていなかったのである。どうしてこのようなことになったのであろうか？

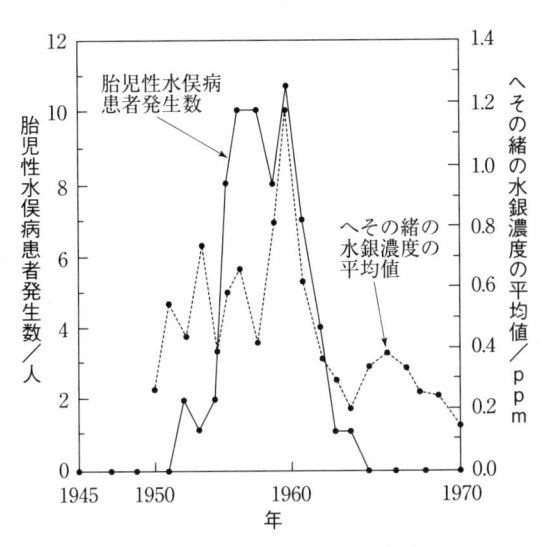

第1章　部分的因果関係をめぐるわが国の判決　59

グラフ1　胎児性水俣病患者発生数と水俣住民（新生児）の
　　　　へその緒の水銀濃度の平均値

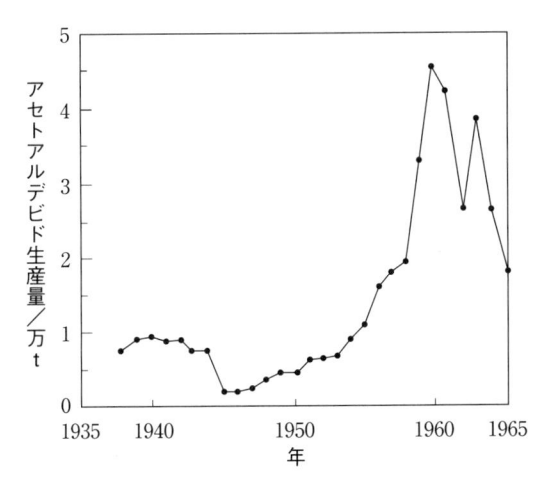

グラフ2　チッソ水俣工場のアセトアルデヒド生産量（年間）
　　　　の変化

（出典：西村肇「水俣病発生原因の謎が解けた(1)」現代科学1998年2月号61頁。）

そもそも疫学は個々の結果に対する因果関係を決定するようには設計されていない、というのもその理由のひとつである。この説明は少々長いので補遺で行っているので参照されたい[74]。

こうした状況は判例も熟知していたようである。そこで判例は疫学的因果関係とこれを呼ばず、統計的有為性とか、個別的因果関係とか、訴訟上の因果関係の立証といった言葉を使っているのである。

いわく「疫学の調査結果のみにより大気汚染と個々の被害者との因果関係を認定することはできないが、大量観察により両者の関係が現れたことは、個別的因果関係の存在を推認する根拠の一つとなる。」「統計的有為性のみから、被害者の健康被害と大気汚染との間に因果関係を認めることはできないとしても、統計的有為性を他の証拠と総合して判断する際の証拠の一つとして用いることは何ら問題ない。」「疫学の調査結果のみにより大気汚染と個々の被害者との因果関係を認定できないが、大量観察により両者の関係が現れたことは、個別的因果関係の存在を推認する根拠の一つとなる。」「訴訟上の因果関係の立証は、一点の疑義も許されない自然科学的証明ではなく、経験則に照らして全証拠を総合検討し、特定の事実が特定の結果を招来した関係を是認し得る程度の蓋然性を証明することであり、その立証の程度は、通常人が疑いを差し挟まない程度に真実性の確信を持ち込み得るものであることを必要とし、かつそれで足りる」[75]

さらに水俣病ではないが判例の中には証明の程度を下げざるをえないことを告白するものもある[76]。

ところで本件侵害行為の有無・程度・患者原告らの発病との因果関係の存否及び損害等を検討するについては、共通して横たわる問題点がある。その典型例として、火力発電所建設差止の判例を紹介しよう。

(1) 被告の硫黄酸化物等の排出状況のデータ (例、一時間値) が不足気味であるし、それは、まず第一に、これらの検討について必要なデータや諸実験結果・科学的知見等が、後に各所で触れるごとく、通常のこの種事

件と異なり相当大巾に少ないことである。つまり、

　(2)　岬町における大気環境濃度等が、複雑な同町の地形と相まって局地性が強いのに、これを検討するに足る大気汚染濃度や風向風速のデータが十分でなく、

　(3)　本件の解明にとって必要不可欠な、被告の排出量最盛期ないし第一火力の低煙突時代におけるデータ（それも大気汚染行為の侵害性を見るについて一つの目安になり得る環境基準のレベルでの測定値である、二酸化硫黄濃度のAPメーター値や吸光光度法による二酸化窒素濃度の一時間値等）が欠乏しており、

　(4)　有効煙突高さ、気象等の大気拡散に関する測定値や科学的知見も未開拓分野が多く、また各種実験結果も十分でなく、

　(5)　遠来のバックグラウンド濃度及び地元発生源（例えば国道二六号線を走行する自動車や新日本工機岬工場等）排出の汚染物質の量が岬町の大気汚染の過半を占めるのに、その排出・到達状況のデータが著しく不十分であり、

　(6)　患者原告らの発病の有無につき重要な、患者原告ら居住地付近における大気汚染濃度やその特性を示すデータが著しく不足し、

　(7)　その発病の閾濃度値等を探るに相応しい信頼性の高い医学・疫学等の諸調査結果も十分でなく、

　(8)　岬町のデータを他地区と比較し得るような他地区データも十分消化された形で提出されていないし、

　(9)　患者原告らの患う慢性気管支炎症状が非特異的疾患であり、その原因の特定が、自然有症率の存在もあってことのほか困難であるのに、その原因（発病の因果関係）を探るについて重要な間接事実となる住民健康調査は、岬町においては他の事件と異なり、たった一回しか行われていず、しかもその結果出た高有症率には、正確性・信頼性等をめぐり種々の問題が存在し、かつ、その有症率と大気汚染との関連性にも問題があり、岬町で行われたその余の調査は資料として提出されていないか、提出されてい

も殆んど価値がなく、

(10) 損害の算定をめぐっても、患者原告らの素因・喫煙・加令等をいかに関連付けて評価するか等の知見が必ずしも十分でない、など各般にわたり諸々の制約がある。そのため本件不法行為の成否の解明は、かかる資料の面や科学的知見等の面の制約により、著しく困難であり、大袈裟にいえば針の孔から天を覗くの感があることである。

　第二に、存在するデータや知見から浮かび上がる各種の要件事実が順次判断を示すごとく、随所に不法行為の成立にとってボーダーライン上のそれとして現われることである。それらの事情があるため、本件不法行為の成否等の判断は不安定になりがちで、この点でもまた著しくむずかしい。

　したがって自然科学の分野では、かかる資料や科学的知見の下で右事案の解明を行うことは不可能というほかはない。

　しかしながら法的次元において本件不法行為の成否を論ずるにあたっては、資料や知見の不足でもって直ちにその探求を放棄すべきものでなく、当事者の提出した、乏しい既存の観測データ、疫学的データや科学的知見等の資料の中から、不法行為法の理念たる損害の妥当・公平・合理的な負担の精神に立脚して総合的判断の下に事案の解明にあたると共に、他方では、右の精神に則り、データや科学的知見の不十分さに伴って生ずる結論の不安定さをも十分考慮し、安全性を見込んで控え目にこれを判断すべきものである。

　この節を終わるに当たって最後に疫学的因果関係が見事に判例に織り込まれている例を示そう。

　日本チバガイギーと国を相手としたキノホルム訴訟は、因果関係について次のように認定している[77]。なお（　）内の記述は筆者によるものである。

(i) キノホルム剤服用による原告のスモン発病

原告は、昭和44年9月23日から昭和45年1月まで胃潰瘍、過敏大腸症候群との診断により新潟県新津市内の権平医院で治療中の昭和44年12月17日から約一か月にわたって強力メキサホルムを服用したところ、昭和45年4月10日、急に足が動かなくなり、下肢のしびれがひどく、腰のところの感覚もにぶくなるなど、スモンの症状が発現し、スモンに罹患した。（結果が発生しているという事実の指摘）

(ii) スモンとキノホルムの因果関係

キノホルム剤の服用とスモン発病との間に因果関係が存在することは、次に指摘するスモンとキノホルムとの関係に関する疫学的事実、それを裏付ける医学、薬学上の知見、動物実験などにより明らかである。

① スモン患者はスモン発病前にキノホルム剤を服用していること（関連の時間性）

スモン調査研究協議会（以下「スモン協」ということがある。）がスモン患者のキノホルム剤服用状況を調査したところ、第一回目の調査でスモン患者の神経症状発現前六か月間のキノホルム剤服用率は84.7パーセント、第二回目の調査では83.4パーセントであった。また、個々の研究者の疫学的な調査によればスモン患者のキノホルム剤服用率は極めて高率（約90ないし100パーセント）であった。

② キノホルム剤とスモンの密接な関係

わが国におけるキノホルム剤の製造、輸入量とスモン患者の発生数との間には並行関係がある。すなわち、わが国においてスモンは昭和30年ころから発生し、昭和36年ころから各地に増加したが、このスモン患者発生数とキノホルム剤生産量とはほぼ並行関係にある。また、スモン患者のキノホルム剤の服用量とスモン発症及び重症度との間には有意な相関関係が認められる。更に、厚生省が昭和45年9月8日、キノホルム剤の販売

中止措置をとったところ、その後スモン患者の発生は終息した。(関連の特異性・関連の強固性)

③　動物実験の結果

イヌ、ネコなどの動物において、キノホルム剤投与実験を行った結果、後肢麻痺、運動失調などのスモン様の神経症状が発生することが確認された。(関連の整合性)

第4節　括弧のつかなくなった疫学的因果関係

疫学における複数原因子と公害などにおいて寄与割合や寄与過失と呼ばれる原因関係の競合の問題は密接に関連しながらも、なにかちぐはぐな印象を与える。それは因果関係の認定については疫学の手法を採用しながら、多数当事者が加害に加担している場合には疫学的手法によるそれぞれの加害の影響が計られることなく、共同不法行為として、加害行為は一つとしてしまっている点にある。疫学的視点から言えば複数原因子の修飾関係の問題点がまったく考慮されていない。否、考慮されていないというより触れられていない。判決文を見る限り口頭弁論で議論さえされていない。そのため寄与割合の認定は任意的で裁量的に映る。因果関係を本来あるべきその割合で認定するのではなく、過失の重大さで比較しているので鑑定意見書に書かれていたとも思われず、推測でしかないが裁判官のまったくの裁量で決定していたようである。複数の危険因子が相互作用する場合、疫学でいうところの「正の修飾」あるいは「負の修飾」が働いていることが疑われる場合のことが触れられていないか、あるいは触れることを避けようとしているように映るのである。

この例として前述の西淀川大気汚染公害判決がある。複数原因子の問題についてはすでに説明してあるので、その記載を見ていただきたい。

複数原因子の問題について川崎大気汚染判決も西淀川第2次―第4次訴

訟と同様、その問題点に踏み込むことはなかった。この判例は注で紹介してあるので参照されたい[78]。

第5節　災害などが事故に一定の影響を与えていてすべての責任を加害者に負担させることが適当でないとされた事案

　この問題について、飛騨川バス転落事件判決（地裁）[79]が嚆矢的であるといわれている（もっともこの地裁判決は高裁において不可抗力の抗弁の部分が認められず、道路管理者側が敗訴している）[80]。地裁判決が注目されたのは自然災害と道路管理者の過失の競合を因果関係の競合として、道路管理者に損害の一部についてのみ賠償責任を認めた点である（実はこれと同様の判決がフランスにおいても存在しているので後（本書141頁）に紹介してある）。
　飛騨川バス事件において名古屋地裁判決は不可抗力と過失（道路管理の瑕疵）が競合する論理を次のように展開している[81]。
　事故の原因が全部または瑕疵にあればそれによって生じた損害のすべてを賠償すべきものであることは勿論であるが、逆に全部不可抗力によって生じたものであれば損害が生じてもこれを賠償すべき義務はないことを意味するのであって、もし現実の具体的な事件において、それが右両端のいずれでもなく両者の中間に位するものであるならば、その実態に即して、不可抗力と目すべき原因が寄与したと認められる部分を除き、その余の部分について賠償の義務を負わせることが、これら損害賠償制度の当然の帰結と考えられるからである……
　当夜の多量の降雨が原因となっていることは間違いないこと、他方、本件において瑕疵とされているものは、右土石流の発生地点を含む地域において多量の降雨があるときは崩落の危険があり、かつ、この危険を防止するための態勢が不十分であったというのであって、両者の間には程度に懸隔はあれ、ともに多量の降雨という点に共通の要素があること、多量の降

雨は必ず時間の経過を経て累積する結果であることおよびその他さきに認定の具体的事実関係を考え合わせれば、本件事故の発生に不可抗力と目すべき原因が寄与している程度はその半ばまでには土砂流の発生を予見することは現在の学問的水準をもってしても不可能であり、これを四割と認めるのが相当である。

　飛騨川バス転落事故地裁判決は、通常なら定められる被告による不可抗力の抗弁を一部しか認めないのである。
　自然力による影響を正面から認めたものではないが、被告側にも自然力による損害からの回避をすべき義務があったとして原告の賠償の範囲を小さくしたものがある。
　次に紹介する事件[82]は台風による被害を不可抗力とは認めず営造物の設置・管理の瑕疵を認めながら、原告にも被害を予測して結果を回避することができた、として被害者の過失を認定したものである。被害者にも過失があり、それゆえ予見可能性があり、因果関係の共同があるという図式が成り立つと考えるのである。被害者と加害者の過失の競合を認めたのである。営造物の設置・管理の瑕疵という原因に対しても被害者の過失を認め、加害者の過失との競合を認めることができるとした点で注目される。

　台風によって、市の清掃工場施設内に在った旧工場建物の一部が吹き飛び駐車中の自動車に損傷を与えた事故につき、営造物の設置・管理の瑕疵を認めたが、被害者にもこれを予測して自動車を安全な場所に移すことができたのにこれを怠った点に過失があるとして、6割の過失相殺がされた事件である。以下少々長いが判決文の一部をそのまま紹介しよう。

　　二　原告が昭和60年8月31日自己所有の乗用自動車を前記清掃工場施設内に駐車していたこと、同日午前中折から通過中の台風13号による風雨のため、市職員の自動車が損傷を受けたことはいずれも当事者間

に争いがなく、右争いのない事実と《証拠略》を総合すると、昭和60年8月31日午前九州を直撃した台風13号が福岡県を通過した際、前記清掃工場施設内の旧工場建物及び付近のプレハブ造の車庫等の屋根又は外壁の一部を吹き飛ばし、その破片の一部がその直近に駐車してあった原告所有の乗用自動車をはじめ数台に及ぶ市職員の自動車に飛来し、これを毀損するに至ったことが認められ、右認定を左右するに足りる証拠はない……。

三 (一)《証拠略》を総合すると、清掃工場施設内に在った旧工場建物（《証拠略》の図面右側の既設炉と表示してある部分）は昭和50年3月ころまで稼働していたが、以後は操業を停止して全く稼働していなかったため、老朽化が進んで腐蝕が激しく、強風によって屋根や外壁の一部、付設の階段、煙突等が剥離落下し又は倒壊する危険に曝されまた旧工場建物の付近に設置してあったプレハブ造りの車庫等の屋根、外壁等のトタンが一部めくれて風にあおられてはためく有様で、何時強風、突風で剥離、飛散、倒壊するかも知れない危険な状況に在ったこと……、右認定に反する証拠はない。(二) 尤も、《証拠略》によると、台風13号は「九州の南海上を西に進み、九州直撃の可能性はない。」との福岡管区気象台の予報を裏切って8月31日未明枕崎付近に上陸し九州西海岸を北上したこと、そして同台風は福岡市内で最大風速毎秒20.6メートル、最大瞬間風速毎秒41.6メートルで、同気象台の昭和54年以降の記録上その例を見ない程大規模な台風であったこと、……然し、台風が予報に反して進路を急変することがあることは、これまで屡々経験しているところであり、また台風の規模が従前に見られなかった程大型であった点についても、……これらの営造物が通常有すべき安全性を有していたとは到底認め難く、従って、また本件事故を専ら台風13号という自然力のなせる業とし、これを不可抗力による事故と認めることもできない。更に被告主張の立入禁止の措置も、旧工場建物の本体付近に止まり、原告を含む市職員が駐車していた辺りは立入禁止、駐車禁止の区域外であ

り、安全確保のための措置としては決して充分であったとは言い難い。従って、被告のこの点に関する主張は採用し難い。㈢しかし乍ら反面、《証拠略》によると、旧工場建物及び付帯施設の老朽化が進み、腐蝕が酷くて一部剥離、落下したり又は倒壊し、プレハブ造りの車庫、倉庫等のトタンの一部がめくれかけて風にはためくなど危険な状況に在ったことは、原告も清掃事業安全衛生委員会の委員あるいは労働組合の執行委員を勤めていて知悉していたこと、旧建物工場から約100メートル程離れた清掃工場施設外に約6、70台収容できる正規の駐車場があって、しかも本件事故発生の当日は土曜日で職員の半数しか出勤しておらず、マイカー出勤者全員の駐車も可能であったこと、原告車両は本件事故の前日納車になった許りの新車で、原告はこれを前記甲第7号証の1の図面記載のとおり、他の7台の市職員の自動車とともに旧工場建物及び付帯施設の直近にある資材倉庫の傍ら5の位置に駐車していたこと、本件事故当日、台風13号の風雨が一段と激しくなった際、原告は近くの控室内からこの様子を現認し乍ら敢えて自己所有車を右の位置から前記正規の駐車場内等安全な場所に移しかえるなどの措置をとらず放置していたことが認められる。自己の財産は自らの責任においてこれを守るのが当然というべきところ、右認定事実によれば、本件事故発生の現場である原告の前記駐車位置は台風13号の影響による被害発生の危険性が極めて高いことが原告においても十分予測し得しかも風雨が激しさを増すにつれ益々その危険性が高まったにも拘らず、原告はその後も自己の大切な財産である自動車（而も前日納車した許りの新車）を敢えて危険な右現場に放置していたもので、その責任は決して軽からぬものがあり、このことも本件事故発生の重要な要因を成していたものというべきであるから、この点は原告の損害算定に当って考慮されるべき事情に当るといわねばならない。而してこの点に関し原告が自ら負担すべき過失割合はこれを6割と解するのが相当である。

自然災害が原因であれば不法行為における因果関係が本来前提としている人の行為という要件を部分的因果関係という概念で覆い隠すことができる。部分的因果関係は、複数の原因子が競合する因果関係の場合のみならず、結果の一部に問題とされる自然災害が影響している不可抗力が影のように影響を与えている場合にも応用が可能で、その場合には不可抗力による結果の部分についての議論やその計測について論ずることを避けることができたのである。

原因という因子から人間の行為という要件を除いてしまうと、無限に存在する因果の綾の中で結果に対して考慮すべき因子を抽出するメルクマールを失ってしまう。人の行為という要件を必要としない自然科学上の疫学的因果関係の議論であれば、手続はまったくことなったものとなる。自身を「病気の予防を最終目的として病気の原因を探る学問」と定義し、原因をあくまで病気の原因として考慮の対象となりうるもの、あるいはもっと正確に言えば疫学の5つの条件（関連の一致性、関連の強固性、関連の特異性、関連の時間性、関連の整合性）を満たす関係になければならない因子であれば人の行為であろうと自然のものであろうと議論の俎上にのせることができるからである。

また2番目の判例で問題となった人の行為（ここでは管理の過失）の方も、科学的であるためにはそれが因果の一部であり、疫学における相対的寄与危険度のような関連の強固性に関する量的研究が必須となる。

結局、自然災害をその影響について深入りすることなしに加害者の賠償責任を減額するためにはまったく別の理論構成が判例には必要であった。「人は予見した以上の損害の賠償責任を負わない」という理論である。このことを明確にするために次のことを考えてみよう。

落雷事故はかって自然災害・不可抗力の典型的事例とされた。誰も責任を負わない、というのが共通の認識だったのである。ところが近年、米国ではゴルフ場での落雷事故に損害賠償請求訴訟がおこされている[83]。避雷針を設置したり、ゴルフ場のマネージャーがプレーの中止を勧告すると

いった措置がとられていなかったから賠償せよ、というものである。こういった訴訟では落雷の可能性が議論されることはあっても落雷によって生ずるであろう損害とその確率について明確な議論をすることはない。

　落雷によって生じてしまった損害（それはあいまいな型ではあるが予見可能なものであった）と、それを避けるために払うことができた結果回避のためのコストが比較されるのである。避雷針があったら避けられたであろう確率まで計算することなど、かつては到底不可能と考えられてきた。

　不可効力か否かの基準として心理学の分野では興味深い研究があるのでここに紹介する。

スターのリスクの受忍限界水準グラフ

　Starr は様々な活動による事故死亡率と、かかる活動によってもたらされる便益の関係を、活動への年間関与者、年間関与時間あたりの死亡数の経年変化として算出し、これらの事故率が一定レベルに落ち着いていく傾向にあること、このレベルに達するとそれ以上減少しない傾向にあることを示した[84]。Starr は、この理由を、社会が、次のような制御を行っているという：危険が高いものに対しては、政治体制・制度を通じて減少させるが、危険がある水準にまで下がると、その後は、危険をさける努力が払われなくなる。それ以上の危険を減少させる必要を感じないからであろう、というのが彼の主張である。危険な活動も便益・費用関係から、それ以上危険を減少するのは社会にとって効率的ではないのであろう。この受忍限界水準は便益の3乗のS字曲線を描いているという。そこで Starr は、自動車などの事故の発生源となる技術の便益 (benefit) の3乗のS字曲線を次の要件の下に収めることが合理的な帰結であるという：過去50年以上の努力によってもほとんど減らなかった疾病死亡率レベルを上限に、自然災害の死亡率を下限とした社会的安全水準に収めるべきであると提案したのである。

　自然災害の死亡率は1万人当たり年間1人といわれており、疾病死亡率

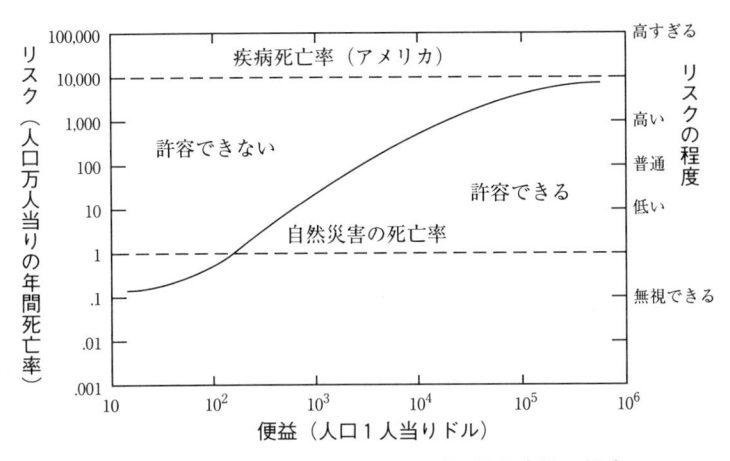

第1章　部分的因果関係をめぐるわが国の判決　71

グラフ3　Starr によるリスクの受認限界水準の提案

便益の増加にしたがって、許容するリスクの程度が増える。
(出典：Starr, C (1969) *Social benefit versus technological risk: what is our society willing to pay for safety? Science*, 165, 1232-1238 を一部改変)
広田すみれ・増田真也・坂上貴之『心理学が描くリスクの世界』(慶應義塾大学出版、2002) 9頁。

はアメリカでは100万人あたり1万人といわれている。

　もちろんこうした数字は国や文化によって異なる。また自然災害や疾病死亡率は社会のインフラストラクチャーの整備などによって減少するであろう。しかし、どのような社会にとっても、人災である場合はともかく、自然災害によって死亡することを誰かの責任にしたりすることはないであろう。そうであるなら、自然災害以下の死亡率しかない経済活動に対しては、よほどの過失が誰かに無い限り、事故にあった者は不幸な事故にあったということで片付けられるのであろう。また疾病死亡率よりも高い死亡率を放置することも、よほどの理由がない限り許されまい。疾病による死亡は社会にとって避けていくことが求められる基準だからであろう。

　ただ、両者の中間に位置する活動については、その活動がもたらす便益と死亡率が量りにかけられる。その便益が高ければ高いほど死亡率が高く

なってもやむをえない危険として許容される。活動の便益が低いとき、事故は割にあわないものとして改善が求められるのである。

　Starr の提案は、リスクを研究の対象とする心理学の分野では高く評価されている。人々がリスクをいかに許容するか、回避すべきだと考えるかについて社会的水準を示していると捉えることができるからである。

　この提案は法学にも影響を及ぼす。事故による死者がでたとき、どこまでそれを第三者あるいは死亡した本人の責任として処理するのか、それとも不幸な事故として誰の責任も問わずに終わらせるのかの境界をいみじくも示しているからである。グラフによれば1969年時点で、経済的便益が1000ドルのとき1万人中10件の死亡事故が限界線であるなら、1000万ドルの便益に対して10人の人命、100万ドルに対して1人の人命という計算になる。

(40)　割合的因果関係の議論は、部分的因果関係の議論と同じように、しかし、いくらか多くの段階を経てなされることによって部分的因果関係の議論と同じ結論にたどり着くことができる。

(41)　しかし、予見可能性と結果回避義務の議論では、予見可能であったこと、結果回避可能であったことの証明が原告・被害者側に課せられてしまい被害者に過重な負担を招くとして厳格責任が希求されるような分野、製造物責任であるとか医療事故、あるいは航空機事故のような領域では、退けられあるいは、証明の軽減の措置が立法や判例によって考案されてきた。

(42)　もちろん西淀川大気汚染訴訟では喫煙者でかつ大気汚染被害者について明確なかたちでの部分的因果関係の議論をしているわけではない。

(43)　本書結論と提案参照。

(44)　本書第2編第1章第5節参照。

(45) 昭和50年（オ）第153号　昭和50年10月9日、最高裁判所第1小法廷判決／破棄差戻◇未確定、交通事故民事裁判例集8巻5号1239頁、羽成守・別冊ジュリ94号140頁。

(46)　昭和43年3月14日、最高裁判所第1小法廷判決／破棄差戻◇未確定、判タ221号129頁、裁判集民90号647頁、判時516号44頁。

(47) 昭和63年4月21日最高裁判所第1小法廷判決　最判集民154号21頁、最判集民42巻4号243頁。
(48) 加藤新太郎『手続裁量論』(弘文堂、1996) 180頁以下。
(49) 倉田卓次「交通事故における事実の証明度」『実務民事訴訟法講座3』(日本評論社、1969)、野村好弘「自動車事故における因果関係の認定」交通民集第1巻索引解説号2 (1969) 23頁。
(50) これを因果関係の問題として因果関係の割合的認定を行うか、責任の割合的認定とするかという問題がある。後述する。
(51) 野村好弘・渡辺富雄・小賀野晶一「割合的解決の定着」判タ847号53頁。
(52) 野村好弘・渡辺富雄・小賀野晶一前掲53頁の他、稲垣喬「民事法の理論と実務　下　交通事故と民事帰責の相当性——とくに被害者の素因が関与している場合——」判タ269号32頁、村上博巳「損害賠償請求訴訟における心証割合による認定」判タ387号7頁、淡路剛久「確率的認定」判タ268号122頁、淡路剛久「40事故と再発症との因果関係につき、これを肯定する証拠が70％あるとして、損害額の70％を認定した事例」判時627号126頁、交通法学会判例研究会(山本教授記述)交通法判例研究11 ジュリスト526号125頁、倉田卓次「逸失利益算定法への一疑問」ジュリスト民事判例Ⅱ——損害論　213頁。
(53) 加藤前掲注 (48) 131頁。
(54) 最判昭63・4・1民集42・4・243。
(55) 堀野定雄「人間工学からみた『甲野事件実況見分調書』—交通事故解析大切な視点」季刊刑事弁護1998年秋号 (15号) 145頁。
(56) 堀野前掲143頁。
(57) 堀野前掲。
(58) 堀野前掲。
(59) いわゆる被害者側の過失の問題である。
(60) ただし、被害者が幼児であっても幼児の飛び出しは加害者に予見できなかったとして不可抗力の抗弁を認めた判決がある。昭和44年9月9日、山形地方裁判所判決における判示事項：道路に飛び出した二才二月の幼児との接触事故につき免責を認めた事例。
(61) 平成4年6月25日最高裁判所第1小法廷判決／棄却◇確定　裁判集民46

74　第2編　部分的因果関係とは

　　　　巻4号400頁、交通民25巻3号547頁、裁時1077号82頁、判タ813号198頁、判時1454号93頁、融商事920号29頁、北河隆之、判タ797号22頁、判例タイムズ241号217頁。
(62)　加藤前掲注(48) 131頁。
(63)　同様の議論をスティーヴ・ゴールド (Steve Gold) 氏が Yale Law Journal で信号機の故障による事故という想定で行っている。詳しくは本書159頁、Steve Gold 後掲注(188) 参照。
(64)　NHK取材班「チッソ・水俣　工場技術者たちの告白」『そのとき日本は』第3巻 (NHK出版1995) 84頁。
(65)　NHK前掲91頁。
(66)　NHK前掲127頁。
(67)　NHK前掲134頁、136頁。
(68)　NHK前掲135頁。
(69)　NHK前掲105頁。
(70)　西村肇「水俣病発生原因の謎が解けた(1)」現代化学1998年2月号50頁。
(71)　朝日新聞1998年1月15日、前掲(64)、NHK取材班。他に西村後掲注(73)、同「技術と人間」現代科学、1998年1月号。
(72)　西村前掲注(70)。
(73)　西村肇「昭和電工鹿瀬工場は大量のメチル水銀を生成していた(上)(下)」現代化学 (東京化学同人) 2003年3月、4月。
(74)　補遺1及び3参照のこと。
(75)　倉敷大気汚染公害訴訟第一審判決　平成6年3月23日岡山地方裁判所判決昭和58年 (ワ) 第730号公害差止等請求事件。
(76)　火力発電所建設差止等請求事件。大阪地裁昭48 (ワ) 第5757号、同49 (ワ) 第1310号、同50 (ワ) 第502号、同51 (ワ) 第1978号、同53 (ワ) 第735号、昭59・2・28第一八民事部判決。
(77)　損害賠償金請求事件、新潟地裁昭52 (ワ) 第305号　平6・6・30第二民事部判決。
(78)　大気汚染物質排出禁止等請求事件[川崎大気汚染公害訴訟第一審判決]平成6年1月25日　横浜地方裁判所川崎支部判決／一部認容、一部棄却◇未確定。

　　　判決要旨は次のとおり

1．昭和30年代から同40年代に相当期間継続して川崎市川崎区又は同市幸区に居住した者に昭和50年代前半ころまでに発症した慢性気管支炎等と右地域における高濃度の二酸化硫黄による大気汚染との間に相当因果関係が認められるとした。
　2．川崎地区における二酸化窒素による大気汚染と慢性気管支炎等の発症等との間に相当因果関係が認められないとした。
民法719条1項の共同不法行為における関連共同性については、同項前段及び後段とも行為が客観的に関連共同していることで足りるが、前段の場合には、共同不法行為者間により緊密な一体性を要するのに対し、後段の場合には、社会通念上全体として一個の行為と認められる程度の一体性を有した上で加害行為の一部を負担していることで足り、前者の場合には共同不法行為者の個別事由による減免責の主張立証が許されないのに対し、後者の場合には右減免責の主張立証が許される。
同一地域に立地・操業し、硫黄酸化物等を排出してきた複数企業につき、大気汚染状況、大気汚染物質の影響等に関する認識及び共同して公害防止対策を実施してきたこと等のことから、民法719条1項前段の関連共同性が認められるとした
同一地域に立地・操業する複数企業が排出した硫黄酸化物が原告らの居住地等に到達して慢性気管支炎等の発症等に影響を与えていることは否定できないとして、右各企業につき民法719条1項後段の関連共同性が認めた
企業による大気汚染物質の排出行為と道路を走行する自動車からの大気汚染物質の排出との間に民法719条1項後段の関連共同性を認めることはできないとした
企業から排出される二酸化硫黄の到達割合をもって、二酸化硫黄による疾病発症等に対する寄与割合とされた事例
　この結果裁判所は次のように判決した
　1．複合大気汚染による健康被害について、被告企業らの排出した大気汚染物質（二酸化硫黄）の到達の寄与割合をもって原告らの疾病の発症等に対する寄与割合として、被告企業らに損害賠償責任を認めた
　2．複合大気汚染による健康被害について、二酸化窒素と健康被害との因果関係を必ずしも明確に認めることができないとした
　3．(1)本件地域に立地・操業する被告企業間において、被告企業らの排出

76　第2編　部分的因果関係とは

　　　行為等について、昭和40年代前半頃までは民法719条1項後段の共同不法行為、昭和40年代後半以降は同項前段の共同不法行為の成立をそれぞれ認めた
　　　(2)被告企業らの大気汚染物質の排出行為と道路からの大気汚染物質の排出との間に共同不法行為の成立を否定した
　　　4．被告企業らの操業及び道路の供用による大気汚染物質の排出差止請求について、請求の趣旨の実現につきその成否を判断することが事実上困難であるとともに、その趣旨の実現のための方法又は態様が特定されていないとして訴えを却下した

(79)　名古屋地裁昭和44年（ワ）第3499号、昭和46年（ワ）第1895号、損害賠償請求事件、同48年3月30日民事第三部判決。判タ295号153頁以下、加藤雅信解説「飛騨川バス転落事故——不可抗力の寄与と部分的因果関係——」別冊ジュリスト48号交通事故判例百選162頁。
(80)　名古屋高裁昭49・11・20判決。
(81)　判タ295号227頁。
(82)　福岡地久留米支判平成1年6月29日　一部認容、一部棄却◇確定判時1339号121頁。
(83)　ゴルフ場（および野球場）と落雷に関しては私が調べた限り判例は四つある（うち一つは野球場）。そのうちひとつだけが、原告に有利な判決を出している。以下、原告に有利なものからあげておく。Spencer Van MAUSSNER and Colleen Maussner, his wife, Plaintiffes-Appellants, v. ATLANTIC CITY CLUB. INC., et als. 691 A.2d 826, 65 USLW 2677, Nora GRACE, et al., v. CITY OF OKLAHOMA CITY 953 P 2d 69, 1997 OK CIV APP 90, DYEMA v. GUS MACKER ENTERPRISS. INC., 492 N.W.2d 472, HAMES v. STATE of Tenessee 808 S.W. 2d 41.
(84)　Starr, C. (1969) *Social benefit versus technological risk: what is our society willing to pay for safety? Science*, 165, 1232-1238. 広田すみれ・増田真也・坂上貴之『心理学が描くリスクの世界』（慶應義塾大学出版、2002）9頁。

第2章　部分的因果関係をめぐるわが国の学説

第1節　部分的因果関係論

　部分的因果関係の議論ないし割合的因果関係・割合的責任に関する学説は多く、そのすべてを紹介することはできないし、そうすることが本書の目的でもない。そもそもこれらの学説はいわゆる疫学的因果関係とは無関係なものであり、疫学的手法についてもその理解を有しているわけでもない。

　混乱を避けるために、読者に次のことを喚起しておきたい。割合的という言葉と部分的という言葉の使い分けについては何らの法則もない。部分的因果関係が複数原因子に関わる場合で、割合的責任というときは、責任を部分的にのみ認める、といった約束事があるわけでもない。それぞれの論者が、めいめいの区分、めいめいのセマンティックで使い分けているにすぎないのである。例えば割合的責任という語は proportional liability の訳語にすぎず、部分的責任 (partial responsibility) とされていればそれに従っていたであろう。また逆に部分的因果関係ではなく、割合的因果関係との命名が部分的因果関係についてなされていたらそれに従ったであろう。こうした混乱はわが国に限ったことではない。後にみる Rosenberg 教授は Proportional Liability (割合的責任) という用語を使うが、キング教授は Valuation (損害評価) という用語で問題を論じているのである。もっとも「責任とは損害の評価か」という視点からは、もはや用語法の相違というよりは、法律構成の理解の相違というより根源的な問題を含んでいることは間違いない。

　部分的因果関係の理論は過失相殺法理の適用範囲の拡大からはじまっ

た。これを山野嘉郎氏は次のようにまとめられている[84']。

> 当初は、被害者の過失については、学説も判例も、これを加害者の過失と同等のもの（すなわち責任能力が必要）と考えていた。しかし、交通事故が激増し、賠償額が高額化してくる中で、学説の中に、幼児に対する過失相殺の適用の拡大を主張するものが現れ、判例も同様に拡大の論理を示すようになる。

この一文は交通事故において日本では被害者本人の責任弁識能力を緩和する方向性が打ち出されてくる過程を表現している。こうして判例・学説は交通事故に限れば加害者の賠償責任額を減額する努力がなされるようになるわけである。①被害者の行為の外形から客観的・定型的に過失の有無と程度を判断する説、②被害者が幼児である等のファクターを金銭評価の一資料とする説、③因果関係の分割すなわち部分的因果関係を根拠とするもの、④事実的因果関係として被害者の寄与度に応じて損害額を控除する説、⑤加害者の帰責原理と被害者のそれとは異なるとしてリスク配分の問題とし、違法性の程度を基準に配分する説、⑥被害者の寄与が加害者の非難可能性ないし違法性の程度を減少させているとして公正のために金銭評価において斟酌するという説などがそれである。

これらの説は、いずれも被害者（側）の過失を根拠に、あるいは因果関係を根拠に、被害者の要因（たとえば幼児が道路に飛び出したなど）を根拠に加害者の損害額を減少させるために考案されたものであることにかわりはない。ただ、状況を困難にしているのは、これらの学説の意図したところがどこにあろうと、これらの構想が、自然災害を典型とする不可抗力との競合、公害の原因が複数競合している場合、交通事故にあっても被害者の先行する素因との競合がある場合などへとその構想がそれぞれ広がりをもってしまっている点にある。

そこで本稿では上記の学説の順に従って論ずるのではなく、因果関係概念をどう構成するのか（1）（事実的因果関係か相対的因果関係か）、素因は因果関係における原因か（2）、因果関係の割合的認定の法的性質は何か

（3）の順で論証していくことにする。それはわが国の部分的因果関係の議論が一方においてはドイツやフランスの学説から理論的根拠を提供されながら、他方では実務においてわが国に固有な法文化（日本の裁判官に特有な平衡感覚）があり、両者を統合することが容易でないという特殊な状況が問題の背後にあるからである。

1 事実的因果関係説か、相当因果関係説か

不法行為の成立要件として因果関係について「事実的因果関係」と呼ばれる学説と「相当因果関係説」という概念で扱われる問題がここに関わっている。前者の学説は conditio sine qua non とよばれる「あれなければこれなし」という関係をもってする因果関係をいう。しかし、ここでいう因果関係の説明はそのままでは不十分であろう。因果関係を因果の連鎖のみならず網状に広がる連鎖と捉えるなら、アンデスの蝶の羽ばたきも翌日にはフロリダのハリケーンとつながっているのである。

それゆえ事実的因果関係といっても、それは「あれなければこれなし」で表現されるようなものではなく、経験則に基づいた自然科学的な、あるいは統計上認められるような意味あいを含んだものでなければならない。それは事象Aが起これば事象Bが起こるであろうと我々が日常の経験で知っているものである、ということを意味する。たとえばコップを持つ手を離せば（事象A）、コップは落ちる（事象B）といった具合である。これをより科学的に分析したのが疫学的因果関係である。

強い放射線に曝露されれば「がん」を発病する確率が高くなる、といったように、あるいは紙巻タバコを一日に20本以上、20年を超える期間吸い続けると、肺がんに罹患する危険は非喫煙者の5倍になる、といったようなものがそれである。我々は日常の経験から多くの事象が起こることを予測できる。この因果関係の予測のことを蓋然性と呼んでいる。「疑いを差し挟む余地のないほどの証明」とか「高度の蓋然性」というのは、この原因と結果の関連の強さをさしている。「あれなければこれなし」も結局

のところ経験的にそうとしか考えられない、と言っているにすぎない。

相当因果関係説は事実的因果関係説を基礎におきながら無限に広がる可能性のある原因と結果の関係のなかで一定の範囲に損害賠償責任の成立を限定する役割を担うものとして提唱されたもの[85]といわれている。

問題は因果関係の範囲限定のための要素は何か、という点である。「相当性」の判断と呼ばれる限定のための基準はあまり明確ではない。ある意味では自明・当然のことのように扱われ、また事実的因果関係では不十分だから、という理由で擁護されてきた相当性の判断について学説が一致をみているとは言いがたい。英国では原因との距離（proximate cause と remoteness of cause）という基準を設けたりしているが、その内容は相当性の判断とあまり代わりがないように思われる。

危険な行為による結果として予測できる範囲にあるといった基準は、行為の危険性とその結果について経験則として関連づけることが適当か否かであるなら、それは日常生活上の経験則に限定されるべき理由はないであろう。

提　言

相当性の判断の基準を、疫学でいうところの「関連性の強度（関連性の強固性）」で置き換えることは可能ではないだろうか。すなわち経験的に「あれが起これはこれがおこる」と日常生活の感覚から言えるものが相当性の意味であるとするなら、原因と結果の関連の強度、相対的寄与危険はそのまま関連性の強度と置き換えることができるのではないか。

原因と結果という二つの事象をどのように関連づけるか、というとき疫学的因関係の理論はこれまでの議論よりも科学的で精緻なメルクマールを提供してくれる。疫学における5つの条件（関連の一致性、関連の強固性、関連の特異性、関連の時間性、関連の整合性）を満たすような関係でかつ、その危険度が数値的に十分に大きいということが相当性の意味であり、相当性という法学の基準は疫学が法の世界に知られる前のナイーブな表現とい

うことはできないだろうか。

それゆえ、相当因果関係が個々の事案において問題を混乱させたケースにおいて、それがいかなるものであったかを疫学の視点より再検討してみることで、この仮説の妥当性の検証としよう。

① 因果関係が疑われるとき（いわゆる相当性の判断として相対的寄与危険が低いとき）、② 因果関係の競合がおこったとき、③ 因果関係の中断のとき

① の事案では、相対的寄与危険といった統計的処理をなすことで説明がつく。② の競合も原因子の競合と考えればよい。③ は関連性がない、とすれば説明がつく。こうして多くの場合、相当性の判断は疫学的因果関係の理論で説明がつくのである。

2　素因は因果関係における原因か（私見）

しかし、相当因果関係論はこれで役割を終わったわけではない。

交通事故や公害などにおける被害者の身体的素因や心因的要因の中に散見される事例のように被害者に帰責することがむずかしいものについて、これを因果関係の競合の問題と捉えるべきか否かという判断において、その役割を見出すことがきるのである。

科学的な意味で、あるいは疫学的な意味で因果関係が競合している場合であっても、被害者に違法性、帰責性が見出せないのもについてまで因果関係の競合を認めて損害額を減額すべきであろうか、という問題について考えてみよう。

たとえば薬害訴訟において被害者の特異体質をどこまで身体的素因として損害額の認定において考慮することが許されるであろうか？　薬害などにおいては、被害者は応々にして身体に障害がある。これをすべて被害者側の素因が結果に影響を与えているとしてしまっては問題がある。事故防止という視点からみるとき、その体質の特異性が極めて際立ったものであり、被害者も加害者も予見できない、あるいは結果を回避できないようなものであった場合にのみ、その損害を被害者にも負担させるべきであろ

う。被害者、加害者のいずれかに負担させるべきかは結局のところ、政策的判断に属するのではないか。この点について社会心理学の立場からスターのS字曲線がある程度の答えを出しているように思われる。不慮の事故ということになれば、一定の範囲で被害者は賠償を受けないことも社会的には認容される（本書の「結論と提言」でこの問題について提言しているので参照されたい）。

3 因果関係の割合的認定

割合的因果関係については、①事実的因果関係の問題である、とする野村説、②相当因果関係を事実的因果関係、保護範囲、損害の金銭評価に分析すれば保護範囲とグレードをつけた考え方であるとする加藤雅信教授の説、③相当因果関係を割合的因果関係におきかえた相当因果関係の代替理論とする説も可能（野村教授の仮説）などがある[86]。しかし、法的構成による事実上の差は大きくない[87]。たとえば割合的因果関係について[88]、野村教授は「要するに、複数の原因の競合が考えられる場合、ある原因がある結果の発生に対してどの程度寄与したか、ということを探求し、その寄与度又は寄与率に応じた損害賠償責任を、その加害原因者に負わせよう、とするものである。」[89]と書かれている。また別のところでは「因果関係の程度に応じた割合的責任の考え方」という論文の最後の節「割合的因果関係論の今後」で「法的理由づけについては、民法722条2項の過失相殺の準用、公平論、割合的因果関係等、今までいくつかの構成が判決や学説をとおして出されてきているが、この問題はあまり重要でないと思う。」と書かれている。「今後は、形式的な理由づけよりも、実質的にどういう素因についてどれ位の割合で寄与度を判断すべきか、という実際的な問題に取組むことが必要だと思う。」という。

野村教授はこうした視点から割合的因果関係をできるだけ事実に近いかたちで認定する努力をすべきだと、考えられたようである。その結果がすでにみた信用可能度（渡辺方式による寄与度判定基準表　本書49頁）だったの

である。

こうした努力が広範な支持を受けたとは言い難いようである[90]。

しかし、この議論は補遺5に譲って、先に進もう。

第2節　部分的因果関係と証明責任論又は事実に対する評価責任

　部分的因果関係論をめぐる学説上の問題として次に浮上するのが、証明の問題である。実体法の理論がいかにすばらしいものであっても、その理論が要求する証明内容が現実世界では証明不能なものであったり、理論が要求する抽象的要件に該当する具体的な事象がどんなものであるか明らかにならなければ、あるいは明らかであっても人体実験でもしなければ、かかる証明が不可能なとき、実体法の理論は絵に描いた餅にすぎないことになる。特に疫学的因果関係の世界ではこうしたことがまま起り得る。

　そこで、こうした証明の困難に対する一つの答えが、証明責任の問題であり、証明度の問題であった。しかし、証明責任の分配の問題はときとして本来証明が抱えている問題の核心を覆い隠し、本来あるべき解決（真実発見をともなった判決）を先延ばしにしてきたという面がある。

　不法行為において故意・過失、因果関係の要件と同じく損害の証明もまた原告がしなければならないものであることについて異論を唱える学者はほとんどいないであろう。

　ところがその賠償額をいかにして認定するか、という問題となると学説は分かれる。賠償額の認定は損害という事実に対する法的評価なのか事実そのものなのか、が決定されなければならない。

　事実の問題であるとするなら、その証明責任は裁判所ではなく当事者に分配されるが、多くの場合損害額を100％当事者が証明するのは不可能である。

　法的評価の問題とした場合、今度は裁判所は何を根拠に評価するのかが

明らかにされなければならない。

　こうした事態にあって100％の証明ではなく証明度によって賠償額を決定したり、法的根拠としてどこまで証拠があるのかで評価額を決定していくということが実際の裁判では行われてきている。

　以下に掲げる藤原論文はこの問題に対して新たな視座から証明責任と評価責任の問題を再考させるものであるので紹介しておこう[91]。

> 実は私、以前に大阪地裁の、主として交通事故損害賠償事件を専門的に取り扱う部で三年間勤務したことがありまして、来る日も来る日も損害とその額の認定・算定に頭を悩ましたことがございました。ところが、たまたま、この学会での報告をお引き受け致しました直後の昨年12月8日に、鶴岡灯油事件の最高裁判決が出まして新聞紙などにも大きく報道されました。この判決におきまして、最高裁は、ご承知のとおり、原告らの被った損害とその額の証明が尽くされていないという理由で、これを一部認容した二審判決を破棄しまして、原告らの請求を棄却する自判を致したわけでございます。

　われわれは事実が明らかになれば、その法的評価をするのは裁判所の責務と考えてきた。もちろん法的評価を裁判所がする過程で当事者はそれぞれの主張を展開することで、いわゆる主張責任を果たすことで裁判所にある程度の免罪符を与えていたということもできよう。損害は証明できても損害額の証明は困難といったとき、損害額も事実の問題とすることで事実に対する評価もまた、それが純粋に法理論構成上の問題——解釈の問題と表現すべきか——でないかぎり当事者に課せられた証明責任の問題でよしとしてきた。こうした構成に対して疑問が呈されたのは鶴岡灯油事件[92]が最初である。

　藤原元裁判官はこの鶴岡灯油事件最高裁において割合的認定は当事者の証明活動によってなされるものであって、裁判官の責務ではない、と読める判決に衝撃をうけたということである。なぜなら割合的認定も損害額の認定の問題であるならば、損害額もまた事実認定の問題であると最高裁が判決で示したことになるからである。最高裁の判決によれば、割合的認定

第2章　部分的因果関係をめぐるわが国の学説　85

問題は、損害額の認定問題であり、それは損害額という事実証明の問題ということになるからである。それゆえ事実を証明できない者、その事実を証明する責務を負っている者がそれに成功しなければ不利益を受ける（事実がないと認定される）こともやむをえないと扱う、その扱いに衝撃を受けたということである。

　交通事故などにおいて被害者の過失や被害者の素因の事実もまた分かっている場合であっても、それをどの割合で過失相殺するか、日々悩んできたものが、それは証明責任ですませてしまえばよい、と言われてもそう簡単に納得できるものではない、と考えるのも無理からぬことである。

　そこで氏が提唱されたのがドイツ民事訴訟法 (ZPO) 287条の規定にある考え方である。同条は次のように規定している。損害が発生したかどうか、または、損害ないし賠償すべき利益の額がいくらかについて当事者間に争いのあるときは、裁判所は、一切の事情を斟酌し、自由な心証によって、その点について決定する。その点について証拠調をすべきかどうか、また、どの程度すべきか、さらに職権で鑑定を命ずべきかどうかについては、裁判所の裁量にゆだねられている。……

　この規定について藤原元裁判官は、証明度の低減を含むものとの説を紹介しわが国においても証明度の低減が可能であると主張する。

　その根拠として①この規定が立法当時より損害額の立証が困難なことが意識されており、②実務でも慰謝料や逸失利益の定額化・基準化が進んでいるが、これも実は証明が困難なことを回避するための擬制であり、積極損害についても基準化が進んでいること、③裁量的算定をするといっても当事者に十分な主張立証の機会が与えられた上での裁量であるから、でたらめなものとなる恐れはない、というものである[93]。

　また傍論ではあるが鶴岡灯油事件をZPO 287条の下で損害額を考えると妥当な判決が得られると主張している[94]。

　そうして最後に新民事訴訟法248条がこのZPO 287条の趣旨を汲んだ規定と解する余地があること、すなわち多数説はこれを証明責任の軽減を

図った規定と解するのに対して、損害額の確定を裁判官の裁量に委ねることを許容した規定と読むことができる、としている[95]。

「経験則に沿った認定をしておくことの方が立証責任に従った認定という処理よりも裁判官にとっては一般的である」というのが現実である[96]。

証明責任の問題と従来考えられてきた問題が実は証明に対して与える評価の基準として証明度の問題があるとの指摘は、証明度に関する新たな発想と風景を与えてくれるものとして評価すべきである。

この問題については鑑定のところで再考する。

(84′) 山野嘉朗「過失相殺」『新・現代損害賠償法講座第6巻損害と保険』（日本評論社、1998）273頁。
(85) 松浦以津子「因果関係」『新・現代損害賠償法講座第1巻総論』（日本評論社、1997）132頁。
(86) 加藤新太郎『手続裁量論』（弘文堂、1996）192頁。
(87) 野村好弘「因果関係の程度に応じた割合的責任の考え方」交通災害における損害賠償保険および社会保障（保険毎日新聞社、1998）25頁。
(88) 野村前掲注(48) 8頁。
(89) 野村前掲。
(90) ただ、割合的因果関係と割合的責任は別のものとして扱うべきものであると考える。割合的責任とは、後に米国の判例・学説で見るように、事故の起こる確率として捕らえる発想であり、割合的因果関係のように因果関係をくもの巣のように張り巡らした因果の綾と必ずしも見ているわけではない。それゆえ、結果において被告の責任を正当に分配することになっても、因果関係の有無から責任を導いているわけではないので、それが正義にかなったものではないのではないか、との批判が必然的に出てくるわけである。それに対して割合的因果関係ではこのような問題は起こらない。
(91) 藤原弘道「損害およびその額の証明——鶴岡灯油事件最高裁判決を機縁に——」判タ733号1990、藤原弘道『民事裁判と証明』（有信堂、2001）115頁以下に収蔵。
(92) 最判平元・12・8民集43・11・1259 判タ723号57頁。
(93) 藤原前掲122頁以下。

(94)　藤原前掲 124 頁。
(95)　藤原前掲 134 頁。
(96)　田尾桃二「民事事実認定の基本構造」田尾桃二・加藤新太郎共編『民事事実認定』(判例タイムズ社、1999) 54 頁。

第3編

米国における疫学の議論[97]

第1章　判例俯瞰
第2章　学　説
第3章　複数原因子が介在している場合についての米国の議論
第4章　PE/PS訴訟の動き

米国での疫学的因果関係が問題となった事案に関する議論を紹介するにあたり、次の順で論じていくこととする。まず第1章で米国の判例を概観する（但し複数原因子に関するものは第3章で紹介する）。続いて第2章で、1) 証明責任の分配の問題（証拠の優越の理論）、2) 証明度、3) 統計的相関、4) 法と経済学、5) 共同不法行為論、6) Dr. Rosenbergの提案、第3章で複数原因子が問題になる事案についての判例及び学説上の議論を、第4章でPE/PS訴訟をとりあげる。

このオーダーで本編を構成したのにはそれなりのわけがある。まず、証拠の優越（証明責任と証明度）であるが、これは米国の裁判制度がわが国のそれとは異なり、要求される証明度が異なるため単純に比較することができないという危惧を払拭するためである。証明度（証明責任の分配の問題も含めて）の相違は疫学的因果関係の証明において、その理論的構成がわが国のそれとは異なっていても相違を生み出さない。

むしろわが国の判例は証明の困難さに直面したとき柔軟に対応することで米国のそれに自然と接近してきていることが読者にはわかるであろう。

次に証明度と統計的相関を取り上げたのは、この証明の問題の困難さは、事実をどう捉えて法的に構成していくのかという証明方法の議論の中に内包されていることを明らかにするためである。

第2章の最後に、「法と経済学」からのアプローチを取り上げたのは、かかる学問的領域が法的概念を現実的に適応させる必要性を証明から取り上げているからである。証明の経済的負担が法的要求との間で「間尺に合わない」ことに鑑みた議論が紹介されている。それゆえ、この法と経済学の章こそ実は証明責任と証明度に関する具体的問題提起というべきものである。

第3章は、こうした理論状況を前提に複雑化している米国の不法行為、特に環境関連の問題に、法がどう対処しようとしているかを具体的事例をとりあげながら考察する。第4章のPE/PS訴訟というのは危険物質に被曝したが、まだ発病していない段階での賠償をどうするか、という問題であ

る。日本の血液製剤によるエイズウイルス感染や、予防接種の際の注射針の使い回しによる肝炎ウイルス感染の問題もこれにあたる。わが国でも今後、こういったタイプの訴訟が法的な判断において大きな問題となっていくであろう。ここで米国での訴訟を紹介することでわが国の訴訟の将来を展望するための一助としようとするものである。

(97) David E. Lilenfeld & Bert Black "*The Epidemiologist in Court: Some Comments*" American Journal of Epidemiology 1986, 123: 961-964.

第 1 章 判 例 俯 瞰

　有害物質による訴訟はこの 15 年間に爆発的に増大している[98]。なかでもエージェントオレンジ（ヴェトナムなどで使用された枯葉剤）、アーク溶接煙、アスベスト、ベンゼン、PCB、ニッケル化合物、塩化ビニール、種々の薬品、種々の医療器具（例えば膣内での治療を目的とする医療器具）などである。アスベスト関連だけでも、過去 20 年間に、およそ 10 万にのぼる訴訟が州裁判所や連邦裁判所に起こされているのである[99]。またリッチモンドの A.H.Robins Co. の膣内器具ダルコン・シールドに対しては、およそ 20 万人もの原告がリッチモンド社製の器具によって障害を負ったとして訴えを起こしているのである[100]。

　このため米国では近年、爆発的な勢いで何十万という疫学的因果関係やその証明度を争点とするクラスアクションが起こされている[101]。たとえば、アスベスト被害者による訴訟、妊娠中に流産防止のために妊婦に投与された diethylstilbesterol (DES) が、その妊婦から生まれた女児の膣に思春期になって腺ガンを起こしてきた事件、ヴェトナム戦で米軍が使用したエージェントオレンジを米兵が浴びたとしてその後遺症の賠償を米国政府に求めた訴訟、妊娠中に服用した吐き気防止剤 Bendectine（シンシナチの Merrell-Dow 社の製品で製造中止となっている）による障害児問題、核実験の放射線を浴びたことによるガン患者の訴え、廃棄物処理場から漏れだした化学物質によるとされる様々な疾病などである。そして原告の中には疾病の症候が現れていないが、将来における発病に対する恐れを理由に損害賠償を求める者もいる。こうした者の数も含めるとその数は、10 万を越え、まさに数え切れないといっても大げさではない数に達している。これは、わが国で公害訴訟と呼ばれてきた数多くの訴訟にひけをとらない数である。

また訴訟の経済に対する影響も大きい。アスベスト関連訴訟では、アスベスト製造会社八社が連邦破産法(Federal Bankruptcy Law)による救済を求めており、さらに数社がこれに続くと見られている(米国の破産法はわが国の会社更生法のモデルとなった法で、会社の更正にも配慮している)。賠償額も1社で2億ドルにも達しているものもある。例えば、デンヴァーのマンヴィル社(旧ジョンソン・マンヴィル社)は2.5億ドル、A.H. ロビンス社は2.37億ドルといった具合である(102)。

第1節　疫学的資料の法廷での採否

米国の法廷で疫学的因果関係の議論が、多くの市民の関心を集めたのは、1982年9月15日、ユタ州南部の住民とアリゾナ州北部の住民が連邦政府を相手に核実験による健康被害の賠償を求める訴えを起こしたときである。原告側の主張によれば400人にのぼる被害者とその遺族が訴訟に参加していた。

白血病やその他のガンは、1950年代に行われた核実験による放射能の影響によるものだというのである。核実験の風下に住んでいた住民に、通常よりも高いガンの発生率が観測され、米国連邦政府議会の調査は「核実験が原因である可能性を否定できない(more likely than not)」との報告を出していたのである。

1984年5月裁判所は、この報告書をもとに政府の責任を部分的にではあるが認める判決を出した(102')。

疫学的因果関係の証明は状況証拠(circumstancial)ではあるが、個人の損害との因果関係を証明する手段として承認される、というのが民事における傾向である。これに対して、刑事裁判では否定的である。New Mexico v. Sneed 事件(103)において、犯人の容姿に完全に合致する人間が、どれほど統計的にまれな存在であるとしても、かような統計を証拠として採用することはできない。それは、両親が銃殺された被告と同姓同名で背

格好と人相が似た男が、事件の一週間前に近くの町で殺害に使われたのと同タイプの銃を購入しており、こういうことが偶然に起こる確率は2400億分の1という事件であった。判決は、統計的確率は推測の上に成り立つものにすぎないからであるとした。

民事事件では平均余命の統計を損害賠償の算定の基礎に使うこと、医学上の生存率の統計を、医療過誤などがなければ生き残った期待値の基礎につかうことは、法廷でも認められている[104]。

第2節　疫学的資料は伝聞証拠か

疫学上の統計は、その資料作成のための調査対象については、匿名を原則とするため伝聞証拠ではないか、との疑問もあったが、連邦裁判証拠規則803条で民事および政府を被告とする刑事裁判では認容することが規定された[105]。

また私人間の争いでは、被告が米国憲法修正六条を根拠に疾病制御センター（Centers for Desease Control 以下センターと記す）の収集した個人データの開示を求めた事件がある。この事件は、原告が被告であるプロテクター・アンド・ギャンブル社のタンポンの使用から麻痺症状を起こしたとして訴えたことに端を発している。センターが、この症状について調査した報告書を資料として提出しないために、原告はセンターを相手に訴えを起こしたのである。裁判所は、センターの主張を受けてデータの基礎となった個人名の開示を認めず、結局事件はプロテクター・アンド・ギャンブル社との間で裁判外の和解で決着している[106]。

第3節　いかなる資料が採用されるべきか

(1) 枯葉剤

エージェントオレンジをめぐる訴訟（クラスアクションを含む）は、私の知る限りでも六つあるが、もちろん現実に米国で争われた訴訟の数はその数10倍でもたりないであろう（裁判上の和解に関わった1000人以上の弁護士の報酬をめぐる訴訟も含めるとその数はさらに大きくなる）。古いものから順に紹介しよう[107]。

1984年9月25日連邦 E.D.New York ディストリクトコート（裁判長 Weinstein）は、ヴェトナム従軍退役軍人およびその家族が連邦政府および複数の化学メーカーに提起したクラスアクションにおいて交わされた1億8000万ドルの和解を承認した。この和解は、当事者間で合意され、裁判所はその有効性について認証したのみであるから、枯葉剤との因果関係については示されなかった。

1985年5月8日連邦 E.D. New York ディストリクトコート（裁判長 Weinstein）は、政府の疫学調査を訴訟資料として採用することは認めたが、原告らの提出しようとした鑑定は根拠がないとして認めず、因果関係を証明することには失敗したと認定した。原告らが枯葉剤に被曝したことの証拠は、当人らの証言のみであり、被曝量などについては不明確であり不十分であるとした[108]。（この判決については補遺および後の鑑定に関する記述参照）

1985年7月3日連邦 E.D. New York ディステトリクトコート（裁判長 Weinstein）に対して、ヴェトナム従軍兵 John Lilley の未亡人、子らは、ダウケミカルら化学メーカー数社を相手に枯葉剤による夫の死に対する賠償を求めたが、裁判所は、枯葉剤に被曝したことについて伝聞証拠以外に証拠がなく、原告は静脈瘤およびリンパ肉腫と枯葉剤との間の因果関係を立証することに失敗したとして原告の訴えを退けた。

同じ年5月9日、10日にも同じ裁判所の同一の法廷（裁判長 Weinstein）が同様の判決を下している。

これらの判決はハワイでの枯葉剤実験の事件（5月9日）他若干の事件で修正がなされたものを除き、いずれも控訴審において支持されている[109]。

ヴェトナム戦争時における米国の枯葉剤（エージェントオレンジ）散布とガンとの因果関係については、1991年の立法によって国立科学アカデミー（NAS）の調査が行われ、さらに退役軍人庁（Secretary of Veterans Affaire）がこれにもとづき因果関係の有無を決定するという手続がとられた[110]。これは、原告の数があまりに多く、裁判が各地で行われることによって生ずる混乱を減じようとしてとられた措置であった。

科学アカデミーは、数多くの調査報告書にあたり、枯葉剤と種々のガンとの因果関係について四つのカテゴリーを設定した。第一のものは、科学的に因果関係が十分に認められるものというもので、五つの疾病がこれに認定された。ただしこのカテゴリーにあてはまるガンで裁判で問題となっているものはなかった。第二のカテゴリーは、因果関係を推定させる証拠は数は少ないが存在するというものである。たとえば質の高い、ある調査では因果関係が十分に認められるとしているが、その他の複数の調査では因果関係は発見できなかった、といったものである。三つのタイプのガンがこのカテゴリーにあてはまったと科学アカデミーは報告している。第三のカテゴリーは、因果関係を認定するには、存在する証拠だけでは不十分で不適切なものばかりである、というケースである。肝臓と鼻腔のガンがこれにあたる。第四のカテゴリーは、因果関係を否定する資料が限定的にではあるが存在するケースである。このカテゴリーにあてはまるものはなかった。

また生物学的調査、すなわち動物を使った実験では、因果関係に関する結論は否定的であること、しかしいくつかの実験から完全に否定もできないことが報告されている。ガンの原因物質であることの証明、あるいはそ

の可能性についての説明はついていないという。ダイオキシンについては発ガン性が実験の上で確認されていることも報告されている。

　この報告を受けて退役軍人庁は、証拠の優越の視点から第一のカテゴリーに含まれた五つの疾病との因果関係を認定した。また第二のカテゴリーに含まれていた三つのガンの内二つについては因果関係を認定すべきだと結論している。

　この結論について不満な、肝臓ないし鼻腔にガンを発病した退役軍人およびその未亡人らは、裁判に訴えた。原告らは退役軍人庁の認定は、ヴェトナムに従軍した兵士にこれらのガンの発病者が多いにもかかわらず、因果関係を認定しなかったのは誤りであると主張した。しかし連邦高等裁判所は、証拠の評価は量的に決まるのではなく、その質で決まる、としてこの主張を退けている。

(2) 鑑定人の役割

　鑑定については後述するが、ここでは、鑑定人の意見は米国の法廷では必ずしも信頼できるものとして扱われているわけではない、ということについての判例を紹介しておく。

　赤十字メディカルセンター対ワシントン州労働省事件[111]では、1979年に集中治療室勤務の看護婦が、B型肝炎にかかった原因として、職場である病院を感染源として主張したことに端を発している。看護婦の主張によれば、それ以外の感染源は考えられないというのである。疫学上の研究資料が提出され、B型肝炎は血液を媒介にするが、病院労働者は血液を扱う機会が多く、感染の機会も多くなっているという主張がなされた。判決は看護婦の主張を認めた。

　(i) Ryes v. Wyeth Laboratories[112]は1974年第五巡回控訴審の判決であるが、そこには、疫学や鑑定に対する米国の不信を目の当たりにすることができる。

　事件は、テキサス州ミッションに住む少女が、小児麻痺予防ワクチンを

受けたにも関わらず、小児麻痺になってしまったことに端を発している。1970年5月、少女はヒダルゴ郡の保健所で予防接種を受けた。原告である少女の父によれば、このワクチンが原因で少女は小児麻痺にかかってしまったのであり、その危険性についてワクチンメーカーは、父母に警告すべきだったというのである。

　メーカーは、当時ヒダルゴ郡では小児麻痺が流行しており、少女が感染したのは、おそらくこの流行中のウイルスであって、ワクチンによるものではないと反論した。

　第一審の評決は原告勝訴であった。米国小児科学会、州疫学会議の抗議を受けて控訴審は、「安全でない薬品の場合、処方箋において安全でないことを注意するか、医師が個々の患者に対して必要であると判断した場合でなければ使用してはならない」と危険の引き受けが原告によってなされていなければ、メーカーは賠償責任を負う、との立場を明らかにした。

　この裁判で被告は、少なくとも8人もの疫学者および研究者を鑑定証人として出廷させている。しかし、評決にあたって決定的な役割を演じたのは少女を担当した医師の証言であった。この医師は、少女が小児麻痺になったのは、ワクチンの可能性が高い（"it was probable that child acquired polio from vaccine"）と証言しているのである。

　第一審の裁判官は陪審員に、少女の担当の医師が使った「伝染病」という語の定義につき指示を与えた。連邦公衆衛生局の小児麻痺の伝染というときの伝染の定義は、疾病の防疫計画のために作られたものであるから、その定義に従わないようにと注意したのである。裁判官はまた、小児麻痺ワクチンのメーカー（研究所）の所長が、子供の小児麻痺がワクチンによるものか否かについての判断を述べる機会を与えることを拒否している。その理由は、彼が医師ではないから、というものであった。裁判官はまた、ワクチンによる疾病の危険性と、伝染病を放置した場合の危険性の比較について考察することを陪審員に求めることを拒否した。むしろ裁判官は、陪審員に対して証拠の優越の下、ワクチンによる患者の小児麻痺の危険性

が証拠法上認定されるのか否かについて議論を集中するように指示したのである。

最後に、鑑定人の一人、経験豊富な疫学者の証言が弾劾 (impeached) されたが、弾劾は裁判官によって却下されたことについて触れておこう。証人は過去に被告のために証言したことがあり、原告が入手した証言記録によれば、この疫学者は、小児麻痺ウイルスⅢ型のワクチンは最も安定性の欠けるワクチンだと証言しており、今回はウイルスⅠ型が伝染していたと証言している。被告は、原告が提出した証言記録が裁判所の記録ではない点をあげて証拠の無効を主張したが、裁判所は、この反論を却下している。

控訴審は、被告の異議申し立てに配慮しつつも、基本的には第一審の裁判官の行為を支持している。最終決定権は陪審員にあるのであって、「鑑定人は、この決定過程に参加しているにすぎず、決定過程を制御するためにあるのではない」というのが、その理由である。

(ii) タバコの被害については、興味深い判決がある[113]。

それは、1969年、第五巡回控訴審裁判所において判決されたものである。事件は、グリーン氏が、被告会社のタバコを56年間喫煙した結果肺ガンになったことについて、被告にはタバコの製品について黙示の保障責任があると主張したことからはじまっている。(ちなみにタバコの被害の問題は、「タバコが健康に害を及ぼす恐れがある」、といった種類の警告がタバコのパッケージに表示されていなかったころからの喫煙者の問題が大きい。そこでは、ニコチン中毒になってしまったため、警告が表示されるようになってもタバコをやめることができなかったのは被告タバコ会社のせいであり、しかもタバコ会社は当時からタバコの危険性を知っていたというものである)

判決は被告の勝訴となっている。第一審裁判所も、控訴審裁判所も、グリーン氏の肺ガンの原因を問題のタバコによる肺ガンと認定しているのである。それでも控訴審裁判所が被告を勝訴させたのは、多くの喫煙家がいながら、全員が肺ガンにかかっているわけでもなく、肺ガンとなった者の

全員が喫煙家だったわけでもない、という理由である。
　反対意見は、こうした結論にすでに法廷で次のように反論していた[114]。たとえば100万ケースに一つでも、毒の入った缶詰を売った者は、その結果、死者が出れば賠償しなければならないことは、当然であるのに、タバコでは賠償しなくともよい、という理由は何もないというのである。
　(iii) 疫学的資料とその他の証拠の関係について[115]。
　疫学的資料は科学的な意味においては因果関係を決定するのに最も重要な資料である。それにもかかわらず、法廷では疫学的資料が必ずしもふさわしい扱いをうけていない。
　まず、興味をひくのが妊娠中に服用した吐き気防止剤 Bendectine (シンシナチのMerrell-Dow社の製品で製造中止となっている) による障害児による訴訟であろう。この訴訟で注目すべきは、陪審員による Bendectin と奇形との間の因果関係を認め、障害児に1000万ドル、その両親に16万ドルの賠償を求めた評決を、裁判所が証拠が不十分で、しかも一方的証拠に頼りすぎているとしたこと、この第一審裁判所の決定を控訴審裁判所も支持した点である。(Bendectin訴訟については後に詳しく紹介する) そこで、その根拠となっている部分をみてみよう[116]。
　ドーン博士の鑑定意見は、①化学式の分析、②試験管による研究、③動物実験 (奇形発生)、④疫学的研究の四つの視点を基礎にしている。
　まず、化学式の分析においては、近似した化学式をもつヒスタミン物質が動物に奇形をもたらすことが知られている。また動物実験でも同様のことが言える。もっとも他の物質も奇形をもたらすかも知れず、これらの事実だけでは十分ではない。しかし、問題の物質が奇形の原因であると疑うには十分な証拠となる。
　試験管による実験というのは、蛙の神経組織とねずみの肢節の間葉細胞に対する実験結果である。ここでも Bendectin が疑われる結果となった。
　ところで疫学的研究については何の資料、統計も発見されていない。
　そこで、ドーン博士は次のように発言している。

質問：……あなたは、統計の上では、人の誕生における奇形と薬との間に因果関係があるとの見解に達することはできなかった、というのは本当ですか。
博士：そのとおりです。医学上の合理的な確証の程度にまで (above reasonable degree of medical certainty) にはいたらなかったということです。
質問：科学的に？
博士：そのとおりです。
質問：「医学上の合理的な確証の程度」ということは忘れて、またあなたがここで科学者として証言しているということもおいておくとすると、奇形と薬の服用との間に統計的なつながりなしに、因果関係があるとの見解は表明できないとお思いですか。
博士：そんなところです。

　結局裁判所は、医学的に危険であると疑うべきであることと、訴訟上原因とすることとは別である、との理由で証拠不十分でかつ鑑定意見としては一方的であるとしたのである。

第4節　証拠方法

　肺ガンでは、知られている発ガン因子の数が多いため、特定個人の発病に関して、複数の発ガン因子がそれぞれ別個に病因として存在することがあるため、因果関係の認定に困難をきたすことが多い。例えばタバコとアスベストの競合である。アスベストの相対寄与危険度は「5」、80％にも達している[117]のであるが、タバコも同様に危険度が高いのである。
　また、アスベストの影響が肺の中に観察されるからといってそれがいかなる経路で侵入したのかの証明は容易ではない。産業廃棄物処理場の近隣に長年居住していたからといっても、それだけでは直ちにアスベストやその他の有害物質の侵入を認定できるとは限らないのである。アルコール摂取の慣習による悪化の可能性や、職場でのアスベストの侵入の可能性など

考慮しなければならない事項は数え切れないほど存在するのである。
　侵入の経路を特定することが出来たとしても、次に疾病が起るメカニズムが説明できることも要求される。アスベスト以外の物質、メソテリオマ (mesothelioma)、塩化ビニールの肝臓のアンヂオサクロコーマ (angio-sarcoma) への影響などのように科学的に解明が始まっているものばかりではないのである。
　原告はさらに曝露の量についても基本的には証明しなければならない。しかし、現実には曝露しても安全な量など存在しないために、かえって証明を難しくしてしまっているのである。結局、その推測は動物実験と疫学的研究によって行われることとなる。
　そこで原告は、たとえば職場での曝露を証明するために、職場ではアスベストの粉塵で5フィート先も見えなかったといった証言を職場の同僚から得るしかなかったりする（アスベストは直径2～20ミクロンの極細繊維である）。けだし、職場での空気の標本採取が行われることはないか、あったとしても被告会社によってかようなデータは廃棄されているのが通常だからである。30年前の職場での空気中のアスベストの量を推測する手だては結局のところ上記のような職場の同僚の証言以外になかったりするわけである。
　もっとも、50人以上の労働者が従事するアスベストを扱う建設現場で40年以上も勤務したというケース（原告は勝訴している）は稀で、むしろ様々な工場、ボイラーのメーカーであるとか、パイプ工場などを転々とすることの方が多いため被害者の救済は容易でない[118]。

　ネヴァダの核実験場の風下に位置するユタ州南部、アリゾナ州北部、ネヴァダ州南西部の住民は、放射能によってガンにかかったとして合衆国政府を訴えた。第一審裁判所は、被告（合衆国政府）が不法 (negligently) にも放射能を放出、地域住民を危険に曝した以上、各住民の疾病が放射能によるか否かは明らかでなくとも、放射能によって疾病にかかる危険性が大き

い場合には、原告の疾病が被告の放射能によるものでないことを被害者が証明しなければ損害の回復の責任を免れないとの立場を採用、白血病、リンパ腫、乳ガン、adenocarincoma of thyroid（甲状腺）などの患者10名に対する賠償を命じ、他の14名の原告の請求を放射能とガンとの関係が明らかでないとして棄却した。連邦政府は控訴し、控訴審は政府の控訴を認容した[119]。同様に放射能を扱う政府関連産業に従事する者に生じた疾病について、これを否定した判例もある[120]。

(98) Thomas W. Henderson "*Legal Aspect of Disease Clusters Toxic Tort Litigation: Medical and Scintific Principles in Causation*" American Journal of Epidemiology, vol. 132 Supp., No. 1 s69-（1990）.

(99) 古賀哲夫『製造物責任に関する研究――アメリカ法を中心に――』（晃洋書房、1995）219頁は3万件と記載しているが、これは1995年以前の数字である。

(100) ibid. Thomas W. Henderson s69-.

(101) Bert Black "*Matching Evidence about Clustered Health Events with Tort Law Requirements*" American Journal of Epidemiology, vol. 132 s79-（1990）.

(102) ibid. Thomas W. Henderson s70-.

(102′) Allen v. United States, 588 F. Supp.247 (D. Utah 1984), rev'd on other grounds, 815 F.2d 1417 (10th Cir. 1987), cert. denied, U.S., 108 S. Ct. 694, 98 L.Ed. 2d 647 (1988).

(103) Sate v. Sneed 414 P. 2nd 858 (May 31, 1966).

(104) O'Connor v. United States 269 F. 2d 578 (1959); Kershaw v. Sterling Drug, Inc. 415F.2d 1009 (1969).

(105) コーネル大学ウェップサイト参照。http://www.lau'.correll.edu/rules/fre/ACRule8.03.htm

(106) Lampshire v. Protector and Gamble Co., 94 F.R.D. D.C.Gay., 58 (March10, 1982).

(107) In re "Agent Orange" Product Liability Litigation 597 F. Supp. 740 D.C.N.Y.1984 (Sept. 25, 1984); 611 F. Supp. 1223 D.C.N.Y.1985 (May 1985);

第 1 章 判例俯瞰　105

818 F. 2d 145 C.A.2 (N.Y.), 1987, Decided April 21, 1987.
(108)　ibid. In re "Agent Orange" Product Liability Litigation, 611 F.Sup P1247.
(109)　ibid. 818 F. 2nd Cir. 1987 C.A.2 (N.Y.) 1987 Decided April 21 1987.
(110)　94-7050 Jennie R. Lefevre, Sally M. Hill, Fredrick L. Rada and Mary Christina Veldman, Petitoners, v. Secretary, Department of Veterans Affairs, Respondent decided: September 15, 1995.
(111)　Sacred Heart Medical Center v. Department of abor and Industries of State of Washington. 600 P. 2d 1015 (1979).
(112)　498 F. 2d.C.A.Tex.1974 (July 31, 1974) 1264, at 1295.
(113)　Green v. American Tabacco Company 409 F.2d 1166 (1969).
(114)　ibid. at 1167.
(115)　Brodeur P. *Outrageous misconduct: the asbestos industry on trial*. New York: Pantheon Books, 1985; Sheiner N. *DES and a proposed theory of enterprise liability*. Fordham Law Rev 1978; 46: 963-1007; Sindell v. Abott Laboratories, 607 P 2d 924 (Cal.), cert. denied; E.R.Squibb & Sons, Inc v. Sindell, 449 U. S.912 (1980); In re "Agent Orange" Product Liability Litigation, 597 F. Supp.740 (E.D.N.Y.1984), affirmed on other grounds, 818 F.2d 145 (2nd Cir. 1987); In re "Agent Orange" Product Liability Litigation, 611 F. Supp.1223 (E.D.N.Y.1985), affirmed on other grounds, 818 F.2d 187 (2nd Cir.1987); Richardson v. Richardson- Morrell, Inc, 857 F. 2d 823 (D.C.Cir. 1988); Lynch v. Merrell- National Laboratories, 830 F.2d 1190 (1st Cir.1987); Black B.A *unified theory of scientific evidence*. Fordam Law Rev 1988;56: 595-695.; Johnston v. United States, 597 F. Supp.374 (D.Kan. 1984); Allen v. United States, 588 F. Supp. 247 (D.Utah 1984), reversed on other grounds, 816 F.2d 1417 (10th Cir. 1987), cert.denied, 108 S. Ct. 694 (1988); Estep SD. *Radiation injuries and statistics: the need for a new approach to injury litigation*. Michigan Law Rev 1960;59;259-304; Anderson v. W R Grace & Co, 628 F. Suppl. 1219 (D.Mass. 1986); Sterling v. Velsicol Chemical Corp, 855 F.2d 1188 (6th Cir. 1988).
(116)　Richardson v. Richardson-Merrell, Inc, 857 F.2d 823 (D.C.Cir.1988) p830-.
(117)　National Institute for Occupational Safety and Health. *Workplace exposure to asbestos: review and recommendations*, November 1980, ibid.

Thomas W. Henderson s72.

(118) Borel v. Fibreboard Paper Products Crp, 493 F 2d 1076 (5th Cir. 1973); cert. denied 419 U. S.869, 95 S. Ct. 127,42 L.Ed. 2d 107 (1974).

(119) Allen v. United States, 588 F. Supp.247 (D. Utah 1984), rev'd on other grounds, 815 F.2d 1417 (10th Cir. 1987), cert.denied,–U.S.–, 108 S. Ct. 694, 98 L.Ed. 2d 647 (1988).

(120) Johnson v. United States 597 F. Supp.374 (1984).

第2章　学　　説

第1節　証拠の優越

　日本の法制度との対比でみてみよう。
　証明が困難な事案について、日本ではこれまで証明責任を転換することで対処しようとする傾向が強かった。それは、日本でどこまでの確信を心証として裁判官に抱かせなければ、主張する主要事実があったものとして扱ってもらえないか、という問題において「合理的な疑いを差し挟む余地のないほどの確信」（99％の確信）が必要であるとされ、このことに対してはほとんど疑問視されたことがなかったためである。
　ところが、水俣病訴訟を契機に、この99％の確信、あるいは「合理的に疑いがない」という基準がゆるんでくる。「疫学的因果関係の証明」といわれる問題である[121]。
　これに対して米国では、「証拠の優越」（preponderance of evidence）の法理によって陪審に求められる心証度ははるかに緩やかである。このため疫学的因果関係のように調査によって得られる証明度が必ずしも高くないことで、そのことが証明の困難をきたしてしまう、という事態は、最近まで意識されることはなかった。それでも因果関係における因果関係の度合いが低いPE/PS訴訟のような類型のものが現れると、そのままでは証明責任を尽くすことができず、これを補足するため割合的責任の法理が脚光を浴びるようになった。そこで本章では、この証拠の優越の理論についてまず見ていきたい。

1 証拠の優越の範疇

　ここでは米国の法廷というときは主として民事法廷をさすことにする。けだし刑事法廷は、被告に刑事罰を課すという任務の性質から、その証明には、「合理的に疑いを差し挟む余地が無い」ほどの確信がなければ証明があったとはしないからである。これに対して、民事事件では公平な裁判という理念から、証明は、相手方主張よりも、より真実らしくあればよい（"prepounderance of evidence"、"more likely than not" 証拠の優越、あるいは50.1％以上の心証）ということとなる。

　次に、因果関係の証明は、因果関係の存在と、その証明度を区別しておく必要がある。前者は、原因と結果という関係の存在の証明であり、後者は、それが起こりうる確率のことである。

　さらに、問題となるのが「医学的に合理的な確証」（reasonable medical certainty）という用語の解釈である。法律家は、これを証拠の優越よりもより確実なものと捉える傾向があるが、これまでの用例を医療の立場から見ると、むしろ、証拠の優越よりもやや緩やかなものと捕らえているという点である。

　たとえば、David E.Lilenfeld & Bert Black の前掲書は、Leibowitz v. Ortho Pharmaceutical Corporation の事件[122]をこの好例としてあげている。それは、経口避妊薬による血栓性静脈炎が問題となったものであるが、医学的に合理的な確証ということの意味で医師と法曹に明らかな誤解があったというのである。法廷で証言台に立った医師は、法曹の医学的に合理的な確証か、との問に明らかに混乱してしまい、「避妊薬の服用は、(血栓性静脈炎との間の)『有意義な因子』（significant factor）」と答えているのである。そうして反対尋問では、「私はいかなる意味でも『原因』（cause）という語を医業において使うことはない」とまで発言しているのである。結局、この医師が「医学的に合理的な確証」といったときの意味は最後まで明らかにならなかったという。

また、統計的処理についても混乱が生じている。標準偏差の意味と証拠の優越 (50.1%以上) の間で、正確な理解が得られていないことが窺えるような記述や発言が法曹の間に散見されるのである。

たとえばアルカリ金属塩の曝露を受けた者の中で肺ガンとなった者は 1000 人中 15 人であったとしよう。しかし、曝露を受けていない者の中にも 1000 人に 10 人が肺ガンにかかっているとする。これではアルカリ金属塩が肺ガンの原因であると「医学的に合理的な確証」をもってしても宣言することなどできない。実は、このケースでは、アルカリ金属塩が肺ガンの原因であるとは、確率的に言明できないのである。けだし、統計的に、偶然にアルカリ金属塩の曝露を受けた者で肺ガンとなっている人数が、そうでない集団と比べてたまたま多い集団を選んでしまった確率は、低くないからである。

どうして、このようなことが言えるのであろうか。仮にアルカリ金属塩が肺ガンの原因でないとしよう。そうして仮に人間の 1000 人中 10 人は原因のいずれを問わず肺ガンになるとしよう。1000 人を任意に選んだとして、この中で肺ガンになる者が現れる平均人数は 10 人であるが、11 人であることも 9 人となることもありうる。そうして、そうした確率は決して低くないのである。しかし、1000 人中 1000 人が肺ガンとなってしまえば、それは異常なことである。けだし、偶然の確率は 0.01 の 1000 乗という、めったに起らない数字となるからである。そうすると、たまたま 15 人以上が肺ガンとなる 1000 人の任意の集団を選んでしまう確率はどのくらいであろうか。複雑な計算方法の紹介を省いて結論だけ述べれば、その確率は 5% を超えてしまっているのである。

このため、アルカリ金属塩が肺ガンの危険因子となりうる可能性は、高くはないが、低くもない、33%位ということになる。これこそが「医学的に合理的な確証 (reasonable medical certainty)」の範疇である。

法廷での因果関係と立法や政府の許認可業務の基礎としての因果関係の理念も異なる。発ガン物質の可能性は、その物質を食品等に使おうとする

ときには、わずかなものであっても、その可能性があるとして、すなわち危険因子であるとして避けられる。薬品の薬効に関しては、効果がすべての患者に効かなくとも、およそ10％位の患者に有効であるにすぎない場合であっても、認可を得られる。これらの場合には、医学的に合理的な確証があるというわけである。

それゆえ、発ガン性を理由に食品添加物として認可されなかったものであっても、その服用を理由にガンの発病による損害賠償を求めるには、米国では証拠の優越のレベルまで因果関係の確証のレベルをあげて立証しなければならないこととなる。

2 「証拠の優越」の理論

「証拠の優越」の理論は、疫学における「寄与危険」の概念に相似している。特に中毒関連の物質に曝露したケースについては両者が呼応している。例えば、ある物質の曝露を受けた人口の半分以上に疾病があらわれ、疫学的にもその物質が原因物質と認定できたとしよう（寄与危険が50％を越えている）。ある人に同じ疾病が起こり、他の疾病の原因が考えられないとき、法的に、その疾病の原因として、原因物質の曝露によるとすることは「証拠の優越」の理論からは認められるからである。

ところで米国の「証拠の優越」の考え方では、50.1％を越えた心証度を求めている。これは50％ちょうどでないということで、ほんのわずかだが被告に有利なように見える。この0.1％は、原告が訴えを起こすのであり、被告は、これに答えなければならないのだから、若干被告に有利でもやむを得ないと説明されている[123]。

実際に疫学上の因果関係があるとされたものの中には、後に因果関係を否定されたものもある。たとえばウイルス発見前までは、エイズの原因物質として、アミル亜硝酸塩 (amyl nitrite) があげられていたのである。この物質は男性同性愛者の間で性交の際に使われていたものであり、その危険度は12.3にも達していたのである。

第2節　証明度

　米国の判例と学説は一枚岩ではない。実のところ疫学的因果関係をめぐる議論を詳細に検討していくと、判例と学説の間には大きな溝があることがわかる。学説は証明論を理論化しすぎてしまい、現実の問題との間に解離現象をさえ起こしてしまっているのである。

　この例として、証明度の問題をここでは取り上げる。

　証明度という視点から見たとき、「証拠の優越」の理論は大きな問題を提起している。先ず、例をあげてみよう[124]。

　あるロックコンサートのチケットが売り切れた。コンサート会場は1000人を収容できる。チケットを持っている観客は正面玄関から入場して400席を埋めた。そのとき、正規のチケットを持っている客がそれ以上入場する前に、乱暴な若者たちが裏手の入り口をこじ開けてなだれ込んで、残る600席すべてを埋め尽くした。あまりに不法入場者が多かったので、コンサートの主催者はつまみ出すことができなかった。結局全員コンサートをエンジョイしてしまった。

　コンサートの主催者は観客群衆の写真を撮っておいたので、コンサート会場にいた1000人中の100人を見つけることができた。しかし、その100人中のどの者が不法入場者でどの者が正当な入場者であったかを確定することはできなかった。そこで、その100人全員を被告に連ねて訴訟を提起した。訴訟が提起されるまでに、チケットの切れ端のほとんどは捨てられていたので、被告の方でもチケットを正当に購入していたことを証明できる者はほとんどいなかった。トライアルにおいて原告の弁護士が、民事訴訟では証拠の優越を基準に判断するのが決まりであると指摘した。さらに続けて、コンサート会場にいた1000人の内の600人は不法入場者であったことも示した。それゆえ、どの被告にせよ、それが不法入場者であった確率は少なくとも0.6である。以上から原告側の弁護士が結論するには、原

告は勝訴すべきであり、被告は敗訴すべきであると主張した。

　この例には、もう少し受け入れやすいバージョンがある。写真の替わりに当日の警備員が証人として出頭したのである。被告らが不法侵入したのを目撃したというのである。警備員は記憶が完全でないことも認めた。記憶の正確度を実験したところ、約60％の場合に正しかった。証拠の優越の理論からは有罪とすべきであろうか。

　これに対する米国でもっとも強力な学説であるところの『法と経済学』からの解答を見てみよう。

　最初の例では、裁判所は受け入れないが、第二の例では、それは裁判所に受け入れられるという。けだし、最初の例は確率的理由付けであり、純粋な統計的相関にすぎないが、後者は、目撃証人の証言の信憑性の程度の問題だからである、というのである。陪審は、原告が主張するようなことを被告が行ったかどうかの確率を出すように求められているわけではない。陪審は、そういった事実があったかどうかの判断を求められているのだから、「証拠の優越」の法理によれば、そういう事実がなかったというよりは、あったらしいと結論するか否かが問われているというのである。

　これを陪審員の意思決定課程に即していえば、次のようになる。陪審員は予備知識なしに裁判に望まなければならない。さらに裁判官によって陪審員は当事者の一方が証拠を提出して紛争における自己の立場を証明する責任を負担していることが説明される。そこにおける証明の度合いは、証拠の優越である。

　裁判の開始前のいわゆる「事前の推定」において、被告は通常有利な立場にたっている。原告が証明責任を負っているからである。陪審員の推定は次々に提出される証拠によって変化していく。すべての証拠が出そろったとき、すなわち結審のとき、問題となっている事実があったらしいと陪審員が感じるものを「事後確率」という。この事後確率が50％を越えていれば原告は勝訴するのである。

そもそも「最適の証明度は、誤った事実認定による現実のコストを最小にする蓋然性である」というわけである。「裁判をなすに必要な審理結果の確実性は、事案解明に必要な時間的物質的費用と、訴訟で争われる利益の絶対量との比較衡量によって判断されなければならない」からである(125)。

「証拠の優越」が認められるのは、「民事訴訟では、誤った事実認定によって生じるコストは、通常は原告・被告とも、何ペニヒの位まで同じである(126)」との前提のうえに成り立っている。それゆえ原告も被告も自己の正当性を認められることに同じ位の利益をかけているはずである。そうすると証明に要する費用の大小と自己に有利な判決が出る確率が比例するなら、被告と原告が負っている証明責任は等しくなければならない、ということになる。

以上のことを先ほどのロックコンサートの事例に当てはめると、どうなるであろうか。この例の出てくるクーターとユーレンの『法と経済学』に書いていることを私なりに解釈すれば、次のようになる。

写真の方の場合は、「事前の推定」であって事後確率をあげることはなく、警備員の方は、事後確率で50.1％になれば有罪ということもあるというのである。つまり写真に映っていたということは、刑事事件でいうところの有罪の証拠とはならない、というのである。（これを「証拠の優越の強力なバージョン」と呼ぶ。また、こうした補強を必要としないものを「証拠の優越の弱いバージョン」という。）

それはなぜなのか？ 写真に映っていたとしても、そして犯罪者である可能性は60％あったとしても、それは証拠にはならない、という何か我々には知られていないルールがあるということである。そして警備員の証言の方には、たとえそれが50.1％をきっても犯罪の証拠になるというのである。

写真の方は「事前の推定」であるという理由をクーターとユーレンはあげている。しかし理由にならないであろう。実際に写真に映っていた者の

中からチケットを持っていなかった者を探すことと、警備員の記憶を確認することがそれほど違ってくるものとも思われないからである。

ところで警備員の証言が正しい確率が40％であるなら、それは証拠としての能力を有しないであろうか。クーターとユーレンによれば「そうとは限らない」という。その評価は陪審にまかされているのである。写真と警備員の証言とでは、前者は犯人の可能性を示しているが「単なる統計的相関」にすぎない。後者は犯人であると証言しているという。

クーターとユーレンは、単なる統計的相関と証言では質的に違うと考えているのである。写真は、一種の状況証拠であり、しかも状況証拠としても認めてはならないタイプであるとどこかで感じているからであろう。結局、彼らは証拠とすることのできるものとできないものがあると考えているようである。それゆえ純粋に統計的な相関にすぎないものは、証拠にはならないということであろう。

もし写真の人物が犯人である確率が80％あるいは99％であったらどうであろうか。私には、クーターとユーレンの議論は、犯人でない人間がそのことを証明できない困難さを心のどこかに忍び込ませて議論してしまっているように思われるのだが、どうだろうか。

この議論は実は裸の統計資料を使うことに対する躊躇の問題である。統計資料のみをそのまま利用することは心理的に障害となること、ストーリーモデルという心理学の構成主義から提示されている問題があるので詳しくは後述する。

第3節　統計的相関

「単なる統計的相関」という表現は、疫学的因果関係における古い定義を想起させる。すなわち、コッホの3条件を普遍化した病因論に由来していたが、今は次のような四つの条件が提示されている。① 同じ病気には、特定の原因物質が存在（増加）しているか、欠如（減少）していることが証

明できる。② その病気のないところでは、そのような現象は観察されない。③ 原因物質を身体で増加させればその病気と同様な症状が発生し、また増加または減少を正常の値にしてやれば身体は正常に回復する。④ その因子が原因として作用するメカニズムが生物学的に矛盾なく説明できること(127)。

　ところで、「単なる統計的相関」では④の部分が欠けているのである。「統計的相関」以上に、何らかの説明の可能性がなければ証明としては不十分ということになるのであろうか。疫学的研究では、危険因子の発見は統計的相関からはじまり、具体的なメカニズムは解明されない場合も多いのである。

　ある因子があれば、ある事象を起こす危険が高くなる（または低くなる）とき、その因子はその事象の危険因子（低くなるときは阻止因子または負の危険因子）とされ、病気の原因または危険因子とされるのである。

　すなわち因果関係とは、病気の増加（結果）とその因子（原因）との関連性のことをいうわけであるが、そこでは原因がどのようにして結果に作用したのか、ということについて、もっともらしい理由やメカニズムがなければ病気の原因として認定されないであろう。単なる統計的相関にはこれが欠けているわけである。

　例をあげてみよう。「満月の夜には犯罪が多い」とか、「人が死んだり生まれたりするのは、夜明け前である」といった言説はどうだろうか。仮に統計がとられ、その確率が高い、と出たらどうであろうか。高い確率というのは、統計学上は、偶然に、高い確率である結果が出てしまうことは20回に1回（5％）、あるいは100回に1回（1％）しかおこらない場合、それゆえ単なる偶然とはいえない場合をいうのである。そこには何らかの因果関係が存在する、それは確率でしかないとしても、「ほとんど確かなことである」と言えるのである。それゆえ、統計的相関が、真の因果関係の存在の証明の手助けにならないかというと、そういうことはまったくないのである(128)。ただ原因が結果に影響を与えているメカニズムが想起さ

れるようなものでなければならない。

　そもそも、疫学的因果関係は、統計的相関からはじまっているのである。ただ、統計的相関のみでは足りず、相関があることが科学的に矛盾なく説明できることが必要だ、というのである。この要件がいまだに満たされていないのが、「満月の夜には犯罪が多い」といった言説にすぎない。クーターとユーレンの議論は、ともすれば、この第二の要件をさきにもってきてしまっているかのように読めるので問題となるのである。あえて言えば、クーターとユーレンは疫学的関係の端緒を「単なる統計的相関」を否定することで疫学的因果関係を認知する機会すらをも否定してしまっていることに気がついていないのである。それでも「単なる統計的相関」を嫌うのは、彼らが「証拠の評価は量ではなく質ですべきである」(critical issue in evaluating evidence is its quality, not its quantity) との古い法諺（後述の枯れ葉剤事件判決）から来ているのであろうか。

　あるいはまた、こうも考えることができる。この問題は証明主題の蓋然性と審理結果の確実性（解明度）の問題だと。分かりやすく説明するために、少々長いが太田勝造氏があげる次のような例を考えてみよう[129]。

　(1)　原告XはA市で赤いバスに追突されけがをした。
　(2)　事故当時A市内のバスは数社が運行していたが、赤いバスのうち90％は被告Y社の所有であった。

　まずXが(1)と(2)のみ主張立証した段階で考える。Yは否認のみしたとする。この時、A市内の赤いバスがYの所有である客観的（統計的）蓋然性は90％である。だから、Xを加害した赤いバスがYの所有であったということの主観的蓋然性は90％と言える。求められている証明度は80％であると仮定しておこう。裁判所はこの段階で、はたしてXはY所有のバスによって傷を負った、と認定するであろうか。この事実について「確信」を得るような裁判官がいるであろうか。

　むしろ裁判官としては、①目撃者、②Y社のバスの修理についての調査、③事故当日のY社等のダイヤグラム、④その他予想される証拠の有

無や証拠調等を尽くすまでは「確信」し得ないし、たぶん事実認定もしないのではなかろうか。誤判の危険の点では、90対10の割合で、認定した方が誤りの可能性が少ないといえるのではあるが判断に熟するとは考えないであろう。

　次に、上記①－④等の主張立証がX、Yにより尽くされた段階で考えよう。その場合、Xに有利な証拠もYに有利な証拠も出てきうるから、第一段階で90％の蓋然性が、より高くなったかより低くなったかは事案による。ここでは、やはり、ほぼ90％前後であったとしよう。この段階では、あらゆる証拠方法の証拠調が終わっているのであるから、裁判官は迷わず事実認定するであろうし、たぶん確信も抱いているであろう。

　これを先ほどのロックコンサートの例に当てはめれば、裁判官は、被告がチケットを有していたことに関する目撃者、被告らのコンサートチケット購入記録の有無、コンサート当日の行動、その他予想される証拠の有無などを通じて「確信」を得ようと努めるというわけである。しかし、何も出てこなかったらどうであろうか。ベイズの定理では、裁判過程で新たな証拠が、それが被告に有利なものであろうと原告に有利なものであろうと検出されることを前提にしている。何も出てこないことも心証形成を助ける場合もあろう。たとえばコンサートのチケットが大変に高価でしかも手に入りにくいものであれば、チケットを有していたとの証明の不在は貧しい被告には、不利に働きかねないであろう。

　問題はそうした状況証拠すらまったく見いだし得ない場合である。この場合に、統計的相関を使うことは許されないのであろうか。そもそも統計的相関を証明主題の蓋然性として持ち出すこと自体、許されないことなのだろうか。そうではあるまい。結局、統計的相関であっても蓋然性という名で事実認定に入りこんでいるのである。そもそも疫学的証明は蓋然性コントロールの典型であるとして賞賛されているのである。それは統計的相関が訴訟の審理過程を通じて個々のケースにおける事実認定の合理化の過

程であるというわけである。それはまた、次のような批判に反論するものであった[130]。

「疫学は、集団内における疫病の原因を追求するものであるから、その原因が疫学的に確定されたとしても、その原因が、集団内の個々の患者の発病の原因となっていることを、確定するものではない」という点が指摘されている。この点はそのとおりである。その意味では、疫学とは裁判で用いる経験則自体を発見証明する手段であると言えるのである。ある物質・生物がある病気の病因であると言うとき、これは経験則である。なぜなら集団的な意味で「病因」であること以外の「病因」という概念はありえないからである。重要なのは、疫学による病因（一般的因果関係）の証明と、個々人とその疾病との因果関係（個別的因果関係）の証明との関係である。

疫学的証明のように、集団的発生率から、「原告個人にとっても、……その疾病原因の当該パーセントは排ガスに起因するものと推定する」[130′]ことは、経験則が直截に事実認定・心証形成をコントロールしている典型的な例なのである。

それでは、実際の事件ではどう扱われるのであろうか。市場占有率による損害賠償の分配という理論がある。証明責任を原告から被告らに転換して、本来ならその中の1人である原因となるべき者のかわりに被告らにその責任を分配したのである。それは次の場合に認められた。① 被害者が多数おり、② 加害者も複数おり、③ どの加害者がどの被害者に被害をもたらしたか分からないが、各加害者が原因となっている確率は分かっている。

ジエチルスチルベストロール（DESと呼ばれる流産防止剤）の事件において裁判所は、原告がメーカーを特定できないが、いずれのメーカーの製品においても同様の被害が生じたであろうことが判明している場合には、

第2章　学　説　119

メーカーは自己の製品では原告は被害を被っていないと証明できない限り、市場占有率の割合で責任を負うべきであるとしたのである[131]。この判例を紹介しよう。

Sindell v. Abbot Laboratories[131']

妊娠中にDESを服用すると、胎児が女児であった場合、その子が10才から12才を過ぎたころから子宮ガン（腺ガン）における発ガンが見られ、手術による除去が必要になることが知られるようになった。このためFDAは1971年、DESを流産防止用に販売することを中止し、薬品の危険性について医師および公衆に対して警告するよう製薬会社に命じた。しかし被告らは、流産防止薬として製品の販売を継続した。

第一審は、原告らがいずれの製薬会社の製品によって損害を受けたかを証明できなかったとして請求を棄却している。10人の原告のうち5人が控訴した。

1) 原告の主張は、被告らのうちいずれが加害者か明かでないとき証明責任は被告らに転換しているとした。それは通常被告らの方が、誰が加害者であるか知るのにはるかに有利な立場にいるからである、という。これは「選択的不法行為の理論」（Alternative Libability Theory）と呼ばれ、Summers v. Tice[132]において表明されたものであり、第二次不法行為法リステイトメント433BB条3にも表明されているものである[133]が、それは2人のハンターがともに銃をむけいずれかの弾が原告の目を傷つけた事件であった。この判決の前には、Ybarra v. Spangard[134]という事件があり、それは、原告が意識を失っている間に複数の医師と看護婦によって障害がなされたが、加害者を特定することはできなかったという事件である。いずれの判決においても、被告らはいずれも行為に誤りがあり（wrongful doing）、被告の誰かが加害者であることに間違いがなければ、原告に加害者を特定することを求めることは不合理であり、被告はそれぞれ自身の行為が結果をきたしていないことを証明することで責任を免れる（証明責任

の転換)をしたものである。

これに対して被告らは、Summersの判例を適用することは適当でないと反論した。けだし、Summersの事件では被告らは情報に対する接近がはるかに容易であったからであるという。本件では、原告こそが被告を特定することができるのであって被告らではない、というわけである。

裁判所はSummersの事件は被告らの情報へのアクセス(接近)の可能性をもとに証明責任を転換したものではなく、原告にはそれが不可能だったことを理由に証明責任を転換したのである、とした原告らの再反論を支持した。

2) 原告はDESが新薬でなくなっていた状況(こうなると誰でもFDAへ製品販売の申請なしに製造販売ができる)に鑑み、製薬会社らの共同不法行為(リステートメント867)に当たると主張したが、この点については裁判所の採用するところとはならなかった。

3) 原告はindustry-wide liabilityの理論を主張した。それは同業者間で普及した製品の瑕疵については、共同して責任を負う、とする理論であるが、裁判所はこの理論を本件に適用することを認めなかった。

4) 判決は、被告らの被害者全体に対する責任は、共同不法行為ではなく、当時の市場における製品の占有率の割合によるものと推定されるから、原告の請求に対しても各市場占有率に従って責任を負うと推定することが認められる、とした。

ここで読者に注目していただきたいのは、判決の4)の部分である。ここでは統計的相関ともいうべきものが、そのまま責任割合として採用されている。そこにはまた、これとは異なる証明が被告によってなされたときは別であるが、との留保が「推定」というかたちで挿入されている。こちらの方は、訴訟過程での心証度に変化がなければ、ということを言っているようにも読み取れるのである。この点について不法行為第三次リステイトメント製造物責任法第一次草案では、DESについておおよそ次のように議

論されている（以下に紹介する議論の概略については平野晋氏の『アメリカ製造物責任法の新展開』[135]を引用)。

「DES 訴訟では潜伏期間が長いために被告の特定が困難であるという問題が生じ、いくつかの裁判所は本来原告が負うべき特定の立証責任を免除して被告の市場占有率に応じて責任を課したが、多くの裁判所はそのような比例的責任法理 (proportional liability のこと：筆者記) の採用を拒否してきた。
・当リステイトメントはこの論点については判例発展に委ねる。」

しかし、こうした例外を除いて、実際の法廷では、疫学的関係と統計的相関につき、良くも悪くもあまり議論していないようにも見受けられる。（統計的相関をもって証拠として利用できるとした判例としては、女性に対する職場での昇進などにおける差別を昇進における男女の人口比にもとづいて証明した判例などがあり、科学的証明の手法として議論されている[136]）。

第4節　法と経済学

1　損害予防のコスト

不法行為法の経済分析は、人の行動と結びついた事故費用を最小限にするように危険を分散することで、社会の富を最大化させるためのルールをさぐるための体系である。事故が起ることによって生じる費用と事故を防止するための費用が最小化され、あるいは節約されるなら、当該社会は、事故の生ずる社会よりも優良な社会といえよう[137]。

予測される損害を予防するための費用が損害額そのものを超えてしまえば、経済的ではない。損害予防に備えるよりも損害が起きたとき賠償してしまう方が安上がりという場合である。自動車社会について言われる例で言えば、人身事故を恐れて制限速度を著しく低速に規制してしまえば、車

第3編　米国における疫学の議論

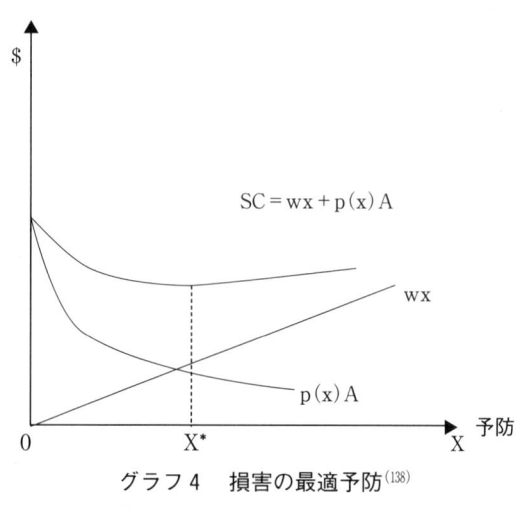

グラフ4　損害の最適予防[138]
（出典：『法と経済学』前掲・クーター・ユーレン p.354）

による移動がほとんど不可能となるといった具合である。車以外の移動手段がなければ社会は非効率となる。それゆえ効率的な賠償制度を設計しないと社会は非効率で、従って生産性の低い、功利主義の表現を借りれば「最大多数の最大幸福」の実現からは程遠い社会を作ってしまうことになる。

　一般的に言って「損害は予防のための費用をかければ、かけるほど減少する」。それはまったく予防費用をかけないときに比べ当初は飛躍的に、しかし次第に費用ばかりがかかり、損害額の減少の速度は遅くなる。ある時点からは、損害予防のための費用の方がそれによって減少する損害額を越えてしまう。もちろん、かかる場合でも損害そのものは減少しつづけるわけだが、こうなると潜在的加害者は損害予防に費用をかけるより損害がおきたときに賠償した方が、経済的負担が小さくなる。予防費と賠償費用が逆転する寸前が潜在的加害者にとって自己の経済的負担を最小にするポイントである。
ちなみに予防費用と損害賠償費用の和を期待責任額という。
　このことをグラフに表すとグラフ4になる。

　縦軸がコストないし費用、横軸が予防の度合いである。右に行くほど予防の度合いは強くなる。縦軸、横軸の交点すなわち共にゼロのところから斜めに右肩上がりに上っている直線 wx が予防費用の増加を表示してい

る。横軸がゼロ、縦軸から斜めに減少していく曲線 p(x)A が損害額を表示している。この直線と曲線の交点の近くにやや右に上記のポイント x^* がある。

　潜在的加害者の予防にかける費用と、賠償費の合計（期待責任額）をグラフの中に表示しておいた。SC = wx + p(x)A の曲線である。各予防のレベルに応じて予防費用 (wx) と損害額 p(x)A の和 wx + p(x)A = SC がそれである。潜在的加害者は、予防レベルを選ぶと、それに見合った予防費用と損害賠償を覚悟しなければならなくなる。これが最小となるのは、SCの曲線のもっとも低いところ x^* である。p(x)A が直線ならば x^* は、wx との交点の真下にくるが、p(x)A がこのあたりでは減少が緩やかな曲線となっているため、x^* はやや右にずれている。

　ともあれ潜在的加害者が経済的合理人であるなら、自己の支出を最小にしようとするから x^* の地点を選択しようとするであろう。この地点を正しく予測することができるか、その誤差についても理論があるが、ここでは割愛する。

2　過失責任ルール下での期待責任額

　過失責任法制を選択すると、加害者の費用の総額はグラフ5の実線となる。けだし x^* から右側では加害者は結果回避のための十分な支出（注意）を払っていたとされるから損害賠償を負担することはない。これをラーニット・ハンド判事のルールという。このルールについては後記参照。ともあれ SC が x^* より右側で破線表示されているのはこのためである。ただ x^* 右側では、予防費用は負担しなければならないからここが実線で表示されている。x^* の左側では、十分な予防措置をとらなかったとして法的な責任が問われるから、期待責任額は予防に要した費用と求められる損害賠償額の和となる。SC 曲線が左側では実線で表されているのはこのためである。

ちなみに厳格責任制（strict liability rule）の下ではSCがすべて実線となる。グラフ4のSC曲線である。予防費用を十分にかけたとしても免責されることはないからである。

いずれの法制度の下でも、潜在的加害者は予防レベルx^*を選択するのがもっとも経済的であることに違いはない。

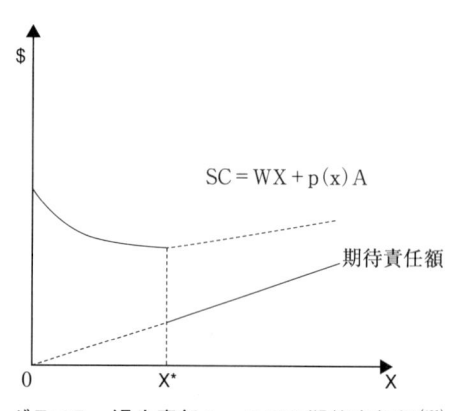

グラフ5　過失責任ルールでの期待責任額[139]
（出典：前掲・クーター・ユーレン p. 354.）

$$SC = WX + p(x)A$$

それでは過失責任と厳格責任ルールがもっとも異なるのはどこであろうか。それは被害者側の過失を認め、過失相殺を認めたり（比較過失[140]）、寄与過失の法理（contributory negligence：被害者側の過失が大きければ損害賠償を認めない）を採用するか否かにある。

被害者側の過失を認定する基準として著名なハンド・ルールがある。このハンド・ルールは被害者が寄与過失の抗弁（原告には被告側よりも大きな過失があるから責任を負わない）を提出したことに関わってのものであった。それは次のようなものである。ちなみに、このルールは、被害者側の過失の場合のみならず、加害者側の過失の場合にも適用が可能で、むしろ過失そのものの基準として知られている[141]。

3　合衆国対キャロル曳船会社事件（United States v. Carroll Towing Co., 159 F.2d 169 (2d Cir. 1947)）[141']

ニューヨーク港で起きた艀（はしけ）の沈没とその積荷の滅失が本件事案である。多数の艀が埠頭にたった1本の係留綱で係留されていた。これ

らの艀の中の1隻を港から引き出すために、被告のタグ・ボートの乗組員が艀を係留から外した後、自分で係留綱を結び直しておいた。ところが、この係留の仕方が適切でなかったので、後に1隻の艀が解き放たれて、別の船と衝突して積荷共々沈没してしまった。艀の所有者がタグ・ボートの所有者を被告として訴訟を提起し、この損失は被告の乗組員の過失によると主張した。これに対し、タグ・ボートの所有者は寄与過失[142]の抗弁として、艀の所有者にも過失があると主張した。その理由は、タグ・ボートの乗組員が係留綱を結び直していたとき、「船頭」と呼ばれる艀所有者の担当員が艀に乗っていなかったからである。船頭が乗っていたならば、係留綱が適切に結び直されたか確認できたはずであるというのである。

L. ハンド裁判官 ……以上の検討から言えることは、艀に船頭やその他の乗組員が乗っていなかった間に、艀が係留から外れて他の船舶に損害を与えてしまった場合、その生じた損害に対して艀の所有者が責任を負うのはどのような場合かを決定する一般的なルールは存在しないようだということである。ただし、他者に生じた損害に対して責任を負う場合にも、自分の艀にも損害があるなら、その割合を全損害から差し引かなければならないことは明らかであろう。

責任の根拠を分析すれば、一般的ルールが存在しえないことの理由が明らかとなる。艀が係留から離脱する可能性は常に存在するから、そして、もし離脱すれば、周辺の船舶に損害を与える危険があるから、艀の所有者が損害の発生を防止する義務は、他の同様の状況下と同じく、以下の3つの変数の関数となる。

　　艀が係留から離脱する確率
　　離脱した場合に与える損害の大きさ
　　適切な予防の費用負担

これを数学的に定式化することで、たぶんこの考え方を明確化すること

ができるであろう。確率 (probability) を P とし、損失 (loss) を L とし、負担 (burden) を B とすれば、責任の有無は、B が P と L の積よりも小さいか否か、すなわち B＜PL か否かで決まることになる。

　本件事案にこれを適用する。艀が係留から離れる確率と損害の大きさは場所と時間によって変わる。例えば、嵐が近付いているなら危険は大きい。混雑した港で、係留中の艀を常に移動している場合にも危険は大きい。他方では、船上を住居としていたとしても、船頭が四六時中艀に乗って監視していなければならないということはできない。ときには陸に上がらなければならない。ニューヨーク港のような混雑した港であっても、艀の船頭が夜間ずっと船上で監視していなければならないものでないことは言うまでもない。慣習によれば、そのような義務は存在しないかもしれないし、もし存在しないなら、本件ではその慣習の方が適用されるべきだからである。この点に関しては結論を出さないでおく。ただし、艀を離れるとき船頭が埠頭に艀をしっかり結びつけておいたということが常に、勤務時間中に特段の理由がなく船頭が船を離れたことに対する十分な答えになるわけではないと判断される。

　本件においては、船頭が艀を離れたのは1月3日の午後5時であり、艀が離脱したのはそれから21時間後の翌日の午後2時頃である。艀の船頭はその間中戻って来なかった。船頭が証言で偽りの事実を捏造したこと自体、艀の管理を怠ったことに弁解の余地がないことの明らかな証拠であると判断される。現場では、そしてとりわけ、日の短い1月の満潮時では、艀は互いに「揉み合い」をし続けるのである。係留綱の結び直しは大急ぎでなされたのであるから、それが適切になされなかったことが合理的な予期の範囲を超えるものでないことは確かである。

　このような状況に照らして当裁判所が判断する唯一の点は、（何らかの特段の事情がない限り）艀の所有者が昼間の勤務時間中は船頭を乗船させておくべきだったということが公平に合致するという点である。

4 過失責任ルールの下では被害者側の過失が事故抑止のインセンティヴになるという理論

　法と経済学では、厳格責任ルールに比べ過失責任ルールを採用することは、被害者の側にも事故抑止のためのインセンティブを与えるから、社会から事故を減少させる効果的なシステムであるという。もちろんかかる言説は被害者側にも何らかの事故防止の効果的な手段と機会が与えられているという条件が付いている。それゆえ医療過誤のように患者は自己の手術中の様子をヴィデオで録画でもしない限り事故防止ができないような場合は、厳格責任が選択されるべきであるということになる。両者の適用の差異はここにもとめられるという。

　もう一つ例をあげてみよう。新薬を発売しようとする会社は、新薬の安全性をどこまでテストすればよいであろうか？厳格責任ルールのもとでも過失責任ルールのもとでも、もっとも経済性がよいのはグラフ4ないし5における x^* のレベルである。しかし、過失責任ルールのもとでは、x^* より右側にある事故なら製薬会社は損害賠償義務を負わず、厳格責任ルールの下では賠償義務がある。両者の違いは、被害者が賠償されるか否かであるが、被害者側から見れば新薬の安全性について自身が損害を回避ないし軽減できる方法はほとんどない（まったくないと言ってよいであろう）。それゆえ、社会的コストを軽減する、あるいは経済学でいうところの社会的効用を大きくするには、個人にその負担をかけるより、製薬会社にさせる方が一般的には効率的と言われている。

　しかし、被害者も事故を防げるような場合は、これを被害者に課さないと、被害者が防げたはずの事故の部分まですべて加害者に課されてしまい、非効率的なシステムになるというのである。それゆえ、過失相殺の可能な事案では過失責任ルールが、そうでないケースでは厳格責任ルールが適用されるのがよい、というのが法と経済学からの主張となる。

　この一つの例としてわが国の「被害者側の過失」の理論があげられよう。

被害者側の過失の理論は、被害者がまだ幼児など、事故予防の為の十分な措置をとれなくとも、それに代わって親権者などがこれにあたるべきとき、これを怠れば被害者側の過失として民法722条2項の過失相殺の対象となるというものである[143]。

「幼児の生命を害された慰謝料を請求する父母の一方に、その事故の発生につき監督上の過失があるときは、父母の双方に民法第722条第2項の適用があるものと解すべきである。」

この被害者側が事故を防げたことをもっと端的に表現した判決もある[144]。

「車を運転した客にビールを提供したホステスが、相当酔っていることを承知のうえで加害者に同乗して事故にあった場合に、同乗を中止し、客に運転の中止を忠告すべきことを怠ったとして50パーセントの過失相殺を認めた原判決を是認した」

次の判決は妻に夫の交通事故防止のインセンティブがあったかどうかの問題として読むと興味深い[145]。

「夫の運転する自動車に同乗する妻が右自動車と第三者の運転する自動車との衝突により損害を被った場合において、右衝突につき夫にも過失があるときは、特段の事情のない限り、右第三者の負担すべき損害賠償額を定めるにつき、夫の過失を民法722条2項にいう被害者の過失として斟酌することができる。」

そもそも過失相殺（寄与過失の抗弁もまた）を認める根拠は、倫理的には存在せず、仮に存在するとしたら、それが社会全体から事故を減らす効率的方法であるということであり、それゆえ社会は被害者にも事故の損害を拡大しないように努める義務を課しているということである。

過失責任主義の下では加害者に過失がないとき、被害者が自己を防御す

るには被害者でもできることをしておくことが賢明なことではあるが、それを倫理的な義務にまでする根拠はそれが「公平に合致する」という(146)以外に合理的な理由はない。

　ちなみにこうした被害者側の過失の使い分け問題および被害者にも責があるとする倫理的説明の困難さという問題は、被害者側の過失を因果関係の問題としてしまえば、解決する。けだし、部分的因果関係であるなら、過失責任ルールと厳格責任ルールの両者にまたがる共通の、あるいは前提となる損害賠償要件であるし、倫理的問題も因果関係とするならば、なんら生じない。閑話休題。

　もっともこうした解釈がわが国でもそのままあてはまるわけではない。ただ、被害者側の過失を事故減少のインセンティブと解する解釈は一考に値する。

5　被害者側の過失を因果関係と解する可能性

　被害者側に過失があるということは、その過失と結果としての事故に因果関係がなければならないわけであり、損害との間で因果関係の競合ないし、部分的因果関係があることを前提としているはずである。わが国では被害者側の過失は、部分的因果関係の問題として扱うべきである、という主張はこの意味で当を得ている。ただ、被害者側の過失と異なり、何をもって被害者の原因行為とするのかについての明確な議論がなされたことはなく、そのため被害者側の過失に因果関係に関する議論がないのと同様、議論として片手落ちの感がいなめない。

　次に被害者側の過失を因果関係の問題とすると、何が、すなわちいかなる被害者の行為をもって原因行為とするかという問題が生ずる。被害者がそこにいた、というだけでも原因であるというのなら、損害は被害者なくしては起りえないわけで、すべてについて被害者にも原因があるということになる。それゆえ、原因行為を蜘蛛の巣のように張り巡らされた因果の網のなかから、いかに抽出するか、という問題が新たに浮上する。そこで

は被害者がすべきでなかった行為をした、という過失にも似た非難可能性のようなものを被害者側と損害とを結ぶ因果関係の原因要件とするのか、という疑問が生ずるのである。そうでないと、被害者の不注意のようなもののみならず、被害者の特異体質から、被害者がただ事故の現場にいたという事実まですべて原因となってしまうからである。

　そこで部分的因果関係の議論においては、何をもって原因行為とするのか、ということが明らかにされなければならないこととなる。これは被害者側の過失においても暗黙のうちになされてきた作業を明確化しようということであり、それは被害者側の過失の理論にあっても、それを精緻なものとしようとするなら、まったく同じ作業が必要となる。

　この作業のヒントとなるのが、疫学的因果関係の議論における複数原因子の研究である。

　複数原因子の議論は、疫学において原因とされる危険因子が複数存在する場合の研究である。そこでは、危険因子が複数存在するのみならず、それが互いに影響を与え合うといった場合の研究もある。複数の危険因子が存在すると結果が起る確率はそれぞれが単独で存在する場合のそれぞれの確率の積以上の、あるいは積以下の危険が発生してしまうというケースのことである。

　法律学における因果関係にいうところの原因は、自然科学でいうところの原因ではなく、人の行為をさす。それは作為不作為の両者にまたがり、したがってある行為をなすべき義務があるときそれをしないこともまた、不作為による行為とされるのである。問題はこの因果関係の議論を被害者側の過失においても、そのまま適用することができるのか、あるいはそれとは別の構成が求められるべきか、という問題である。

　部分的因果関係には自然災害との競合のように人の行為を前提としないものもある。

　自然災害については、Starr の理論を想起されたい。

　何をもって過失とするかは結局のところ、いかなる場合に事故抑止のた

第2章　学　説　131

めの社会的規制が発動すべきか、というきわめて社会的政治的問題なのである(146')。

6　証明責任の経済学

(1)　証拠の優越か合理的疑いか

まず「高度の蓋然性」を求めるわが国のような法制度は、どうであろうか。おそらく勝訴判決によって得られる利益は請求者（原告）にのみ存在し、被告は勝訴してもなにも得られないから、この者が証明責任を負担すべきである、としたのであろう。それは被告の誤判によるコストの方が原告の誤判によるコストよりもはるかに高い、ということを意味する。ところが、製造物責任や公害では被告は企業活動によって利益を得ている者であり、原告は消費者である。被害者、原告が多数いるため一つの判決で敗訴しても、その波及効は大きい。ところが、この波及効を利用するために現実の訴訟では原告一人一人では訴訟コストを負担しないよう、集団訴訟に踏み切っているのである。それでも、原告、被告間には証拠の偏在の視点からは不均衡がある。そこで、高度の蓋然性の証明度を下げよという主張が、このあたりから出てくるのである(147)。

(2)　不確実性下での合理的な意思決定のための基本的計算方法

当該計算方法は、以下のとおりである(148)。

　　起こりうるすべての世界状態の確率を決定する。
　　起こりうるすべての世界状態に効用の値を付与する。
　　確率の値と効用の値の積をして期待効用とする。

裁判でも限定された証拠と手続きのなかから裁判所が過去に起こった事実の真偽について判断をしなければならない場面はいくらでもある。誤判をする可能性はどのくらいであろうか。誤判を少なくするには、どうしたらよいであろうか。

仮に精緻な証拠認定をするには時間と費用がかかる。証明責任について

証拠の優越の立場をとれば、なにも審議しなくとも当事者のいずれかの主張を認めればよいのだから、裁判官はサイコロを振って真偽を決定すれば誤判の確率は50％ということになる（もちろん、その他の条件がすべて当事者の一方に有利にならないようになされていれば、という条件がついているが）。

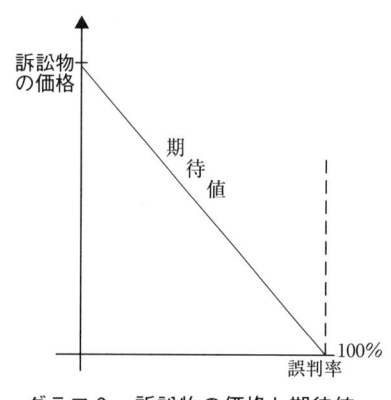

グラフ6　訴訟物の価格と期待値・誤判率[149]

これより精度をあげるには時間とコストがかかる。時間もコストに換算できるとするなら、裁判の精度はコストと正の相関関係を示すはずである。縦軸にコスト、横軸に誤判率をとるならば誤判を回避するためのコストは右下がりの曲線となる。X軸上一番右の誤判率100％から見ていこう。最初は少し経費をかけるだけで誤判は劇的に減少するが、精度をあげようとすると、だんだんに費用の割には精度があがらない、という状況が出現するであろう。誤判をゼロにすることは不可能に近いであろうことは容易に予測される。

ところで訴訟によって救済される利益はどのくらいであろうか？

何10億という巨大なものから数10円というわずかなものまでさまざまであるが、常に勝てるとは限らない。裁判での期待値は訴訟物の価格に誤判率を掛けたものである。これは**グラフ6**では右下がりの直線となる。Y軸上の接点は訴訟物そのものの価格であり、誤判率100％のところでX軸に接する。

訴訟物の価格が大きければ大きいほどこの直線はY軸の上のほうから下りてくる直線となる（**グラフ7**）。

訴訟に要するコストは、訴訟物の価格に相関しないから、この二つをグ

ラフに表すと訴訟コストと訴訟の期待値の接点が得られる（グラフ7）。

わずかな利益のために訴訟をすることは勝てると信じている個人は別として、そうして、勝訴者が訴訟に要した費用すべてを賠償されるとしても、裁判所の維持運営費といった公的なものなど社会的コストは小さくない。証明に要する費用は証明度と相関しても、訴訟物の価格とは相関関係にないのである。

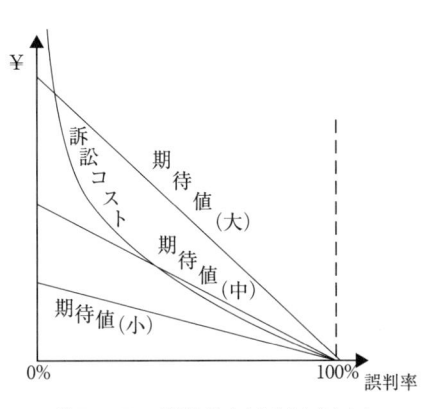

グラフ7　期待値(大)(中)(小)と訴訟コスト[150]

わが国のように弁護士費用が基本的に賠償の対象とならない法制度の下では、訴訟コストを原告の弁護士費用やその他賠償されない訴訟コストとすると、訴訟するか否かを原告が決断するには、この接点よりも右側、訴訟による利益の総体は、直線から曲線におろした垂線の長さということになる。

それゆえ、訴訟物の価格が小さければ小さいほど、グラフ7上の直線はY軸上の低いところから緩やかな降下を示す（期待値(小)）から、この直線と曲線の接点は右の方に見いだされることとなるから、訴訟することで正の期待値を出すのは難しい（領域が狭い）こととなる。

上記の理論は、原告に請求に値する正当な権利があるとの前提での話である。被告の主張が正しいとしたらどうなるであろうか？　訴訟に要するコストは「合理的疑いを差し挟まないほどの確信」という証明度の制度下ではコストがかかる、特に原告にその負担が大きい。被告の利益を原告のそれと同様の直線で表すなら、被告の訴訟コストは原告のそれよりもY軸上、下の方にくるであろう。訴訟ではコストという面からみれば被告の方

が有利である。もっとも被告が守らなければならない利益は、原告のそれのように財の移転を伴うものではない。訴訟に勝ったからといって何か利益が転がりこむわけではないのである。

これに対して証拠の優越の制度を採用した場合はどうであろうか。被告の防御に要する費用は上昇する。原告のそれは低下する。

そこで原告の法的請求権の期待値がそれぞれの制度下でどのように異なるか、クーターとユーレンの教科書に出てくる「証拠の優越」の制度下での計算を紹介し[151]、ついでこれを使って「合理的疑い」の制度下での期待値と比較してみよう。

まず「証拠の優越」の制度の下であるが、その下での各段階での法的請求権の期待値を訴え提起、訴え直後の和解、証拠開示後の交渉と和解、判決、控訴という段階に分けて考えていく。各段階での期待値を計算するのに最後に起きる事象、ここでは控訴するかどうかの判断における期待値から計算を始め、遡っていって最初の裁判するか否かの期待値の計算へと至る。ここで注意していただきたいのは米国のシステムでは、敗訴者が訴訟費用の全てを負担するということはない。わが国では、金額的には全体の中ではわずかであるが（けだし弁護士強制ではないので弁護士費用まで負担することは例外的なケースを除いてはない）負担しなければならない。

図2の右上を見ていただきたい。判決までいって敗訴した原告には、控訴すると20万円の費用がかかる。控訴して原告が100万円勝ち取る確率は0.1であり、敗訴する確率は0.9である。100万の0.1倍は10万円、それに20万円の経費を引くとマイナス10万円という解が得られる。控訴をするかどうかの時点における訴訟の期待値はマイナス10万円ということになる。

$\text{EVA}^{[153]} = 0.1 \times 100万円 + 0.9 \times 0円 - 20万円 = -10万円$

訴提起後、トライアル前（口頭弁論や証拠調べ前の段階、日本でなら準備手続の段階）の値を出してみよう。交渉による訴訟外の和解に失敗した原告

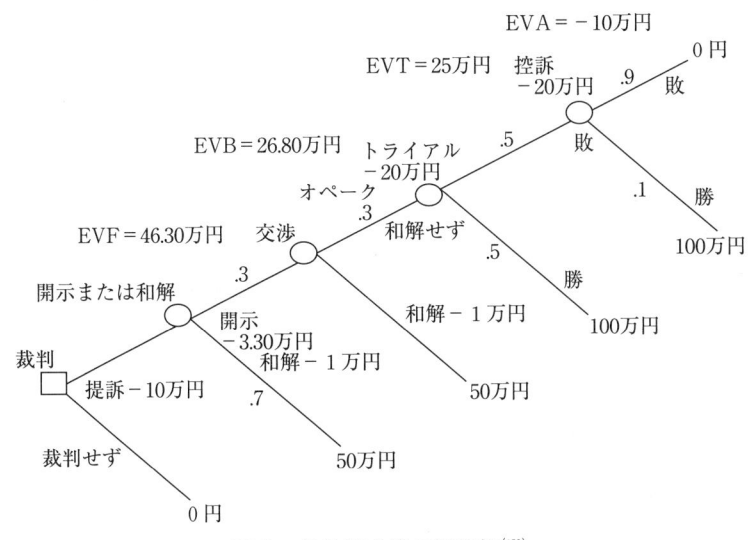

図2　法的請求権の期待値[152]

（出典：前掲・クーター・ユーレン p.418 より一部修正）

はトライアルにいくと20万円の費用がかかる。トライアルすると原告は100万円の勝訴判決を0.5の確率で獲得し、0.5の確率で敗訴するとするとトライアルの期待値は次のようになる。

EVT[154] ＝ 0.5×100万円＋0.5×（－10万円）－20万円＝25万円

それではトライアル前の和解交渉の期待値はどうであろうか。被告と情報交換を終えた原告は、和解交渉によって訴訟外の和解に0.7の確率でいたる。交渉が成功すれば請求額の半分の50万円で和解が成立する。このとき交渉費用の1万円が原告の負担となる。和解交渉が決裂する確率は0.3で、その場合トライアルということになるがトライアルの期待値は25万円である。それゆえ和解交渉の期待値は次のようになる。

EVB[155] ＝ 0.7×（50万円－1万円）＋0.3×（－25万円）＝26万8千円

訴提起後の期待値はどうであろうか。訴提起後においても和解するか、和解せずに情報開示（ディスカバリー）に進むか決めなければならない。和

解の確率は0.7、請求額の半額を得る。和解費用は1万円。和解できない確率は0.3で、ディスカバリーの費用は3.3万円としよう。ディスカバリー後の和解交渉の期待値は43万3千円であった。訴提起後の期待値は次のとおり。

EVF＝0.7×(50万円－1万円)＋0.3×(26.8万円－3.3万円)＝41.35万円

訴え提起のための費用 (FC)[156] は、弁護士依頼のための費用、訴状作成費、裁判手続費用の予納などで10万円かかるとする。訴提起のネットの期待値は41.35万円－10万円＝31.35万円となる。

合理的確信のシステムを採用すると上記の計算値で大きく異なる点はディスカバリーの費用であろう。情報収集の費用は証拠の優越のシステムを採用した場合よりもはるかに大きい。

仮にディスカバリーの費用を33万とするとEVFは37.9万円となり訴提起のネット期待値は27.9万円となる。

訴訟費用敗訴者負担も考慮に入れると原告の訴訟に対する期待値は変わってくる。特にいわゆる弁護士費用も敗訴者が負担することとなると。以下に計算してみよう。

EVAについて：敗訴者による訴訟費用 (これを控訴であるから20万円とすると) の負担を計算に入れると、敗訴者はEVAにおいて

EVA＝0.1×100万円－0.9×20万円－20万円となり、マイナス28万円となる。

EVTについて：EVTも (ここでの敗訴者負担は3万円とすると)、EVT＝0.5×100万円＋0.5×(－3万円－38万円)－20万円＝9.5万円

EVBについて：ここでは和解交渉が決裂した場合の期待値、すなわちEVTが25万から9.5万に変化しているのでそれを計算に入れるから次のようになる。

EVB＝0.7×(50万円－1万円)＋0.3×9.5万円＝37.15万円

最後に EVF について：ここでの問題はディスカバリーの費用である。先ほどのように 33 万円としよう。

EVF ＝ 0.7 ×(50 万円－ 1 万円) ＋ 0.3 ×(37.15 万円－ 33 万円) ＝ 38.45 万円となり先ほどの米国のシステムに比べおよそ 22％減ということになる。また FC も 10 万円とすると 100 万円の訴訟物について 28.45 万円とかなり厳しい数字がでてくる。

現実に被害にあい訴訟を提起しようとしている者にとって、その訴えの期待値が 28 万円と少しにしかならないとしたら、かかる正義のシステムはどこか誤っているとはいえないであろうか。特に不法行為のように事故が起るまで、互いに知らぬ者どうしが争うわけであるから、突然の被害に遭いながら、その被害の回復への期待値がわずか 20 数パーセントというのは解せないような気もする。

米国では懲罰的損害賠償によって賠償額が大きくなる可能性がある。他方日本では訴訟費用敗訴者負担がある。しかし、実際に訴訟するとき、もっとも大きな違いは弁護士の成功報酬制と損害賠償の算出方法の相違であろう。米国の損害賠償算出方法は、わが国の損害＝客観的損害という発想ではなく、各人の損害＝各人の効用損失という発想である。補遺で損害額の算出に関する米国の「法と経済学」からの議論を紹介しておいたので是非参照されたい。

問題は真実が原告被告のどちらにあろうともっとも低コストで正義が実現されるシステムが社会にとって効率的なものという点である。真実発見のための有効な手段がない場合は「くじ」によることすら社会的効用という意味では採用を考えることができるのである。くじであればおおよそ 50％の確率で正義は実現されるとの主張すらある。そうしてそのためのコストは無に等しいのである。

くじに関する 50％の理論をわかりやすく説明する為に以下のような実験を考えてみよう。

ここに50個の赤い玉と50個の白い玉が箱の中に入っているとする。箱の外からは玉の色は見えない。赤を請求権が認められるべきもの、白が根拠のない請求としよう。この全部で100個の玉を今度は緑と黒の二つの箱に分けるとしよう。緑の箱は請求認容の箱、黒の箱は請求棄却の箱と考えよう。

さて、100個の玉の色を見ないで任意で（つまり何の選別も行わずに）緑と黒の箱に分けたらどうなるであろうか。緑の箱には25個の赤い玉と25個の白い玉、黒い箱にも25個の赤い玉と25個の白い玉が入っているのが平均的な答えであろう（どのくらいの確率でそういうことが起るかということについては議論しない）。理想的システムは赤い玉は全て緑の箱に、白い玉はすべて黒い箱にという選別である。しかし現実には正しい選別ができたのは半分でしかない。そういう意味では50%の確率で正しい判断が下されたことになる。

しかし訴訟提起前の原告の期待値は50万円である。原告に権利がない場合もある。しかしそういう場合でも期待値は50万円なのである。説明しよう。

原告自身も自身が持っている玉の色が見えないとして、自身の玉が緑の箱に入れられる確率はどのくらいであろうか？ 50%である。

実際の訴訟における期待値がかくも低い原因はどこにあるのであろうか？ 訴訟はただではないという点にある。原告は例え訴訟に勝訴しても、訴訟費用はともかくとして証明に要する費用や弁護士費用を負担しなければならないのである。弁護士費用や証拠調べの費用を国が負担することが現実的な提案でないとしたら、証明責任を転換するか、ディスカバリーの費用を軽減するか、証明度を下げることがもっとも実現可能な解決方法と考えることも誤っていないのではないだろうか。

第5節　共同不法行為

一つの事故に対して複数の原因があるとき、それを共同不法行為と捉える発想が個人主義を基調とする欧米の法学の中にはじめから存在していたわけではない。それはむしろ19世紀的法学の中で現実的対応をはかってきた判例によって創造され、学説が後追いする、そういった形で生成されてきたものといってよいであろう。

1　英国における共同不法行為

英国の因果関係議論は、かつて因果関係を直線的に捉え、その遠近によって結果に対する責任を決定していたことは、すでに若干ふれた通りである。

そこで、ここでは因果の綾との認識をもっとも現実的に受けとめざるを得ない共同不法行為における議論を見ていくことで複数の原因因子が存在する場合の扱いに関する基本的発想を見ておこう。

共同不法行為の分類

英国の不法行為の教科書ストリート[157]は、共同不法行為あるいは共同不法行為にならないが「複数人が原因に関与する」不法行為について、次の三つの類型を提示している。

(1)　joint tortfeasors（あえて、わが国の不法行為の分類にあてはめれば、主観的共同不法行為、あるいは強い関連共同のある不法行為に最も近い）

(2)　several concurrent tortfeasors（あえて言えば、弱い共同不法行為、あるいは客観的共同不法行為とでもいうべきもの）

(3)　several tortfeasors causing different damage（共同不法行為に該当しない場合）

(1)に属するものとして、ストリートの教科書は、次の四つの例をあげて

いる。

(a) 使用関係があり、被傭者の行為につき英国法の下で使用者責任が認められる場合。

(b) 不法行為につき教唆があった場合。たとえば家主が賃借人の手を借りてガス漏れを発見しようとマッチを擦って大爆発を起こしてしまった場合。

(c) 共同で義務を負っている場合。たとえば共同で占有している者は、その占有する物の管理の過失に起因して招待者に訴えられた場合。

(d) 共通の目的の下に、各自が行動しているとき、その中の1人が過失を犯した場合は全員が共同不法行為者となる。共同経営者の1人が経営行為に関して犯した過失や、共同経営者の1人の被傭者が職務中に犯した過失について、共同経営者は共同不法行為者となる。

(2)に属するのは、併発的不法行為 (several concurrent tortefeasors) 複数の不法行為者が一つの結果に対して並存している場合。教科書は2台の自動車の双方の運転手の過失によって第三者に傷害をあたえてしまった場合をあげている。損害はそれぞれの加害者の過失による部分に分けることができないことが、この類型の要件となっている。

(3)複数の不法行為者が別個の損害を惹起している場合 (several tortefeasors causing different damage)。共同不法行為とならない場合である。目と頭蓋骨にそれぞれ別個の加害者が加害に及んでいる場合などである。

(1)(2)と(3)が異なるのは、不法行為者各人が損害全体に対して責任を負うか否かという点である。(3)は、英国では共同不法行為 (joint tortfeasors) ではない。

また、ウィンフィルドとジョロヴィッツの教科書[158]では、(a)に近いものでありながら、親子、後見人と被後見人関係では、親権ないし後見人としての義務の履行において過失がなければならないことを強調し、それは親権者、後見人固有の責任となることに注意を促している。

共同不法行為については1978年に立法によって成文化されている。

これに対して、米国では、立法はない。また上記(1)と(2)の区別を厳密にしない。ともに共同不法行為者 (joint tortefeasors) であると解しているからである。行為の客観的共同があれば、主観的共同は不用であると考えているからである[159]。

問題の英米法への適用

ともあれ、弱い共同関係というとき、寄与危険度割合が単独では80％を越えないような場合、どうであろうか。

雑駁な言い方をすれば、わが国と異なり、英米法では複数の素因が共存するとき、それを因果関係の問題としないことで被害者の救済に資する構成を選択してきたといえようか。

2　仏法における共同不法行為

フランスにおいても長いこと共同不法行為者は各自、全損害に対して賠償責任を負うのが当然とされてきた。そうして、その理由としてフランス民法1384条および1385条の解釈として、賠償責任は、因果関係があれば負うと規定されているというのである[160]。「共同不法行為者なくしては、損害は発生しえなかったからである」というわけである。

また、「損害も分割することはできない」 (indivisibilité de damage)[161] と考えられてきたからであるという。

ところがラモリシエー号の遭難では、破毀院判決は、自然災害を船の沈没の原因の一部であるとしながら、船の管理者の責任を部分的に認めたのである。すなわち被害者は損害の5分の1について、賠償を受けることができるとしたのである[162]。

それは、いかにしてなされたか。破毀院は、複数の原因が結果につながっているという新たな見解から、それぞれの原因に見合った賠償責任という思想を肯認したのである[163]。

そこで最近では、不可抗力、被害者の行為（過失相殺の対象となる）にお

いては、被告に部分的因果関係を認めるというのが通説的な見解である。また、第三者が関与しているとき、この者の存在で因果関係の中断を認めることはあっても、共同不法行為にならない第三者との責任の分割については議論を残しているようである[164]。

かように英米法も仏法の部分的因果関係も割合的責任も基本的には認めておらず、連帯責任の方向で長いことその道を歩んできた。それは基本は個別の責任としつつ、被害者の救済のため定型化された立証責任の転換といってよいものである。(詳しくは**補遺5**参照)

第6節　David Rosenberg 教授の提言

David Rosenberg 教授は、1981年 Joseph. H. King 教授[165]が、1985年 G. Robinson 教授[166]がそれぞれ発表した論文に端を発する不法行為法における新たな考えをもとに提言をしている。その考えとは部分的因果関係を認め、割合的責任(キング教授の論文では損害の評価規範)の法理を構築していこうというものである。(特にキング教授はPE/PSについてもすでに明確な主張を展開していた。これらの動きについては、別稿を用意している。)

ローゼンベルグ教授の提言は2点ある。第一に大量に被曝者が出たような事件、たとえばDESであるとか、アスベストの被害では裁判所は因果関係を疫学的データを使って損害に対して原因が寄与している割合に従って賠償する割合的責任のルールの下に決すべきであるというものである。第二に、こうした事件はクラスアクションによる訴訟を認めるべきである[167]。本稿では、第一点を中心に紹介する。

大量被曝事件の定義

DES、アスベスト、枯葉剤、Agent White、ダイオキシン、スリーマイル島原発事故、PCB、PBB、IUD、など製品の単一の瑕疵により大量に、

場合によっては長期にわたり、あるいは何年も後になって被害者が現れる性格のものをここでは議論の対象とする。

因果関係の問題

多数の被曝者を生む大量被曝事件でも、現在の不法行為法は個々の被害と原因との間に因果関係があることを個々の被害者が証明しなければならない。個々の被害者はこの過程で二つの困難に直面する。第一に、どのメーカーの製品（いずれのメーカーも同じ曝露物質を製造していた）を使用したかを証明しなければならないという困難、第二に、この原因が原告の被害に与えた影響を証明しなければならないという困難である。

第一の問題は DES に見られるように、処方した医師も患者も製薬会社がどこであったかまでは記録が残っていないために被告を特定できないという事態が生じてしまうためである。第二の問題は、患者の疾病の原因には複数の要因が複合的に影響しあっている場合が多く（複数原因子の章参照）、疫学上単独では相対的寄与危険度が2を超えないようなものでも、正の修飾関係があると飛躍的に危険度が増加してしまうといった事態があり、さらに個々の原告がこれらの第二物質（正の修飾関係にある原因子）への被曝を証明することが容易でない場合もあるという点である。また原告自身がその責を負うような第二物質の存在が疑われており、第二物質の被曝が原告の疾病への罹患を飛躍的に増大させるような場合、かかる被曝がなかった、あるいは影響を与えていないということを原告は場合によっては証明しなければならず、やはり原告にとって困難な状況が生じてしまう。また第二物質が原告の体質など原告にその責を負わせることができないものについては被告が責を負うことになろう。

第一の問題については、DES において市場占有率による責任の分担が判例によって認められた。第二の問題については完全には解決しているとは言い難いが、「危険の増加」の問題として多くの論者によって議論されている。

こうした事態を前にしてローゼンベルグ教授は、かかる問題を「公法(Public Law)」による解決を提言する。DESや枯葉剤訴訟に影響を与え、また判決や立法の理論的根拠を提供した理論である。

公法による解決の提言

公法で解決しようとするのは因果関係である。証拠の優越ルールが証明度による割合的責任(standard of proportional liability)に置き換えられる。そこでは相対的寄与危険度が2を超えていようがいまいが、割合的認定による損害の部分的賠償が可能となるのである。

教授は自身の提言が功利主義的視点および権利論の視点から理論的に矛盾しないものであることを示すために以下のような論述を行っている。そのために次の前提がまず立てられる：証拠優越のルールによる証明コストと割合的責任による証明コストは等しいものとする。

功利主義的視点からみた二つの証明ルール

事故は当事者のみならず社会にとっても損失である。功利主義的表現をすれば両者の損失の総和を最小化することこそ社会厚生(social welfare)を最大にする。事故による損害賠償の脅し(threat)こそが当事者をして事故防止へと合理的な努力をさせる原動力となっている。

証拠の優越の強力な方のバージョンなら単なる疫学的蓋然性の証明では足りないとされるから、潜在的被告は事故防止のための負担を免れることによって事故による社会的損失は減少しないこととなる。これに対して証拠の優越の弱いバージョンなら統計的資料のみで証拠価値を認めるから、原告の寄与過失による事故予防の機会を奪い、また潜在的被告にとって酷な負担を強いることにもなる。いずれのバージョンをとった場合でも証拠の優越のルールは効率的ではないのである。

原告側に存在する、原因子が修飾関係にある場合にも証拠の優越は効率的な解決を提供してくれない。

厳格責任（strict liability）を採用したらどうであろうか？　被害者にとっては有利である。事故防止の義務もなくなる。被告にとっては事故を防止しようとしたか否は責任に影響を与えないから、事故を予防しようとするインセンティブが失われる。

　この点、割合ルール（proportionality rule 割合的責任）が理想的である。原告、被告の事故抑止のインセンティブも確保できるので社会構成を最大にする。証明コストも前提として証拠の優越と同じとしたが、実際にも低廉であろう。

　市場占有率による賠償の方法は割合ルールの応用である。それぞれの潜在的加害者が個々の事案においても、その負担部分に応じて責任を負うのである。現実には、加害者のいずれかの製品により被害を受けていることが推測されるが、加害企業にとってこれによりなんら不合理な負担を押し付けられるわけではなく、また被害者にとってはもちろん不都合はないのである。割合ルールを適用することで、功利主義的視点からはなんら問題がないのである。DESおよびアスベストの事件ではこの手法が採用されている。

　問題は「証拠の優越の強力なバージョン」における個々の事件に特有な証拠は不要なのか、そもそも、それは本当に必要なのか、という点である。これを要求する理由は実はない。単なる統計上の相関では、誤用される恐れがあるから、個々の訴訟の特定に必要といった理由くらいであろうか。

　「証拠の優越の弱いバージョン」ではどうであろうか。個々の事件に特有な証拠を必要としないが、ここでの問題は、全額を賠償するか、あるいは全然賠償しないことになってしまう点である。社会総体としてはともかく、各当事者にとって割合的因果関係よりも訴訟に対する無駄が多くなることは確かであろう。

権利論からみた二つの証明ルール

権利論から不法行為法の機能を記述するとすれば、それは権利を不当に侵害した者に対する「埋め合わせ」、侵害から権利を救済することといってよいであろう。しかし、現実はどうであろうか。権利侵害があったとしても精神的損害はもちろんのこと物理的損害ですら100％の賠償が常に得られるということはできない（本書「証明責任の経済学」の章参照）。とくに、米国でtoxic訴訟とよばれる薬品や原発事故のように中毒症状を起こす事故の被害者が、証明の問題や、弁護士の問題で容易に救済されないことは知られている。また、たとえ全ての中毒による被害が救済されるとしても、それによって失われた命が返ってくるわけではないし、失われた身体的機能も返ってくるわけではない。損害額の認定は統計による蓋然性の表現にすぎず、失われた身体機能や生命そのものの「埋め合わせ」を経験則から定めようとしたものにすぎないのである。

権利論からのアプローチをとるとき伝統的な「証拠の優越」の証明ルールでなけれなならないという理由はあるか？原告にとって50％を越えていれば全額賠償を受けるのだから有利との主張もあるが、50％以下なら賠償を受けられないのだからこれはあたらない。また、証拠優越の弱いバージョンで訴訟している原告のみならず、すべての被害者に賠償させてしまうことは、今度は賠償額の不当な増加をきたす。本来ならすべての権利者の権利を保障しなければならないという立場の権利論からは、これは明らかな矛盾である。

こうした点について、割合的責任の理論がクラスアクションとして認められれば、すべて解決する。もちろんそれには、いくつかの要件がある。たとえば訴訟に参加していない被害者でも原告としての当事者適格要件を証明する必要はある。いわゆるクラスアクションが認められる要件が中心となる。

(121)　この問題については本書後記 PE/PS 訴訟参照。
(122)　224 Pa.Super. 418, 307A.2d. 449, Pa. Super. (Jun14 1973). "*Epide-*

miologic Proof in Toxic Tort," Fordham L.Rev. 1984.4 (Cite as: 52 fdmlr 732)

(123) Bert Black "*Matching Evidence about Clustered Health Events with Tort Law Requirements*" American Journal of Epidemiology 132 (1990) s79-特に s81-.

(124) ロバート・D・クーター／トーマス・S・ユーレン著（太田勝造訳）『法と経済学』（商事法務研究会、1997）387頁以下。

(125) 太田勝造『裁判における証明論の基礎』（弘文堂、1982）48頁、118頁。

(126) 太田前掲 150頁。

(127) 拙書『米国医療と快楽主義』（信山社、1995年）212頁。

(128) R・E・ウォルポール著（高木秀玄訳）『統計学初歩』（ミネルヴァ書房、1978）。

(129) 太田前掲注(125) 108頁。

(130) 太田前掲注(125) 115頁。

(130') 西淀川前掲注(12)。

(131) Sindell v. Abbot Laboratories, 163 Cal. Rptr.132 Cal., 1980 (March 20. 1980).

(131') 前掲注(131)の他、後掲注(373)参照

(132) 33 Cal. 2d 80 Cal., 1948 (Nov. 17. 1948).

(133) 古賀哲夫『製造物責任に関する研究――アメリカ法を中心に――』（晃洋書房、1995）225頁によると、裁判所はこの理論に必ずしも好意的でないという。

(134) 208 P.2d 445 Cal.App. 2Dist.1949 (July 20, 1949).

(135) 平野晋『アメリカ製造物責任法の新展開』（成文堂、1995）78頁。

(136) Laurens Walker, *John Monahan, Social Facts: Sceintific Methodology as Legal Precedent* (76 Cal. L. Rev.877).

(137) G・カラブレイジ（小林秀文訳）『事故の費用』（信山社、1993）。

(138) クーター／ユーレン前掲注(124) 354頁。

(139) クーター／ユーレン前掲注(124) 358頁。

(140) 比較過失についての米国での議論については　前掲古賀 27頁を参照。

(141) クーター／ユーレン前掲注(124) 369頁。

(141') 訳文についてはクーター／ユーレン前掲注(124) 369頁以下を参考にした。

(142) ここでは寄与過失は過失相殺と同様なものと解してよい。すなわち不法行為の被害者側にも事故の原因がある（寄与している）とき、加害者・原告は被告・被害者に損害額の減額を請求できる。過失相殺が過失の問題か、因果関係の問題か、損害額の確定の問題かなど議論は多くあるが、本問とは直接関係しない。

(143) 最一小判昭34・11・26／破棄差戻◇未確定　民集13巻12号1573頁、判時206号14頁。

(144) 最一小判昭52・9・22／棄却◇確定　交通事故民事裁判例集10巻5号1246頁。

(145) 最一小判昭51・3・25／一部棄却、一部破棄差戻◇未確定　民集30巻2号160頁。

(146) クーター／ユーレン前掲注(124) 371頁、ハンド裁判官の言葉。

(146′) この点について米国では法と経済学からのすぐれた論文がある。William M. Landes and Richard A. Posner *Causation in Tort Law: On Economic Approach. The Journal of Legal Studies* 12 J. Legal Stud.109 (1983)：Steven Shavell *On Analysis of Causation and the Scope of Liability in the Law of Torts The Journal of Legal Studies*, 9 J. Lagal Stud. 463 (1987)。

(147) 太田前掲注(125) 154頁。

(148) クーター／ユーレン前掲注(124) 468頁。

(149) 著者オリジナル。

(150) 著者オリジナル。

(151) クーター／ユーレン前掲注(124) 417頁。

(152) クーター／ユーレン前掲注(124) 418頁。

(153) Expected Value of Appeal.

(154) Expected Value of Trial.

(155) Expected Value of Bargain.

(156) Filing cost (Cooter Ulen *Law Economics* 3rd Ed. p380).

(157) Margaret Brazier "*Street on Torts*" Butterworths 1988, p572.

(158) W. V. H. Rogers "Winfield & Jolowicz on TORT" Twelfth Edition Sweet & Maxwell 1984 p605-.

(159) W. Page Keeton "*Prosser & Keeton on Torts*" West Publishing 1984 p328.

(160) François CHABAS "*L'Influence de la Pluralité de Causes sur le Droit à la Réparation*" L.G.D.J. 1967 préface xii.
(161) supra., Chabas p78.
(162) Civ.com.19 juin 1951 浜上則雄「損害賠償法における「保障理論」と「部分的因果関係の理論」民商'72 66-4-3。
(163) supra., Chabas.
(164) Alex Weil, François Terré "*Droit Civil, les obligations*" DALLOZ 1980 p816- 特に pp818-819.
(165) Joseph H.King, *Causation, Valuation, and Chance in Personal Injury Torts Involving Preexisting Conditions and Furture Consequences*, The Yale Law Journal Vo. 90: 1353, 1981.
(166) Glen O. Robinson *Probabilistic Causation and Compensation for Tortious Risk Journal of Legal Studies*, vol. XIV (December 1985).
(167) 古賀前掲注(133) 398頁：大量製造物責任訴訟をクラス・アクションとすべきか否かについては、古くから議論がある。1966年のアドバイザリー・コミッティー・ノートはクラス・アクションの適用を不適当としている。その理由は「多くの人に障害をもたらすマス・アクシデントでは通常損害賠償額だけでなく、責任と責任の抗弁の重要問題は個人により異なる方法で影響を与える可能性があるので、クラス・アクションとして名義上遂行された訴訟は実際には別々に複数の訴訟として審理されるであろう」（古賀氏訳による）とされているからである。

第3章　複数原因子が介在している場合についての米国での議論

第1節　リステイトメント（第二）

不法行為のリステイトメント（第二）433 Aは次のとおりである[168]。
　Apportionment of Harm to Causes（原因による損害の割合ないし分割）
　(1) Damages for harm are to be apportioned among two or more causes where (a) there are distinct harms, or (b) there is a reasonable basis for determining the contribution of each causes to a single harm.
　(2) Damages for any other harm cannot be apportioned among two or more causes.

このリステイトメントでもっとも注目しなければならないのは、(1)(b)であろう。そこでは一つの原因子であっても割合的責任の可能性を認めている点である。

このリステイトメントの文言は寄与過失の理論を支持する部分と矛盾する部分がある。それでも損害に寄与した部分についてのみ責任を負うべきだという思想が明確に現れている。しかし、リステイトメントに付けられたコメントは、二つの火事のような場合には、それぞれの火事が損害に寄与した割合を知ることは不可能としている。

リステイトメントの基本的思想はプロッサーの"sudstantial factor"テストと呼ばれるテストによっている。もちろんこのテストの証明は「証拠の優越」のルールによる[169]。

ここでは複数原因子が介在している場合についての米国での議論をボストン教授の論文[170]を中心に見てみよう。

第3章　複数原因子が介在している場合についての米国での議論　　151

　ボストン教授は問題をアスベストの被害者がスモーカーであった場合に肺がんに罹患したケースから議論をはじめる。喫煙が肺がんの原因子であることは疫学上よく知られているが、アスベストもまたしかりである。かかる場合に原告がアスベストメーカーを訴えたとき、因果関係はいかに認定されるべきか、という本書ですでに議論してきた論点について教授の論文を通じて米国の議論を俯瞰しようというわけである。
　問題はそれぞれの原因子が修飾関係にある場合である。修飾関係になければ、割合的因果関係（proportionality）で解決できるからである。

加害者が複数の場合

　加害者が複数の場合、それぞれの加害者が寄与した原因の割合によるのが原則である。しかし、現実の訴訟には、それぞれの寄与の割合を知ることが出来ない場合も多い[171]。判例は、特に有害物質の曝露の場合には不法行為のリステイトメント（第二）を根拠に、寄与の証明責任を加害当事者に課すことで解決しようとしている。しかし実際には寄与の割合ではなく損害に対する行為の悪性が割合認定の鍵となっている。要するにアウトプットではなくインプットが損害の割合認定の証明として置き換えられているのである。リステイトメント（第二）433Aの適用がそれであるが、もちろん合理的な説明はできていない。
　二つの同時に起った火事によって所有物が延焼してしまった事故を考えてみよう[172]。一つ目の原因である火災は被告である鉄道会社の過失（negligence）によることが分かっている。もう一つの火災は原因が不明である。両方の火災が重なり合って原告の所有物を損壊したとき、第一審裁判所は因果関係を認めなかったのである。その理由は原因不明の火災が因果関係の十分条件を満たしているのであるから、被告の火災による損害は何も無いというのである。ただ、そうなると原告には賠償がなされないことになり公平ではないと考えたのであろうか、控訴審裁判所は因果関係を認めて損害の全額の賠償を命じたのである。どうしたのであろうか。それ

ぞれの火事の大きさを比較して割合的責任を認めるのは、インプットの比較であろうか。火事の勢い、大きさ、場所、あるいはその他の要因がアウトプットの比較の資料となるかもしれない。一方の火事がなくとも原告の所有物は延焼したであろうということが言えるとき、ともに因果関係があるといえるが、問題は責任の割合をどうするかである。(補遺5参照)

水質汚染の事件では被告らの廃棄した化学物質の量、危険度、その他寄与危険度を比較して責任を分割することが、リステイトメント(第二) 433 Aを根拠に認定されている[173]。

同様の議論は、喫煙者がアスベストに曝露していて、タバコ会社にも訴えを起こしている場合にも考えられる。喫煙者が途中で吸うタバコを変えれば、第三者が被告となる。

損害の分割性、あるいは不分割性が理論上は問題となるが、実際にはそれが問題となったことはない。疫学が問題となるような事案では常に損害の分割性が認められているのである。

第2節　寄与割合による賠償を認めた判例

Dafler v. Raymark Industries, Inc.[174]は原告の肺ガンの原因には原告が70％寄与しているとして被告の責任を30％とした。原告は造船所の労働者で、1939年から1945年までアスベストに被曝していたという事件である。原告はその作業工程のなかで船内のエンジンおよびボイラー付近のパイプを覆う材料としてアスベストを含む繊維を扱っていたのである。ところが1984年に石綿肺症に罹患していると診断されるまで、原告は45年にわたって一日一箱のタバコを喫煙していた。原告の鑑定人の2人は、タバコもすわず、アスベストにも被曝していない場合の肺ガン罹患率は10万分の11であると証言した。またアスベストの相対寄与危険度は5対1から7対1の間であると証言している。さらに本件のような長期の喫煙による危険度は10対1から12対1の間であると証言した。もっとも、いずれ

の鑑定人もアスベストが原告の肺ガンに寄与した割合を証言することはできなかった。

しかし二つの原因子は正の修飾関係にあり、それは5対1と10対1が修飾することで50対1にも増大したのではないかとの見解を示した。これに対して被告の鑑定人はアスベストと肺ガンの因果関係を認めず、喫煙のみが肺ガンの原因であると主張した。

陪審は被告による損害を3分の1の寄与であると認めたが、これは原告の鑑定意見と同じだった。原告はこの評決が裁判官が鑑定意見を陪審に示し因果関係の割合的認定を急がせたためであると裁判官を非難したが、この非難はニュージャージの控訴審で棄却された。

興味深いのはWiot博士がX線写真とともに語った事実である。博士によると気腫とよばれる水泡（タバコによるものと思われる）が肺の上部に、アスベストによると思われるプラック（班）が肺の下部に観察されたのである。もちろんかかる事実をもってしても、それぞれが喫煙とアスベストに原因すると断定することも、寄与の割合を大まかにすら認定することはできなかった。

Brisboy v. Fibreboard Corp.[175]も喫煙とアスベストに関する判例である。原告の被相続人は1日2箱のタバコを30年にわたってすっているヘビースモーカーであったが、アスベストには26年にわたって被曝してきた。被相続人の遺族はアスベストのメーカーと販売会社あわせて9社を訴えた。そのうち8社とは和解が成立した。残った1社のアスベストには6から9ヶ月曝露している。裁判における評決はこの曝露は原告の被相続人の肺ガンにとって重大な原因部分(55%)を構成していると認定した。しかし裁判官はこの評決を覆し、またミシガン州控訴審裁判所もこの判断を支持する。すなわち被害者は、喫煙が肺ガンを起因するということについて気づいていなかったのであるから、喫煙はfaultでもnegligentとしても考慮されるべきでないとした。ミシガン最高裁は原審の判断を覆して最初の

評決を採用する。

Brisboy v. Fibreboard 判決は被害者の過失と加害者の過失を比較することで因果関係の割合的認定問題を代替させてしまった点に疑問がのこる。

Michie v. Great Lakes Steel Division[176]はカナダに住む37人の住民がデトロイト川周辺の3つの企業の7つの工場を大気汚染による被害を理由に訴えたものである。加害企業はそれぞれ別個に大気を汚染しているが、汚染された空気は混ざり合って分離することはできない。裁判所はミシンガン州の法を適用し、不法行為のリステイトメント（第一）[177]の適用およびミシガン州の古い判例[178]で原告が寄与割合を証明しなければならないとしたルールの適用を否定した。その代わりに被害者が1人で加害者が複数で加害者の加害割合が不明の場合の自動車事故に関するミシガン州の共同不法行為 (joint and several liability) の判例[179]を適用した。その理由として判例はいったん原告の側が、損害が不可分であることを証明すれば、原告の損害賠償を受ける権利が原告の寄与割合を証明する能力によって差別されるべきではない、というものであった。それゆえ原告は損害と被告の不法な行為さえ証明すれば、寄与割合の証明責任は被告に転換されるとしたのである。

(この他、パイプラインから石油や塩水が溢れて湖を汚染した事件の判決が検討されているが補遺3に掲載しているのでここでは割愛)。

CERCLA法下における複数被告の問題[180]

CERCLA (Comprehensive Environmental Response and Liability Act 包括的環境対策補償責任法) とはアメリカ環境保護庁 (EPA)[181]が全米で調査を行った結果、環境汚染を及ぼす恐れのある廃棄物処分地が3万から5万ヶ所あることが確認されたことに端を発している。1980年、その浄化費用にあてるため16億ドルの信託基金を設立した。有害物質によって汚染されているサイトを発見した場合、その場所の浄化費用を有害物質に関与した全て

の潜在的責任当事者（PRPと略される。それは汚染当時法によって禁じられていない場合も含み、現在の施設の所有者、管理者、有害物質が処分された当時の施設の所有者、管理者、有害物質発生者、有害物質をサイトへ搬入した輸送業者である）に負担させることにし、この潜在的責任当事者が特定できない場合や特定できても浄化費用を負担する賠償能力がない場合に、この基金を使うことが定められた。浄化作業にはEPAがあたり、その費用を潜在的責任当事者に求償できることになっている（ちなみにこの基金は1986年には85億ドルに増加されている）。

たしかに米国では毎年2億5千万トンの廃棄物が発生し、それによって人間が害を受ける可能性は計り知れない。5万から7万人が仕事中に毒物に被曝して発病しているという[182]。

CERCLAによるPRPの範囲は汚染による損害に対応する因果関係による汚染者のみを対象としているわけではないのか、という点についての議論がここでの検討の対象となる。

United States v. Monsanto Co.[183]はPRPに対して州政府および合衆国政府が浄化作業の費用を請求したものである。合衆国控訴審裁判所は、(1)土地所有者で土地を貸与していた者たちに対して責任を認め、(2)サイトを土地所有者から貸与し、サイトを管理運営していた法人についても責任を肯定、(3)有害物質発生者（generator）と呼ばれる有害物質の処分を依頼した者について、有害物質とサイトへの損害との因果関係割合を証明できなかったとし、(4) CERCLAはこうした被告らの割合的因果関係の証明をまって、被告らにその責任以上の負担をした部分を払い戻すことができる、との判断を示した。

この他にも多くの判決がCERCLA法の下でも被告は自己の行為が損害に与えた影響を証明することで、賠償額の減免ができるとしている。

第3節　米国第三次不法行為法リステイトメント（製造物責任法）

1998年アメリカ法律家協会は、懸案だった「第三次不法行為リステイトメント　製造物責任法」を刊行する。リステイトメントがどのようなものであるかについて、ここで改めて述べる必要はないであろう[184]。ここで興味深いのはリステイトメントはその第一五条で因果関係に関する一般ルールについては古典的な不法行為のルールを守りながら、第17条においては、当事者間の分配を認めている点である。説明しよう。リステイトメント第15条は、次のように規定している[185]。

> 第15条　製品の欠陥と被害者との間の因果関係に関する一般ルール
> 製品の欠陥が、人身もしくは財物上の被害を惹起させたか否かは、不法行為法における因果関係に関する現行のルールおよび原則にしたがって決定される。

しかし、注目すべきは、割合的責任について次のように書いている点である。割合的責任のルールを採用すべきか否かを決するに当たり、裁判所は、次の各要因を考慮してきた。①製品の一般的性質、②被害の長期滞在期間、③開示手続きを尽くしたのちといえども、原告の被害を惹起したのはどの被告の製品かを、原告が発見することが不可能であること、④欠陥製品と原告と被害との間に明確な因果関係が存在すること、⑤その被害を惹起し、もしくはそれに実質的に寄与し得る他の医学的もしくは環境的要因が存在しないこと、⑥責任の合理的な分配を支持する十分な「市場シェア」データの入手可能。当協会としては、適切な各要因の下で、割合的責任のルールを採用すべきか否かの問題は、法の発展に委ねる。

しかしながら、もし裁判所が何らかの形で割合的責任を採用するのであ

第3章　複数原因子が介在している場合についての米国での議論　157

れば、各被告の責任は、個々の被告の市場シェアに制限するのが適切である。連帯責任のルールは、因果関係に対する市場シェアのアプローチとは相容れないものである。数人の当事者が単一の原告の全被害に対して寄与する同時的不法行為者のケースとは異なり、市場シェアの場合には、全被告が原告の傷害に寄与していることは立証されていない。代わりに、各被告は、各人が市場全体の中で惹起したリスクに応じて、被害に対する支払いをなすべきである。連帯責任は、各被告に対して、同人が他の被告らとともに市場に居たことを理由に、被害全体につき責任を課そうとするものである。被告間に何らの一致した行動がない限り、こうした責任は不当である[186]。

　筆者の聞くところによると[187]、伝統的不法行為理論と新たな不法行為法、とくに寄与割合による賠償の分割を模索するグループとの間の見解の不一致はいまだ決着していないということであり、本リステイトメントの記述もそれをうかがわせるものがある。

疫学的因果関係が関わる不法行為の特徴
　疫学的因果関係が関わる不法行為の特徴は、それまでの不法行為の要件と事実上異なる点である。ここでは説明を簡略にするために、米国での製造物責任における例を使ってみよう。米国の製造物責任の場合には、製品の瑕疵（欠陥）、損害、因果関係の三つが証明されなければならないが、疫学が問題となるとき、瑕疵、損害、因果関係の三つすべてが疫学的因果関係にかかわってくるという点である[188]。損害の範囲を確定するためには、製品の瑕疵（欠陥）と結果との間で、瑕疵が結果たる損害にどのくらいの影響があったのか確定しなければならず（損害の範囲の確定）、製品の瑕疵ないし欠陥そのものの証明もまた疫学的因果関係によって（その他動物実験、試験管実験などによる瑕疵の証明もあるものの、疫学的調査が重要であり、広い意味ではやはり疫学的因果関係というべきもの）証明がなされることとな

る。最後に因果関係そのものも疫学的調査による証明の上に個別の事案に対する適用が検討追加されるのである。

　この中で疫学がもっとも基本的な役割をするのが、あるいは疫学が設計された形に近い働きをするのが、製品の瑕疵の証明における活用であろう。製品の瑕疵を証明するには、試験管による治験 (in vitro)、動物実験 (in vivio) など以下に詳述するいくつかの科学的検証をしなければならないが、その中で主要な役割を演じるのが疫学的調査・研究である。試験管による治験、動物実験などは、その方法や信頼性などにおいて疫学的調査よりも疑問が残るからである。たとえば、試験管による治験では、対象となる物質をどのくらい人間の細胞に投与したらよいかについて確定した理論があるわけではない。同様に動物に対する投与でも、対象とする動物の選択（ラット、ウサギ、サル、イヌなど）から、投与の方法、量などについて問題が残っているのである。その点、疫学的調査では、対象がヒトに対してなされていること、投与量も通常の範囲であることから問題は少ない。もちろん統計的調査の理論が厳守された調査であるかどうかなどで調査そのものが問題視されることはある。それでも、信頼度という点では他の調査・研究に比べて格段に高いと考えられている[189]。

　損害の範囲確定の問題は因果関係の問題と不可分に発生するが、実際にこれが論点となっている判例は驚くほどすくない。それでも複数の原因子が修飾関係にあるときなど、潜在する問題は少なくない。また原告がすでに何らかの疾病に罹患している場合など死亡と原因の因果関係を証明するには、やはり統計的証明を使って原因が結果に与えた影響をはかる必要がある。

　個々の事案における因果関係の証明には、疫学的因果関係がまずあり、次に個々の事案において因果関係を中断するような事象がないことが確認されることとなる。疫学的調査ではさまざまな疾病を抱えた人も偶然の調査の対象に入ってくることとなるが（健康人であることを限定して調査していないなら）、原告が以前は健康であったということになると疫学上の危険

第3章　複数原因子が介在している場合についての米国での議論　159

度よりもより大きな影響があったと推測されることになる。そのほか疾病に関して他の原因子として知られたものに曝露していないかなどが検証されることになろう。

しかし、こうしたことが問題となることは多くない。結局疫学的調査の結果がこうした事案の証明の核心的部分を形成することになる。

ところが法廷では疫学がそもそも内包しているところの解釈の二重性が混乱の原因となる。疫学的研究の結果をいかに解釈すべきか、そこに出てきた数字は、因果関係の存在可能性の指標なのか、それとも存在する因果関係における原因が結果に影響している割合なのかが争われることになる。前者であれば、因果関係の存在の証明として米国でなら証拠の優越、わが国でなら80％くらいの証明度が求められ、後者であるなら極論するなら1％でも因果関係があれば賠償の要件を充足することになる（後者の考えを婉曲に言いまわしたのが、ハーバード大学教授 David Rosenberg の証明論である[190]。Rosenberg の主張については本書参照）。

この問題について次のような事案を考えてみよう[191]。信号が機械の故障で赤にならなくて自動車どうしが衝突したとしよう。市は故障がなくても事故は起こったであろうと主張したとしよう。運転者である原告に対して事故は信号の故障がなくても避けられなかったことを証明しなければならない。車の速度、ブレーキをかけてから停止までの距離、運転者の反応速度などが証拠として提出される。

原告がもっとも証明に努力するのは事故との因果関係である。そうして、裁判が認定するのは、原告の主張を受け入れるか否かのどちらかであり、その中間はありえない。しかし、実際に原告が証明できるのは事故がおきなかったであろう蓋然性であり、それはほとんど確率でしか表現されないのである。

疫学が問題となる事案では、事故の蓋然性を変えるような個別の事象はほとんどなく、結局疫学による結果をどう評価するかが争点になる。しかし科学的な証拠をどう評価するかについて定説はない。

しかも疫学が問題となる訴訟では通常複数の鑑定が認められる。対立する科学鑑定結果が複数存在することすら通常の人には理解しづらいのに、陪審は、この対立する鑑定の中からいづれが正しいかを自身で判定しなければならないのである。

疫学的調査は一般的な事象における客観的蓋然性を示すのみである。通常、特定の事案における因果関係については正確な数値は出てこない。そもそも相対的寄与危険度は集団に対するものであって、個人を名宛人にするものではないからである。

ヴェトナム帰還兵による枯葉剤 (Agent Orange) の裁判での疫学的調査は、退役軍人を対象としたもの以外認められず、動物実験の結果は、それが人間に対してなされたものでない[192]という理由で認められず、枯葉剤の工場内での被曝についての調査は被曝量やその他の要件がことなるという理由で認められなかった。こうした判断をする法廷も少なくなかった[193](ちなみにこうした裁判所の態度はDaubert事件以降変化している。本書Daubertの章参照)。

(168) リステイトメントについては、本稿後述の第三次リステイトメントの他、次の文献参照。田中英夫「Restatement (Second) の編纂」アメリカ法 (1967) 74頁以下。

(169) W. Prosser. *Handbook of the LAW of Torts* § 41 - 45 (4th ed. 1971).

(170) Gerald W. Boston, *Toxic Apportionment: A Causation and Risk Contribution Model*, Enviromental Law Summer 1995 25 ENVTL. L.549.

(171) ジェリー・J・フィリップス著 (内藤篤訳)『アメリカ製造物責任法』(木鐸社、1995) 206頁以下。

(172) Anderson v. Mineapolis, St. Paul & Sault Ste. Marie Railway Co., 42 N.J. Stat.Ann. s.2A:15 - 1.1 to 15 - 5.3 (West Supp.1944).

(173) Landers事件については後述する。603 A 2d 521 (N.J.Super. Ct. App. Div.1992), aff'd, 602 A 2d 1047 (N.J.1993).

(174) 611 A. 2d 136 (N.J.Super.Ct.App.Div.1992), aff'd, 622 A2d 1305 (N.J.

第3章　複数原因子が介在している場合についての米国での議論　　161

1993).
(175)　418 N. W. 2d 650 (Mich.1988).
(176)　495 F.2d. 213 (6th.Cir.) 1974, cert. denied, 419 U.S.997 (1974).
(177)　Restatement (First) of Torts. s 881 (1939): "Where two or more persons, each acting indepently, create or maintain a situation which is a tortuous invasion of a landowner's interest in the use and enjoyment of land by interfering with his quiet, light, air or flowing water, each is liable only for such proportion of the harm caused to the land or the loss of enjoyment of it by the owner as his contribution to the harm bears to the total harm."
(178)　ibid. 159 at 215‐16 [citing and rejectingMejer v. Holt, 80 N. W. 2d 207 (Mich.1957); De Witt v. Gerard, 275 N.W. 729 (Mich.1937); De Witt v. Gerard, 264 N.W. 379 (Mich.1936); Frye v. City of Detroit, 239 N.W.886 (Mich.1932)].
(179)　Watts v. Smith.134 N.W. 2d 194 (Mich.1965) /Maddus v. Donaldson. 108 N.W. 2d. 33 (Mich.1961).
(180)　古賀哲夫『製造物責任に関する研究——アメリカ法を中心に——』(晃洋書房、1995) 262 頁以下。
(181)　EPA は 2000 年には 1 億 4400 万ドルを CERCLA のために用意している。環境保護庁には 1 万 8 千人の職員と 4 億 5000 万ドルの予算、公害関連に関する米国の社会的費用は 115 億ドル、米国のＧＮＰの 2.1%、米国人ひとり当たりにすると年 450 ドルを出費になる。
(182)　Carry C. Jordan, *Medical Monitoring in Toxic Cases: Another Windfall For Texas Olaintiffs?* Houston Law Review (33 Hous. L.Rev.473) 1996.
(183)　858 F.2d 160 C.A.4 (S.C.), 1988 (decided Sept. 7 1988).
(184)　第三次リステイトメントについては、わが国では製造物の「欠陥」やその検証、処方薬の設計欠陥をめぐっての議論が見られる。これはわが国の製造物責任法との関わりであろう。島村健論文紹介「処方薬の設計欠陥をめぐる第三次リステイトメントの問題点」アメリカ法 (2001) 466 頁以下、宮田量司「製造物責任に関する第三次リステイトメントにおける欠陥」武蔵大学論集 47 巻 1 号 (1999 年 10 月) 81 頁以下、坂井田直美「米国判例の分析による第三次不法行為法リステイトメント：製造物責任第 4 条コメント e 指摘の 3 条件の検証」国際開発研究フォーラム 11 (1999 年 3 月)。
(185)　本項の翻訳については、監訳者森島昭夫、訳者山口正久『米国第 3 次不

法行為法リステイトメント（製造物責任法）』（木鐸社、2001）163頁以下。
(186) 森島監訳前掲注(185) 165 - 166頁。
(187) UCLA教授（民事訴訟法担当）マークス氏との会話（平成15年5月31日日本民事訴訟法学会中央大学懇親会にて）によると、両者の戦闘はいまだ決着をみていないとのことである。
(188) Steve Gold *Causation in Toxic Torts: Burden of Proof, Standards of Persuation, and Statistical Evidence* 96 YLJ 376.
(189) 本書第4編「鑑定をめぐる問題」参照。
(190) ibid. Steve Gold.
(191) ibid. Steve Gold.
(192) Daivid Rosenberg, *The Causal Connection in Mass Exposure: A 'Public Law' Vision of the Tort System*, Harvard Law Review February, 1984 97 HVLR 849.
(193) Agent Orange Fairness Opinion, 597 F. Hupp v. United States, 526 U.S.1152, 119 S.Ct.2035（Mem）U.S.1999（Decided June 1. 1999）.

第4章　PE/PS訴訟の動き

第1節　疫学による予見診断

　たとえばヘビースモーカーが肺ガンに罹患することを恐れているとする。けだしタバコが肺ガンの原因である可能性は80％もあるからである。ヘビースモーカーであることを肺ガンに罹患していると診断するテストマーカーとすることはできるであろうか。

　肺がんの罹患率が一般には100人に1人だとすると、ヘビースモーカーが肺がんに本当に罹患している確率はどのくらいであろうか。約3.88％である。肺がんの罹患率が100人に5人だとすると約17.3％、100人に10人だとすると約30.8％になる。

　このことから、疫学的診断は結果に対する原因究明には役立っても、ある危険因子に被曝したからといって結果を予見することはあまりできない、ということになる。疫学が法的な意味での因果関係の特定のために設計されていないにも拘らず、これを訴訟において使用することについては、批判がないわけではない[194]。現在米国ではヘビースモーカーによるタバコ会社に対する肺がんの恐怖訴訟などが進行しているが（こうした問題については後述）、先行きは予断を許さないというべきか[195]。ただ、ここでも注目しておきたいのは、将来における損害についてもその確率による賠償を認めるべきだという主張である[196]。

　疫学はそもそも疾病の予防をするための基礎を構築し、発達させるために設計されているのであって、個々の患者の診断をしたりするための道具ではない[197]。それは公衆衛生の観点から疾病の原因をさぐり、予防や蔓延を防ごうとするものである。それゆえ疫学を法律上の因果関係認定のた

めに用いることは、誤った用法といわなければならず、かかる誤用による不正確な統計上の資料をもってしたものを科学的な手続による結論とすることは到底できないばかりか、何も解決したことにはならないのである。

疫学では危険因子を指摘することはできても、個々の事案において「①危険因子に曝露されたこと、②疾病が起ってしまっている事実から、両者の間に一定の割合的な因果関係があること」、あるいは「原因が結果になんらかの割合で寄与していること」までも証明しているわけでも、推定しているわけでもないのである(198)。

疫学的因果関係も同じで、(1) 客観的蓋然性としての原因と結果の関係、それから個別の事件における原因物資の曝露と、その影響としての結果があるであろうという計算と、(2) 原因も結果も生じていて、原因が結果に及ぼしたであろう影響の計量的指標を混同しているのである。

混同の例ではないが、解釈を間違えると混同しかねない議論として「子供と銃」の議論がある。子供を巻き込んだ銃による事故についての疫学的研究というのがある。銃がなければ15歳から24歳までの青少年の死亡事故は少ないという研究である。子供が死亡したのは銃を売った銃器メーカーの責任かという議論である(199)。

疫学とは(2)のことである。原因があって結果がある事象を、(2)が起っていない事象、つまり結果は生じているのだが原因子に被曝していないケースとの比率で求めたものにすぎず、そこから原因子を除去することで公衆衛生上、結果が起ることを小さくしようとする試みであり、さらには原因子がわかったということで、それが結果につながっていく過程を探求することで、やはり結果が起ることを少なくしようとする試みのためのものである。

法律上の因果関係の認定は、原因も結果も起っていることは分かっているのだが、そうして通常なら、結果があっても原因がない場合がどのくらいかも分かっているのだが、問題となっている個別の事案ではどうか、と質問されているのだ。疫学的因果関係は個別の事案における原因の結果に

対する影響度をはかるための道具ではないからだ、と答えるしかないのである。原因があり、結果があるのだから原因によって結果が生起したに違いないか、偶然に別の原因で結果が生起したのに普段原因とされるものもあったのか、そんなことは疫学では分かり様がない、分かるのは原因が原因である通常の確率にすぎない。

例をあげてみよう。ヘビースモーカー（1日20本以上のタバコを20年以上吸いつづけてきた）が肺ガンになったとしよう。このスモーカーの肺ガンの原因はタバコであろうか？　通常ならイエスである。けだし、肺ガンになった者の80％はヘビースモーカーだから、ヘビースモーカーが肺ガンになる危険度は高いのである。しかし、そうでない可能性もある。スモーカーでなくとも肺ガンになるのだから。ただ、その確率はスモーカーよりもはるかに低いのである。だから通常なら80％の確率でタバコが原因というのである。もっとも、ガンになった原因の80％はタバコかもしれない。実はそのあたりのところは分かっていないのである[200]。学説もこのことを認識しているから、判決には疫学的統計以外の個人の健康に関する資料も必要だとしている[201]。第三次不法行為法リステイトメント（製造物責任法）第15条についてのコメントでも、「その被害を惹起し、もしくはそれに実質的に寄与し得る他の医学的もしくは環境的要因が存在しないこと」と書かれているのもこのためであろう[202]。

ともあれ結果に対する原因が80％との考え方の方であるとするならば、相対寄与危険度が2以下であっても、それはなんら問題にならない。原因子の結果に対する影響の割合なら、原因が結果に及ぼしている影響が50％以下に過ぎないだけであって、それだけで因果関係が否定されるわけではないことになるからである。

前述したように[203]、たとえば100万ケースに一つでも、毒の入った缶詰を売った者は、その結果、死者が出れば賠償しなければならないことは、当然であるのに、タバコでは賠償しなくともよい、という理由は何もないというわけである。

166   第3編　米国における疫学の議論

しかし、近年の動きでもっとも興味深いのは、PE/PSの訴訟の動きであろう。PE/PSとはpost-exposure, pre-symptom 被曝したが発病していない人々の様々な訴えのことである。こうした人々は、疾病のリスク増加に対する賠償[204]、病気の恐れ[205]、「生命の質」低下の訴え[206]、それにもっとも訴訟戦略的に成功している健康診断費用の負担の訴え（recovery for the costs of medical monitoring 以下メディカル・モニタリングとよぶが、学説判例にはこれをメディカル・サーベイランスと呼ぶものも多い）を提起した。

ここではまず、PE/PS訴訟で注目を浴びたAyers v. Township of Jackson 事件[207]について見ていく。

第2節　Ayers v. Township of Jackson

1　Ayers判決

水質汚染によって汚濁された水を飲んでいた原告団（339人）に対する医学上の監視体制（水による疾病の監視）のためのコスト等を町に対して請求した事件である。原告の中には発病した者はいなかった。

第一審では原告勝訴、控訴審も若干の修正はしたものの原告が勝訴した。ニュージャージ州最高裁も、(1)発ガン物質その他の化学物質による心情的損害（emotional distress）についてはこれを認めない、(2)住民の「生活の質」（quality of life）が20ヶ月も井戸水などの水のない状態（水道水ももちろんなかった）こと（539万ドル）、(3)有毒化学物質の曝露による、将来の疾病の「危険の増加（enhanced risk）」に対する健康診断のための費用については、賠償（総計約820万ドルを339人がそれぞれの被曝の度合いに応じて支払われる）を認める原審の判断についてはそれぞれ損害額について確定不能な部分があるとして一部認容、一部棄却の判断を示した。

事実は次のようなものである。町が1972年新たに廃棄物処理場（ゴミ捨て場）とした地域は環境保護局DEP（Department of Enviromental Protection）

から仮の許可を得たものではあるが、それは工場から出る液体およびゲル状の物質の処分までも許可するものではなかった。町は、しかし、このサイトを十分に監視することをしなかった。町がDEPの条件を遵守していなかった証拠がある。

　原告の鑑定人によると、近隣住民の井戸水はアセトン、ベンゼン、クロロベンゼン、クロロフォルム、メチル水銀、トリコロエチレンやその他の化学物質によって汚染されるようになった。これらの物質はおそらくごみ処理場から地下に浸透して原告らの井戸に到達したものと推測される。毒物学者によると発見された化学物質のうちの12は発ガン物質として知られている。そのほか肝臓、腎臓に有害な物質、遺伝子を破壊し、出産等の能力を減退させる物質、皮膚に有害な物質、神経組織に有害な物質なども発見されている。鑑定人はこうした化学物質の被曝を原因とする疾病は、年毎の検査によって早期の発見が可能であり、それによって看護、回復あるいは余命の延長が可能であるという。

　1978年11月、Jackson町のLegler地域の住民は地域の健康委員会(Board of Helth)から地下水を飲料しないように、また洗濯、風呂場などでも使用しないようにとの勧告を受ける。この勧告は健康委員会が地域の複数の井戸水を検査した結果、地下水が化学物質に汚染されていることが判明したことによる。この直後から町は水をタンク車に積んで地域に赴き、住民が各自の容器で水を受け取るという方法で水の配給を始めた。

　しかし、その後、水の家庭への配給システムが構築される。それは、各家庭は水が必要になると、郵便箱に白い布切れを結んでおくことで40ガロン入りの水袋が配られるシステムである。原告側の証言によれば、この水袋は重さが100ポンドにも達し、郵便箱近くに置かれているものを家の中に持ち込むだけでも住民には大変な苦労であったという。この地域の住民の中にはこの水袋を車庫にいったん持ち込んで貯蔵することをためした者もいたが、冬には凍り付いてしまい不便であったという。また、家の中に持ち込めたとしても、2階に風呂場のあるものは、そこまで運ぶのに苦

労したという。たまに水袋の中にごみなどが入っていることがあり、交換されることもあったという。こうした状況はおよそ2年にも及んだ。

生活の質

この生活の質の損害に対して陪審は539万6940ドルの賠償を認定する。これは各原告おおよそ1万6000ドル強、四人家族で6万4000ドルになる。

控訴審裁判では、被告は、ニュージャージ不法行為クレーム法（New Jersey Tort Claim Act）は地方公共団体に対する「苦痛と苦悩（pain and suffering）」に対する1000ドル以下の賠償責任を免除していることを根拠にこの請求を拒否できると主張した。そこで、この法規にある適用除外規定が問題となった。すなわち、身体の機能喪失、身体の変形、医療費などに当てはまるか否かである。

州控訴審も州最高裁も、この法規の規定の趣旨と本件の損害に質的違いがあるとして被告（被控訴人）の主張を退けている。

精神的ストレス（emotional distress）

次に精神的ストレスに対する賠償であるが、陪審は205万6480ドルの賠償（各人おおよそ40ドルから1万4000ドルの賠償）を認めているが、ストレスの点については、州最高裁は否定している。どの原告も精神的ストレスを被ったことによって、何らかの症状が現れた、あるいは医療的な診療が必要とされたとする証拠を提示していないし、精神的ストレスの診療に当たったという医師の証言もない。原告らは不安、ストレス、恐怖感、憂鬱などを体感しており、その原因は長期間にわたり直接汚染された水を飲料してきたこと、また家族も飲料してしまったことに原因していると主張している。

原告は精神科医Dr. Margaret Gibbsが原告のうちの成人88人に対してストレスや憂鬱症、自己制御、性格などについて、さまざまな精神科のテス

トを試みたところ、異常に高いストレス、鬱、健康への不安、精神的不安定などの症状を示したという。医師によれば原因は汚染された水であるという。

控訴審では被告（被控訴人）は陪審の評決に対して次の理由で反対する。① 原告の主張はなんらの物理的症状が原告らに現れていることを証明しなければならないことにつき判例がある (Portee v. Jaffee, 84 N.J. 88, 93, 417 A. 2 d 521 (1980) など) こと、② ニュージャージ州不法行為クレーム法は、物理的な損害がないのに精神的ストレスのみで賠償を認めるものでないこと、などをその理由に挙げている。

州最高裁は、被上告人の主張を受け入れて、陪審の評決を覆した。

危険の増加・恐怖の代償

次に危険の増加 (enhanced risk) についてみてみよう。危険の増加とは、汚染水により疾病の危険が増加したことに対する賠償を求めたことを意味する。被告のサマリー判決の申立は、第一審判決では認められていた。原告の主張する水による危険の増加（水を通じて化学物質の被曝による将来の疾病の可能性）の主張は合理的確率の程度まで証明されていないというのである。これは人間に対する危険な化学物質の被曝に対する補償をどうするか、という問題でもある。1980年当時、CERCLA、いわゆるスーパーファンド法もこうした被害者の救済については何も規定していなかったし、このことが議会で問題となったことはあったが、1987年の判決当時も救済について言及していない。

州の消滅時効（米国ではこれを出訴制限法と呼んでいる[208]）の規定も被害者の救済を困難にしていた。時効の起算点を本来の不法行為時点から、原告が被害を知ったとき、あるいは合理的にみて知ることができたとされる時点へと移動させるなどの工夫も行われてきた[209]。しかし、本問のように不法行為が行われたことを知っている場合には、それに当たらないと判断された。

一事件一審理の原則（single controversy rule）も本件のようにあらかじめメディカル・モニタリング費を請求すると問題となる。その後、発病したとき、あらためて訴えることができるか、という点である。

しかし、こういう障害が将来の疾病に対処するための訴えを認めない理由にはならないと判断された。消滅時効を避けるために訴えは起こされているのであるし、一事件一審理の原則も、重複した裁判を避けようとするものであるなら、発病の事実が一事件一審理の原則を反故にすることはないであろう。同じ被告の不法行為を基礎にし過失責任法理を採用すべきか、という点も問題となった。過失（negligence）の証明は容易ではないからである。しかし、有毒物質の処分は非常に危険であり、かかる処理場の土地所有者の責任は厳格責任法理の下で処理されるべきであると判断された[210]。

原告にとってもっとも困難なのは、有毒物質と被害の因果関係の証明であろう。発ガン物質やその他の化学物質の被曝から発病まで10年20年といった長期の期間が予想されるし、被曝したすべての市民が発病するわけでもないからである。

放射能とガンを例にとって考えてみよう。放射能の被曝がガンの原因となることは一般に知られている。問題は原因ということがどういう意味を持っているかである。ガンになれば原因は放射能というわけではない。その逆に放射能に被曝すればガンに必ずなるわけでもない。被曝量やその他の要素も考えなければならない。さらに被曝から発病までの期間もことを複雑にする。ガンの原因となるその他の物質に被曝したりすることもあるからである。複数の異なる請求をすることは認められると判断されたのである[211]。

本件では原告は被告の行為で病気に罹患したと主張しているわけではない。数量化できていない増加した病気の危険を、現行法の枠の中でどうやって証明するかという点、メディカル・モニタリングが必要だということについて不法行為クレーム法によって賠償の対象とすることが出来るの

かという点を決定しなければならなかった。PE/PS において賠償をどうするかという問題である。

　ゴミ処理場から井戸までの化学物質の浸透経路については専門家の証言がある。汚水の危険性についても専門家の鑑定証言がある。ガンを発病する危険性が増加したことについても、またその他の疾病の危険性増加についても専門家の鑑定がある。
　疾病の危険の増加については、Highland 博士の法廷での証言が比喩を使っていて理解しやすいので紹介しておこう[212]。
　ハイランド博士によれば、化学物質に曝露されるのは、体の中にガンやその他の疾病に罹患するスイッチをもったようなものであるという。このスイッチが何時 ON になるかはわからない。長いこと、たとえば10年、20年 ON にならないこともある。いったん ON になるとなかなか OFF にならない。細胞の一つでも被曝すると、それが少しずつ増殖していくものと考えられている。
　また、ニューヨークの Mount Sinai 病院の医師で毒物治療の専門家 Susan Daum 博士は、化学物質に曝露したのであれば、合理的な蓋然性をもっていつかは発病すると鑑定している[213]。

　この問題は損害 (injury) とは何か、特に Tort Claims Act における injury の意味に関わってくる。1965年リステイトメント（第二次）7(1)において、injury の定義は、「法的に保護された他人の利益への侵害 (the invasion of any legaly protected interest of another)」とされた。この侵害 (invasion) はもちろん不法行為の結果である。
　「危険の増加」がどのくらいのものであるか明確であれば、それは多くの問題を提起しないかもしれない。判例は抽象的に危険が増加した、というだけでは不十分であるとしているのである[214]。ところが、こうした事案では増加した危険がどれほどのものであるか鑑定証人は、それを計量化

してしめすことは不可能であるとしているのである[215]。

結局ニュージャージ州最高裁判所は、本件における「危険の増加」の請求は抽象的なものであり認容することはできない、との判断を示した。

メディカル・モニタリング費

メディカル・モニタリングの目的は早期発見、早期治療による延命、治療の可能性の増加、苦痛の除去、予測される障害をできるだけ小さくするなどの効果が期待される。

メディカル・モニタリングの費用の請求には、不法行為法における損害に当たらないという主張がある。原告の疾病に罹患する危険の増加は充分に確かなものでない限り、メディカル・モニタリング費もこの危険を根拠にしている以上認められるわけではない、というわけである。

メディカル・モニタリング費（これをメディカル・サーベイランスと呼ぶ判例もある）については、Ayers事件のニュージャージ州最高裁の結論には異論が多い。メディカル・モニタリング費とは、定期的な医療検査による原告の健康診断のための費用を補償しようとするものであり、化学物質の被曝から発生が疑われる疾病の早期発見による治療の開始のためのものである。鑑定人もメディカル・モニタリングの必要を証言している。

証言によると、最初の3年間は基礎データの収集、その後毎年の健康チェックが10年間は必要だという[216]。

Ayers事件の控訴審はメディカル・モニタリング費の請求を棄却したが、その根拠として損害のリスクが確定しておらず、確定しているとしても確率的に小さいことをあげた。しかし、そうなると発病の可能性が大きくないと、疾病が重大なものであっても医療検査すら受けられないことになる。

この問題についてはヴェトナムの孤児が航空機事故にあった裁判の中で仮定的事例として次のように議論されている[217]。

「ジョーンズは赤信号を突っ込んできたオートバイに倒される。地面に頭を強打する。病院での検査では脳内に損傷が残る可能性はないという。しかし、ジョーンズはこの検査費用をオートバイの運転手に損害として請求できないのであろうか？」

ヴェトナム孤児の事件ではヴェトナム孤児たちは飛行機の墜落事故によって生き残ることができた者も MED と呼ばれる神経症が残った。ロッキード社は子供たちに医療検査費を支払った。

地裁はロッキード社が医療検査費をその金額を確定せずに支払うべきだと認め、執行を容易にするため45万ドルの基金をロッキード社が提供するよう命じた[218]。

控訴審もこれを認容、医療検査費用も損害概念に含まれるとした[219]。

同様の判決は Hagerty v. L & L Marine Servis., Inc. でも見られる[220]。原告である Hagerty 氏はユニオンカーバイトのタンカーマンでプエルトリコのプラントで発ガン物質の中に落ちてしまう。また、後に同じ物質の噴霧も受ける。めまいを感じ、膝に不調を覚え、体の先端部分に鋭い痛みを感じたので医師のところで定期的な診断を受けるようになる。ガンになるのではないか、との精神的ストレスとガンに罹患する「危険の増加」に対する損害賠償を求めて提訴する。控訴審になって精神的ストレスとメディカル・サーベイランス費が認められる。

Askey v. Occidental Chemical Corp. 判決[221]も同様の視点からなっている。ニューヨークのナイアガラという地にあるゴミ捨て場からの汚染の問題で原告はメディカル・サーベイランス費（メディカル・モニタリング費）の請求を認められたのである。

結局、メディカル・サーベイランス費はその必要性が信頼できる鑑定人によって認められれば、それを損害として被告に賠償させることは認容できる。ただし、その費用は原告各人によって異なるし、将来におけるサーベイランス費については、若干構成が異なる。それは被曝の程度、原告の

年齢、など種々の要素によってサーベイランスの期間や検査内容が異なってくるし、今後何年かするうちに原告の余命がつきることも考えられるから、これを一律に認容することはできない。それゆえ、820万ドルの賠償をサーベイランス費として計上するのではなく、裁判所の管理の下に基金を設立し、そこからサーベイランス費を捻出すべきである、とニュージャージ州最高裁は判決した。

2 Ayers判決以前の判決

危険の増加

「危険の増加」が具体性をもっていると認定されたものもある。たとえば首に埋もれたままの銃弾の事案では、それが現在のところなんの身体的苦痛も障害ももたらしていないとしても、生命の危険を認めて大きな賠償額の支払を命じた判決[222]、頭蓋骨の骨折で常に脳髄がもれる可能性があるような事故についての判決[223]、4才の子供が頭骸骨骨折により、脳内出血 (traumatic hemorrhage)、将来において5％の確率で疾病 (epileptic seizure) の可能性と診断されたとき、たとえその確率が低いものであっても、「それは単なる空想 (speculation) や想像 (guessing)」ではない、とした判決などがある[224]。医療過誤においては「リスクの増加 (increased risk)」は訴えの十分な根拠か否かについて大きな議論となっている。判例には、かかるリスクは現実の損害（ガン）とは別の損害を構成するとするものがある[225]。

ニューヨークタイムズの1986年9月23日の記事によると、ごみ処理場によって井戸が汚染され5人が死に、原告の中の数人が病気になったという事件では、「損害の増加」を理由に訴えた部分は請求を却下 (dismissed) されているが、事件そのものは和解で終結しているというものがある[226]。

アンダーソン事件と呼ばれるこの事件では、合理的確率で危険の増加がないかぎり、かかる請求は認められないと判示されている。安易にかかる訴えを認めれば、訴訟の急増を招来し、また現実に発病する者としない者

との間で不均衡が生ずるからである、というのがその根拠であった。

　多くの裁判所がアンダーソン事件にならった。アスベストの事件でも「危険の増加」を根拠にした請求を認めなかった[227]。原子力実験での遺伝子の破壊の主張は、可能性のみであってこれでは不十分であるとしたもの[228]、などである。タンポンについても同様の判決がある[229]。

　肯定的な判決は多い。表現の違いはあるものの将来の損害が合理的に確実なものであること（50％以上の可能性）を要件としているか、現在すでに症状が現れているもの、放射能の被曝の影響で遺伝子や染色体が壊れ始めているとの鑑定を拒否しようとした被告の申し立てを却下したもの、11年寿命が短縮したとの訴えを認めたものなどである[230]。

　この問題については学説も多い。学者の多くが毒物中毒に関するコモンロー上の不備を指摘している。それゆえ立法による解決が強く望まれるとの論調が多い[231]。

　とはいえ、「危険の増加 (enhanced risk)」の請求を明確な基準なしに認めれば好ましくない事態が生じてしまう。損害の発生の恐れだけで請求を認めれば、訴訟の数は急増し、認定される賠償額によっては保険料は高騰するであろう。それにもかかわらず損害が発生しないことも大いにありうることである。特に「増加した危険」の量が不明な場合には、その結果は重大である。

　「危険の増加」に肯定的な論者は脅迫（強迫）、不法侵入、精神的ストレス、プライバシーの侵害、名誉毀損など量的に認定の困難な損害にも賠償を認めているではないかと主張する[232]。しかし脅迫などの事件は実際に起こったことであり、「危険の増加」とはその点が異なる。また現実にならないかもしれない損害の賠償をするわけにはいかない、との反論がある。また「危険の増加」を根拠に訴えを起こして敗訴すると、現実に損害が発生しても賠償を受けられないという危険もある。

　Ayers事件では「危険の増加」の請求において、その損害が計量化できないのであれば、認容することはできない、というのが控訴審の判断であ

恐怖の代償

廃棄物処理場近隣の住民が、廃棄物処理場からの化学物質が漏れだし飲料水を汚染し、住民に身体障害をもたらし、あるいは将来において身体障害をもたらす危険を増加させ、近隣の所有地を汚染したことによる損害の賠償を求めて訴えを起こした事件がある（1973年9月10日連邦控訴審裁判所判決 Sterling v. Velsicol Chemical Corp.[233]）。この事件で興味深いのは、発ガンの可能性が増加したこと、またそれによる原告の恐怖心についてまで賠償を求めた点である。しかし裁判所は単なる発ガンの危険の増加では、賠償の根拠とならないと、かかる請求部分をしりぞけつつ、恐怖心に対しては、それを損害と認め賠償請求を認容したのである[234]。もっとも同様の事件において発ガンその他の可能性は恐怖心を煽るほどには高くないとして恐怖の代償請求を認めなかった判例もある[235]。

3 Ayers判決後

この判決後の数年間に多くの同様の判決が続いた[236]。

学説も、この判決を契機に従来のコモンローにおける不法行為による損害賠償とは異なる新たな基準を作ろうという主張が有力になる。学説には多様なものがあるが、それは割合的責任を認めていこうという点に概ね集約される。これに対して、割合的責任を認めることになると、「危険の増加」に対する賠償がなされるが、それは、(1)後に発病した者に対しては賠償が不足し、発病しない者に対しては余分に賠償することになる、(2)寄与危険度が10％ないし20％のように50％より小さなものに賠償を認めると、コモンローの原則に反することになる、(3)損害賠償が本来損害の回復を目指すものであるのに、将来のリスクのように未だ発生していない損害をあらかじめ賠償することにならないか、そうなればコモンローの趣旨になじまない、といった点に批判が集中している。

学説の対立は今も続いており決着をみていない。

しかし、1997年にはMetro-North Commuter Railroad Co. v. Buckley[237]がまったく別のアプローチを選択した。この判決ではPE/PSの原告は精神的ストレスによる賠償もメディカルモニタリング（サーベイランス）の費用も連邦雇用者責任法から捻出できる場合があるとしたのである。しかしモニタリングの費用が捻出されるには、少なくとも原告が疾病に感染する可能性が確率上50％を越えていなければならず、そうでない事案においては不法行為法によるこうした訴えは適当でないとしたのである。以下に判決を紹介しよう。

Buckley氏は鉄道会社で働くうちにアスベストに被曝した。Buckley氏はアスベストに関して知るうちに自分はガンになるのではないか、との危惧を抱くようになる。もっとも医療検査ではアスベストに関わる疾病の徴候は何も見つかっていない。それでもBuckley氏は連邦雇者責任法（Federal Employers' Liability Act, FELAと略される）による雇用者の「過失（negligence）」による賠償を求めて訴える。連邦および各州の労働者保障法は、いわゆる排他的救済条項をもっている。これは使用者の無過失責任を負うことの代償として労働者の不法行為クレーム（訴訟）を規律したものと解されてきた[238]。

それは鉄道員が雇用者の過失によって被った損害（injury）の賠償を定めた法である。Buckley氏によれば精神的ストレスと将来の医療検査費用が損害である。連邦第一審裁判所は原告の訴えを棄却する。原告は被曝によって何らの物理的な損害も被っていない、FELAは精神的ストレス（emotional distress）を損害とは認めていないというのがその理由であった。第二巡回控訴審裁判所は粉塵にまみれることが「物理的衝撃（physical impact）」であるという判例[239]（Gottshall判決とここではよぶ、詳しくは注に事件の概略を掲げてあるので参照されたい）を根拠に精神的ストレスを、将来の医療検査費もこの粉塵による物理的衝撃で必要になったとして認容した。

ところが、連邦最高裁は、①Buckley は精神的ストレスによる賠償が認められるには氏が何らかの症状に見舞われていなければならないとした。また、②Buckley はメディカル・モニタリングが必要な根拠を示していないと判断した。①について、争点は(a) Buckley が Gottshall 判決（注239参照）のいうところの「物理的衝撃」と言えるほどの損害を被ったか否かである。FELA にいうところの損害はコモンローのそれと変わらず、人間性に富み、損害の回復についてはコモンロー以上に自由である。それでも責任が発生するのは過失があった場合に限られる。鉄道会社は被用者の保険会社ではないのである。それゆえ、条文にないものについてはコモンローの法理に従うことになる。コモンローでは、精神的ストレスに賠償が認められるのは、特殊なケースのみである。精神的ストレスが認められるためには、物理的な傷害を被っているか、被告の過失によって物理的損害が直ちに帰結されるような場合でなければならない。(b) Gottshall 判例がいうところの「物理的衝撃」は問題となっている物質との単なる物理的接触を意味するものではない。物理的接触によって後に疾病を起因し、疾病の危険の脅威を与えるようなものでなければならない。そのためには「危険領域のテスト（zone of danger test）」とよばれる物理的接触が直ちに傷害を引き起す危険のあるものでなければならない。また、Buckley のケースのように症状も病気も表れていないものであってはならない。などなどの要件をあげている。(c) Buckley の被曝によるリスクの問題は、実際に精神的ストレスが症状として表れているようなものでなければならない。

②のメディカル・モニタリングについては、控訴審が精神的ストレスと連動してメディカル・モニタリングを認定しているが、最高裁は精神的ストレスを認定していないので、メディカル・モニタリングもまた認めることができないこととなる。もちろん、検査費用が保険料の高騰をもたらさないような少額である場合は別である。また、すでに症状の出ている原告の場合も別である。

連邦最高裁の判決が出たことで今後の判決がどのように動いていくか、ということについては、筆者にはわからない。労災補償と不法行為訴訟の関係がどのように変化していくのか[240]、米国の法曹における保守的な動きがますます力を増していくのか、それとも新たな理論が構築され、それを突破口として別の地平が現れるのかどうかは、わからない。ただ、ここで比較法として我々の興味を誘うのは、「危険の倍化」などの一連の判例を契機として提唱された新たな基準 (new standard) の議論であろう。以下新たな基準について紹介しよう。

危険の倍化

原告は被告の行為によって発病など損害の危険が倍化したことを証明しなければならない[241]。

危険の倍化の意味を説明しておこう。危険の倍化とは、疫学でいうところの相対危険度が2倍以上となることを意味する。しかし、相対危険度が2倍になっても、それが直ちに発病の大きな可能性に結びつくものではない。けだし発病の危険度がたとえば0.5から1.0へと倍化しただけでは発病の恐れは、それ程大きくないからである。喫煙のように相対危険度が5を超えているものであっても、肺がんの罹患率は次のようになる。

肺がんの罹患率が一般には100人に1人だとすると、ヘビースモーカーが肺がんに本当に罹患している確率はどのくらいであろうか。約3.88%である。肺がんの罹患率を100人に5人にすると約17.3%、100人に10人にすると約30.8%になる。

ところがある物質に被曝したことが原因で発病したと疑われる場合、この相対危険度が喫煙のように5を超えていると、80%の確率で原因であると推定されるのである。もっとも被曝しただけで発病していなければ、発病の可能性は前記のように80%よりもはるかに低いのである。

原告は問題となっている物質によって危険が倍化したことを証明しなけ

ればならないが、発病の危険が発病しない可能性を超えていることを要しない。原告は原告自身にとって危険を倍化したことを証明しなければならないのであって、一般論としての危険の倍化では不十分である。

4 「危険の増加」の基準についてのまとめ[242]

　被告の活動で増加した危険を被告の負担とすることは、活動にともなう危険コストの内部化であり、それはもちろん功利主義者から支持されるところのものである。「危険の増加」を認める新たな不法行為法の理論は割合的責任を不可避的に前提としている。物理的損害を賠償するのではなく、被曝によって増加した危険を賠償する理論が受け入れられるためには三つの関門を通過しなければならない。第一に、割合的責任は結局その後発病する原告に対しては充分な賠償ができないことにならないか、第二に、割合的責任では原告個々人に対する因果関係の認定があいまいになり、クラスアクションを典型とする処理にはしりすぎることにならないか、第三に、「危険の増加」からメディカル・サーベイランス費用などの将来のコストの支払を判決として求めていくことには、判決の実行性という視点からは無理があるのではないか、という三点である。

　割合的責任の基礎には「危険の増加」の理念がそのまま横たわっているというのが、割合的責任のもっとも最初の提唱者 Glen Robinson 教授の説明である。被曝によるリスクが損害を喚起する可能性があるというのなら、その時点で損害の可能性そのものを、「損害」と「損害に対する可能性の確率」の「積」をもって賠償することを提唱している[243]。この発想は部分的あるいは割合的因果関係と日本で呼ばれているものに呼応することはいうまでもない。

　たとえば Big Co. とよばれる会社が1000人に10％から30％の確率でガンを発病するとされている物質を被曝させたとしよう。割合的責任の理論では発病した場合の損害の20％を直ちに賠償請求できることになる。こうすることで被告は将来のコストを直ちに内部化することができるし、それ

によって過重な賠償責任を負わされることもなくなる。

　将来の被害者、あるいは現時点の原告にとっては、それは将来において賠償を得る機会の喪失にはならない。けだし原告が損害を被るリスクは、現時点での損害そのものだからである。現時点で賠償の可能性を請求するのと、発病してから全損害を賠償するのは、同価値である。

　こういった発想はチャンスの喪失の理論と同じである[244]。

　Joseph King 教授はやはり早い時期からの「割合的責任」の提唱者であるが、この点について次のような計算式を提唱している[245]。

　まず、第一の計算は、たとえば交通事故か何かの被害者がいるとする。彼または彼女はまだ20歳だがこの事故のせいでいつか視力を失う危険がある。たとえば50歳で視力が失われるとしよう。視力の喪失はこの者に10万ドルの損害をもたらすとしよう。失明がいつおこってもおかしくない確率が30％なら、損失は30万ドルと計算すべきである。

　次に第二の計算である。50歳で失明する可能性が25％、40歳なら4％、30歳なら1％としてみよう。ちなみに失明しない可能性は70％である。50歳で失明したときの損害が、10万ドル、40歳で失明なら20万ドル、30歳なら30万ドルとしよう。現在賠償請求できるのは、10万ドルの50％と20万ドルの4％と、30万ドルの1％と0ドルの70％で3万6000ドルということになる[246]。

5　割合的責任の議論に対する批判

　割合的責任に対する批判の第一は、原告がその後発病した場合の処置である。第二には、メディカル・サーベイランス費のように、いつまで続くかわからない費用をどうやって認定していくのか、被告は賠償額を払い続けていかなければならないのか、といった点である。

　後者については、古典的不法行為であっても認められる余地があるので、批判には当たらない。問題は第一のケースであろう。

　さらに割合的責任の理論は、現在なんらの疾病に苦しんでいなくとも賠

償が認められ、発病の可能性が50％を切っていても賠償される。ところが、たとえ発病しても発病の確率が50％を切っていれば、古典的コモンローの法理なら賠償が認められないという矛盾がある[247]。

　この問題の背景にあるのは、割合的責任は割合的因果関係（部分的因果関係）ではない、という点であろう。10年後、20年後に発病しても割合的責任の背景にあるのは、原因は100％被曝の事実である。ところが、本来「危険の増加」は疫学的に言えば、その後のさまざまな危険因子の被曝によって飛躍的に増加したり、そうならなかったりするのである。ようするに発病の原因は被曝のみに限らないという発想の欠如が古典的コモンローの法理から割合的責任を否定する見解へとつながっている。

　しかし、この論争は未だ決着を見たとは言いがたく、今後の展開は比較法的視点からも興味深いものがある。

小　括

　民事訴訟における証明度の議論はわが国でははじまったばかりである。かっては部分的因果関係の議論、割合的責任の議論において心証度による賠償額の認定という議論があったが、疫学など科学鑑定に基づく議論は少なかった[248]。

　ところが、この疫学的因果関係における相対危険度の大きさを証明度と直結してしまうと、PE/PS訴訟に典型的に見られる議論のように曝露が50％を上回らない事態が発生してしまうのである。これに対してアドホック的に危険が曝露前と曝露後では、2倍になっていること、といった基準が米国の判例学説によって生み出されているが、2倍という数値に意味はないであろう。

　混乱の原因は、相対危険度は因果関係の蓋然性を示すものではあるが、そこに示される蓋然性はあくまでその他の条件が加わらない場合の蓋然性である。その他の条件とは、たとえば大気汚染による気管支炎の訴訟にお

けるヘビースモーカーであるといった事実などである。いうまでもないが、喫煙者のグループはより気管支炎になりやすい、いわゆる高リスクグループである。

　こうした様々な条件を有した人の母集団の中から因果関係の蓋然性が計算されるわけであるから、もし健康体で非喫煙者のグループに絞り込んだなら因果関係は若干弱く現れてくるであろう。

　この絞りの込みのための計算式が補遺1に出てくるラプラス・シュライバーの式である（ちなみに、ベイズの定理とシュライバーの式は同じである）。条件を加えることで、より因果関係が強く認定されるという場合と、その反対の場合があることは修飾因子のことを想起されればよい。

　結局のところPE/PS訴訟では危険度は発病前では、それほど高くはならないであろうことが予測される。それゆえリスクが倍増したことを要件とすることは、直感的には支持される[249]。それゆえ、筆者は現在のところこうした訴訟ではメディカル・サーベイランス費や恐怖の代償といった技法で被害者を救済し、発病後は疫学的な因果関係の確率を中心にさらに証拠を加えていくことで賠償を得られるように、あらかじめの訴訟では、米国の一部の判決にみられるように賠償金を基金として、現実に損害が発生した被害者に支払っていくことしかないのではないかと考える。

(194)　Michael Dore, *A Proposed Standard For Evaluating the Use of Epidemiological Evidence in Toxic Tort and other Personal Injury Cases.* 28 How. L.J. 677.

(195)　Andrew R. Klein, *Fear of Desease and the Puzzle of Futures Cases in Tort* (35 U.C.Davis L.Rev. 965 April 2002) がこの議論の先鞭をつけたといえよう。

(196)　Andrew R. Klein, *A Model for Enhansed Risk Recovery in Tort* 56 Wash. & Lee L. Rev. 1173 はKlein教授の持論である、行政による解決を提唱、すなわち加害企業から賠償を受けるのは地方自治体であり、地域住民に代わって地域住民の健康被害をあらかじめ賠償を受けておくことで住民が現実に被害

を受けたときには地方行政が対応するというもの。これなら、将来現れるであろう被害者のためにあらかじめ賠償を受ける意味がでてくる。ちなみに個人で将来の損害の賠償を求めたケースでは賠償を認めていない判例が多い。詳しくは Klein 教授論文参照。また行政手続による補償を提案する学説としては次のものがある。Ora Fred Harris, Jr., *Toxic Tort Litigation and the Causation Element: Is there any hope of reconciliation?* 40 Sw. L. J. 909.

(197)　Michael Dore, *op. cit.*

(198)　視点をずらすと混乱する例を「消えた千円」という話を使って説明しよう（この話のオリジナルは、内田百閒『阿房列車』（旺文社、1979）pp 36 - 37）。

　　3人で旅館に泊まったときの話である。3万円の宿賃だったので、3人で1万円ずつ出し合って3万円用意して仲居にもたせて支払った。宿の主がサーヴィスだといって5千円返すように仲居に渡したが、5千円を3人では分けにくいので、仲居にチップだといって2千円あげた。残りの3千円を3人で千円ずつに分けた。

　　3人が払ったのは結局1人9千円、合計2万7千円、仲居がチップで受け取ったのが2千円、合わせて2万9千円、千円はどこにいったのか？　というのがこの話の味噌である。

　　宿の主の立場からすれば1千円は消えていない。主が受け取ったのは、2万5千円、仲居受け取ったのは2千円、みなが払ったのは2万7千円だから、金はどこにも消えていないのである。

　　計算違いは仲居がもらったチップ2千円を2万7千円に足してしまっているところにある。足すなら5千円返してきたのだから5千円足して、ただし宿の主の受け取った額と返ってきた5千円を足して3万円、渡したのが3万円だからあっていると考えるべきだったのだ。

(199)　Susan DeFrancesco, *Symposium Article: Children and Guns*, 19 Pace L. Rev. 275.

(200)　本書「結論と提案」参照。

(201)　たとえば Richard W. Wright, *Causation, Responsibility, Risk, Probability, Naked Statistics, and Proof: Pruning the Bramble Bush by Clarifing the Concepts*, Iowa Law Review, July 1988 p1001.

(202)　本書第3編第3章第3節　第三次不法行為法リステイトメント参照。

第 4 章　PE/PS 訴訟の動き　185

(203)　ibid. 注 (201) at 1167.
(204)　Gibson v. Johns-Manville Sales Corp., 761 F2d 1129 (5ᵗʰ Cir. 1985); Bradfford v. Susquechanna Corp., 585 F. Supp. 14 (D. Colo. 1984); cf. Sterling v. Velsicol Chem. Corp., 647 F. Supp. 303, 322 (W.D. Tenn. 1986), rev'd, 855 F 2d 1188, 1205 (6ᵗʰ Cir. 1988)(リスクが30％を下回るとき請求は棄却されている)。
(205)　Sterling, 855 F.2d at1188; Jackson v. Johns-Manville Sales Corp., 781 F2d 394, 413 (5ᵗʰ Cir. 1986); Peter v. Firestone Rubber and Tire Co., 863 P2d 795, 818 (Cal. 1993).
(206)　Thomson v. National R. R. Passenger Corp., 621 F2d 814 (6ᵗʰ Cir. 1980); Kurnez v. Honda N. Am. Inc., 166 F.R.D. 386 (W.D. Mich. 1996); Swiler v. Backer's Super Mkt., Inc., 277 N.W.2d 697 (Neb. 1979); Manner v. Marsden, 610 P2d 6 (Wyo. 1980).
(207)　525 A.2d 287 (N.J. 1987).
(208)　古賀哲夫『製造物責任に関する研究——アメリカ法を中心に——』(晃洋書房、1995) 227 頁。
(209)　525 A2d 287, 55 USLW 2620, 25 ERC 1953, 76 A.L.R.4ᵗʰ 571, 17 Envtl. L.Rep.20, 858 1990 (106 N.J. 557, 525 A.2d 287).
(210)　ibid. (Ayers) at 301.
(211)　ibid. (Ayers) at 584.
(212)　ibid. (Ayers) Foot Note 8.
(213)　ibid. (Ayers) at 304, at 590.
(214)　Envers v. Dollinger, 95 N.J. 399, 471 A.2d 405 (1984).
(215)　ibid. (Ayers) 305, 592.
(216)　ibid. (Ayers) foot note 12.
(217)　Friends For All Children v. Lockheed Aircraft Corp., 746 F.2d 816 (D.C. Cir. 1984).
(218)　ibid. (Ayers) at 823.
(219)　ibid. (Ayers) at 826.
(220)　788 F.2d 315, 54 USLW 2569, 5t Cir. (La.) April 30, 1986.
(221)　102 A.D. 2d 130, 477 N.Y.S.2d 242 (1984).
(222)　Martin v. City of New Oreans, 678 F.2d 1321, 1327 (5ᵗʰ Cir. 1982).

(223) Davis v. Graviss, 672 S.W. 2d 928, 932 (Ky. 1984).
(224) Scwegel v. Goldberg, 209 Pa. Super, 286-87, 228 A.2d 405, 408-09 (Pa. Super.Ct. 1967).
(225) ibid. 306 (Ayers), 95 N.J. at 429, 471 A.2d 405.
(226) Anderson v. W.R. Grace & Co., 628 F. Supp. 1219 (D. Mass. 1986).
(227) Schweizer v. Consolidates Rail Corp., 758 F.2d 936, 942 (3rd Cir. 1985).
(228) 459 U.S. 1210, 103 S. Ct. 1205, 75 L. Ed. 2d 446 (1983); Mink v. University of Chicago, 460 F. Supp. 713, 719 (N.D.Ill. 1978).
(229) Morrissy v. Eli Lilly & Co., 76 Ill. App. 3d 753, 761, 32 Ill. Dec. 30, 37, 394 N.E.2d 1369, 1376 (Ill. App.Ct. 1979). タンポンの事件については他に本書95頁にあげたプロクターアンドギャンブル社のものがある。
(230) Wilson v. Johns-Manville Sales Corp., 684 F.2d 111, 116-19 (D.C. Cir. 1982), Lorenc v. Chemical Corp., 37 N.J. 56, 76. 179A.2d 401 (1962), Sterling v. Velsicol Chemical Corp., 855 F.2d 1188, 55 USLW 2719, 27 ERC 1985.11 Fed. R. Serv. 3d 213, Envtl. L. Rep 20, 978, 19 Envtl. L. Rep. 20, 404, 26 Fed.R. Evid. Serv. 1037, 6th Cir. (Tenn.), Aug. 29, 1988, Jackson v. Johns-Manville Sales Corp., 781 F.2d 394, 412-13 (5th Cir.) 1986, Depass v. United States, 913 F. Supp. 946, D.S.C., Dec. 12, 1995.
(231) ibid. 596. (Ayers) 本稿で紹介しているローゼンベルグ教授の論考もそのひとつである。
(232) ibid. 308. (Ayers)
(233) 855 F.2d 1188, 55 USLW 2719, 27 ERC 1985.11 Fed.R.Serv. 3d 213, Envtl.L.Rep 20, 978, 19 Envtl.L.Rep.20, 404, 26 Fed.R.Evid.Serv.1037, 6th Cir. (Tenn.), Aug. 29,1988.
(234) ibid. Velsicol 855 F.2d at 1206-.
(235) Anderson v. W. R. Grace & Co. Jan. 3, 1986 United States District Court, D. Mass. 628 F. Supp. 1219 (1986).
(236) In re Paoli R. R. Yard PCB Litig. (Paoli II), 35 F.3d 717, 787 (3rd Cir. 1994); Potter, 863 P.2d 795, Burns v. Jaquays Mining Co., 752 P.2d 28 (Ariz. Ct. App. 1987); Hansen v. Mountain Fuel Supply Co., 858 P.2d 970, 979-81 (Utah 1993).
(237) 117 S.Ct. 2113; 138 L.Ed.2d 560, 65 USLW 4586, 1997 A.M.C.2309, 12 IER Cases 1645, 17 O.S.H.Cas. (BNA) 2153, 97 Cal. Daily Op.Serv.4806, 97 Daily

Journal D.A.R. 7833, 97 CJC.A.R. 1016, 11 Fla L. Weekly Fed.S (Cite as: 521 U.S. 424, 117 S.Ct. 2113).

(238)　古賀前掲注 (208) 230 頁。

(239)　Consolidated Rail Corporation v. Gottshall, 56 F.3d 530. 3rd Cir. (Pa). June 6, 1995.

　事件は原告らが FELA 法の規定に従って精神的ストレスを損害とする賠償を求めたものである。それは暑く湿気の多い日の野外での作業のことであった。労働者らは古くなった軌道を取り替える作業をしていた。その日は作業メンバーは時間に追われており、休憩時間をとることもままならなかった。もっとも水を飲むことは許されていたという。Richard Johns という原告 Gottshall の長年の友人が倒れた。Gottshall を含む数人が Johns のところへ駆けつける。Johns は冷やしたタオルで意識を取り戻した。Michael Norvick という現場監督が、仕事に戻るように駆けつけた男達に命じた。5 分後、Gottshall は Johns が立ち上がったがまた倒れたのを見て駆けつける。Johns が心臓麻痺を起こしているのを知ったためである。心臓マッサージと人工呼吸が 40 分も続けられた。

　この間現場監督は状況を知らせようと無線機に向かったが、無線機は壊れていて連絡はとれなかった。知らされていなかったが、無線局は機材の修理のために一時的に閉鎖されていたのである。Norvick が助けを呼びに出かけたが、パラメディック（看護婦などのこと）を連れて帰ってきたときには、Johns は既に死んでいた。

　パラメディックは死体をシートでカバーし、検死官が検死するまで誰も触らないように命じた。また作業していたチームに検死官が来るまで死体から離れないようにとも命じた。それでも現場監督は仕事にもどるように、Johns の死体が見えるところで作業を再開するように命じた。検死官は数時間後に到着し、暑さ、湿気、重労働によって心臓麻痺を起こしたと報告した。

　この事件の後も原告は数日間同じような条件の下で働きつづけた。しかし、病気になる。Johns の死のことで頭がいっぱいになり、自分も同じように死ぬのではないかという恐怖でいっぱいになる。Johns の葬式の直後、原告は精神病院に入院する。診断は鬱病と PTSD（激的な出来事の後におこる症状）であった。3 週間の入院中、原告は吐き気、不眠症、悪寒、それに

188　第3編　米国における疫学の議論

Johns の死にまつわる悪夢に悩まされる。体重が減り、不安と自殺願望が残り、退院後も治療を受ける。

　原告は鉄道会社を精神的ストレスを過失によってひきおこしたとして FELA 法による賠償を求め、認容された。

(240)　古賀前掲注 (208) 241 頁。
(241)　Andrew R. Klein, *A Model for Enhanced Risk Recovery in Tort* 56 Wash. & Lee Law Review, Fall 1999 at 1197.
(242)　ibid. Klein
(243)　Glen O. Robinson, *Probabilitstic Causation and Compensation for Tortious Risk*, 14 J. Legal Stud. 779, 787 (1985).
(244)　ibid. at 379 - 80.
(245)　Joseph H. King Jr., *Causation, Valuation, and Chance in Personal Injury Torts Involving Preexiting Conditions and Future Consequences*, 90 Yale L.J. 1353, 1372 (1981).
(246)　ibid. at 1383 - 1385.
(247)　ibid. at 1200.
(248)　例外として野村教授のグループによる研究がある。野村好弘・渡辺富雄・小賀野晶一「割合的解決の定着」判例タイムズ 847 号 53 頁。
(249)　筆者は現在のところこうした訴訟ではメディカル・サーベイランス費や恐怖の代償といった技法で被害者を救済し、発病後は疫学的な因果関係の確立を中心にさらに証拠を加えていくことで賠償を得るようにしていくことしかないのではないかと考える。そうして曝露後発病前の訴訟では得られた賠償金を基金として実際に発病した者に支払っていくといった方法が、現在のところ、もっとも合理的なもののように思われる。

第4編

鑑定をめぐる問題

第1章　はじめに
第2章　米国判例
第3章　疫学的因果関係の証明
第4章　サンダース論文
第5章　サンダース提案
第6章　サンダース論文の検証と批判

第1章　はじめに

　疫学的因果関係の認定において鑑定は不可欠といってよい。それゆえ疫学的因果関係の研究を目的とする本書にあっても鑑定に関する問題をとり上げることは重要である。

　まず、鑑定は職権ですることができるのか、それとも当事者の申出をまってしなければならないか、という点についてわが国の学説は激しく対立している。後者が通説とされている。その根拠は、「鑑定も証拠調べの一種であるから、明文の規定のある場合でなければ職権による鑑定は許されない」とするものである[249]。

　これに対して前者は、「裁判所の判断能力の補助という鑑定の本旨や、現行法でも明文で鑑定の嘱託（310条現行218条）[250]、検証の際の鑑定（334条現行223条）が職権でできるとされていることから、解釈論としても職権で鑑定を命じることができるとして、そう解釈することによって民訴法304条（現行213条）「鑑定人ハ受訴裁判所、受命裁判官又ハ受託裁判官之ヲ指定ス」（現行条文は「鑑定人は、受訴裁判所、受命裁判官又は受託裁判官が指定する」）との統一的理解が可能であることを理由に職権による鑑定を肯定する[251]。

　事実判断についての資料の収集・提出は、当事者の権能であり、責任である（弁論主義）というのが通説の根拠であり、これに対して疑問を呈しているのが有力説である。経験則を適用するとき、これもまた事実判断についての資料であるとするなら通説の見解を採用しないためには、それなりに弁論主義を修正する議論が必要となろう。このため、当事者が鑑定を望まないのに職権で鑑定をするのはおかしい、との有力説に対する批判に対して「鑑定がなされないため」誤った事実認定がなされるという不当な事態は回避しなければならない、という協同主義的主張がなされる[252]。

筆者は次のように考える。科学的経験則を適用するのに、弁論主義が必要であろうか？そもそも経験則そのものについては、当事者の主張をまつ必要はないとされており、経験則が一般的に誰にでも知りうるものではないが、その専門家の間でなら一般的なものであるなら、あえて当事者の鑑定の申出をまつ必要はないであろう。栂教授も「鑑定が裁判所の判断能力の補充手段である以上、裁判所が鑑定の必要を認めた場合は、職権で鑑定を命ずることができる」[253]としているのも同旨であると考える。ただ、鑑定の対象となる事象について、あるいは鑑定方法について専門家の間でも見解の相違がある場合、これを専門家の間なら自明なこととすることはできず、その評価方法が議論されなければならないであろう（本書「鑑定の証拠としての評価」本編第2章第2節参照のこと）。事実認定について弁論主義と自由心証主義がとられているわが国の法制度の下では、真偽不明（ノンリケット）としてすますことはできない。ただ、鑑定の評価が分かれるような場合には当事者の主張をまって判断することがまたれるのも道理であるから、かかる場合に限って、当事者の申出がないのに疑いのある鑑定を裁判官の判断の補充とすることはできないと解すべきであろう。

本編はこの問題について米国における判例および議論を紹介することで、わが国における鑑定の抱える問題点を浮き彫りにしようとするものである。

(249) 栂善夫「科学裁判と鑑定」中野貞一郎編『科学裁判と鑑定』（日本評論社、1988）94頁は通説の根拠として注 (24) で兼子、菊井、新堂、野田等の教科書を挙げておられる。なお本書は2004年4月脱稿であり、改正民事訴訟法（平15法108）施行日以前のものであるので、「鑑定」「専門委員」等について改正前のものを前提としているが、改正法施行後においても本書の本旨に何ら変わるところはない。
(250) 引用文が出版されたのは1988年である。
(251) 栂前掲注 (249) 95頁またその注 (25)。
(252) 栂前掲注 (249) 96頁。
(253) 栂前掲注 (249) 97頁。

第 2 章　米国の判例

　米国では次の判決を契機に裁判所の科学的知識の判断能力が問題となった。裁判所の判断が医学的な意味での常識を超えたものとして話題になったのである[254]。

第 1 節　Wells v. Ortho Pharmaceutical Corp.[255]

　原告は、母の母胎内にあったとき、母親が服用した避妊用ジェリーを受胎後およそ 4 週間にわたって使い続けたために障害をもって生まれてきたとして、製薬会社を訴えたものである。ジョージア北部連邦裁判所は、原告らに 520 万ドルの支払を命ずる判決を下したため、被告が控訴した。
　連邦巡回裁判所（連邦控訴審）は、原告は、避妊用ジェリーと出生した原告の障害との因果関係を証明することはできなかった。それでも裁判所は提出された証拠では科学的に因果関係を証明するには不十分であるとの印象をもちつつも、鑑定人がまったく公正であったとの印象をもったわけでもなかった。合衆国第 11 巡回控訴審裁判所は、結局、次のように議論して 470 万ドルの賠償を認めたのである[256]。
　原審が避妊用ジェリーと子の奇形との間に因果関係があることは、医学的にみて合理的な程度（reasonable degree of medical certainty）に証明されたとした原審の判断は明らかな誤りとは言えない。
　1980 年 7 月原告が製品を購入した時点で被告は、製品の危険性について知っていたか、あるいは危険性に気づくだけの情報を有していたのだから、ジョージア州法によって、消費者に警告すべき義務があったと原審が認定したのは、明確な誤りとは言えない。
　子への賠償が、子が障害がなければ将来において得ることが出来るであ

ろう収入と将来の医療費の双方にわたると原審が認定したことも誤りではない。

　裁判所は、「医学界がより確固たる統計や証拠がなければ結論を出せないと考えていようがいまいが、そのことは裁判所における判断に影響をもたらさない。重要なのは原因の究明であり、結果との因果関係を証拠づける十分な証拠の存在である」として原告の主張を認容したのである[257]。この結果は、FDA (Food and Drug Administration) の安全保障すら信用できないものとの印象をあたえ、医学界のみならず、多くの科学者に衝撃をあたえたが、その後 FDA はジェリーを再検査し再び安全宣言することで今度は裁判所の鑑定能力が問題となったのである。

第2節　鑑定の証拠としての評価——Daubert 判決

　米国では鑑定をいかに裁判所が評価するかという問題について[258]、1993 年の Daubert v. Merrell Dow Pharmaceutic 判決 (以下 Daubert 判決と呼ぶ) がそれまでの基準をほぼ否定するかたちで新たな基準を示している[259]。本節では、この Bendedectin に関連する一連の判決をとりあげることで鑑定の評価をめぐる米国での議論の紹介としたいと考えている。

　Bendectine をめぐる事件はこの他にも多いが、原告が勝訴した場合もあれば (たとえば 1989 年の Mr. &Mrs. Floyd Brock v. Merrell Dow[260]) 製薬会社が勝訴したものもある (たとえば Carita Richardson, Infant, by S. & E. Richardson, Guardians, et al., v. Richardson-Merrell, Inc., (1988)[261] や Sekou Early Y. et al., v. Richardson-Merrell (1990)[262]) などがある。

　米国では、この Bendectin 事件以外にもサリドマイド、枯葉剤 (Agent Orange) やアスベスト、DES など大型の訴訟が因果関係をめぐって厳しく争われ[263]、そうしてその中心的争点がまさに疫学的因果関係と、それを根拠づける鑑定に関する問題であったといっても間違いではないであろう。その中で Bendectin をめぐる判決は現在進行中の他の訴訟と比べ比較

的コンパクトであるのに、争点が因果関係と鑑定に集中しており、判決も二転三転している点で興味深いものがある。サリドマイドやDESは因果関係が明瞭で、因果関係の存否をめぐる議論があまりなく、枯葉剤は和解で終了している点、また日本でいうところの行政訴訟であり、論点がそちらにずれてしまうものも多い。アスベストは現在進行中のものもあるが、企業の中には破産したものも多く、破産法廷という特殊な場での議論が問題を複雑にしている。

　Bendectineという妊娠中の"つわり"を緩和させる薬は1956年にはFDAから認可を受けている。この薬はanti-histamine, anti-spasmodic, vitamine B-6 各10 mgからなっており、すでに販売中止されている。1977年、anti-spasmodicは成分から除かれたが、処方箋による販売は世界各国の薬局で行われ続けた。およそ2000万のアメリカ女性、世界全体では3300万人の女性が服用されたと推定されている。70年代には米国の妊婦の3分の2がこの薬を服用したものと推測されている。妊婦の約85％がつわりを訴えるといわれており、この薬がいかに普及していたかが窺われよう。また、この薬ほど調査され研究された薬はないといわれている。35以上の疫学研究が世界中で行われ、その中の初期のものには、いくつか統計上特定の問題を胎児に与えるとするものがあった。声帯変形、心臓欠陥などである。しかし、いずれもその後のより大規模な調査では、否定されている。1983年、製薬会社はこの薬の製造を中止している。製造中止の理由は保険費用の増加とされている[264]。

　米国では3〜5％の出産において新生児に異常（頭蓋骨や頭部の変形異常、口腔不整、視覚ないし聴覚の異常、脊椎の異常など）が報告されているという[265]。こうした新生児の異常は、ダウン症やチューナー症候群（Turner Syndrome）のように遺伝的要因（およそ4000ほどの遺伝上の影響が確認されている。よく知られたものに色盲がある）によるものもあれば、妊娠中母体がウイルスに感染したためであったり、そのほか母体からの感染によるもの

もある。これらのうち35％が環境によるものと推測されている。化学物質か放射能、アルコール、あるいは合法、違法の薬品などの影響である。裁判所に提出されたコホート研究ではBendectineの相対危険度はおおよそ1.1を示していた。

　それでもBendectineが胎児にさまざまな障害を生じさせるといわれており、訴えた当事者らも、薬によって奇形が生じたとして訴えたものである。もし、この訴えが認められると全米で多くの被害者が賠償を請求することが予測される大型訴訟のひとつであった。ところが統計上、当該薬品を服用した母親から生まれた子と、そうでない子の集合の間で奇形が多発するとするような有為な差（5％）は発見されなかった。薬と奇形についてはその他に試験管（in vitroないしtest tube）、および動物実験（in vivioないしlive）では、薬と奇形との間に因果関係があるとする原告側の鑑定結果が出されていた[266]。そもそもanti-hystaminが奇形の原因となることはすでに知られた事実である[267]。しかし、統計調査の有効性がこの事件では勝敗を決したようである。相対的危険度は2を超えていなければならない、というわけである[268]。

　サリドマイドもしかし疫学調査では危険は発見されていなかったという事実[269]があり、本判決には批判も多い。

　争点はそれまでのFrye v. United States判決[270]が示してきた鑑定を証拠として許容することの基準を連邦証拠規則制定後にあっても採用するか否かにあった。Daubert判決はFrye判決が示した基準を事実上否定し新たな基準を示した。ポイントは①「（かかる科学鑑定が科学における専門家の間で）一般的に許容されていること」というFrye判決の示した要件は連邦証拠規則の下における科学鑑定許容の必要的前提条件ではない、②鑑定人が証言することについて、すなわち、確かな根拠を有し、問題の解決に役立つものであることの判定は連邦規則によって裁判官に課せられている（Frye判決はこれを否定）、の2点にある[271]。

　連邦裁判所は「事実審裁判官は、許容性の認められた科学的証言または

証拠の全てに、関連性 (relevant) のみならず信頼性 (reliable) があることも保証しなければならない」[272]とし、連邦証拠規則702条に関連して事実審裁判官は「専門家証言が、(1) 科学的知識 (scientific knowledge) があり、かつ(2) 事実認定が争われている事実を理解または判断するに役立つかどうかを判断しなければならない。この審査は、証言の基礎にある理論および方法が、科学的に有効 (valid) かどうか、および、その理論または方法が争われている事実に適合しうるかどうかに関する予備的評価を伴う」とした。

Daubert事件で興味深いのは、この専門家証言を予備的評価するという点にある。事件を受領 (Admission) するか否かを、この専門家証言によって決定しようというのであるから、その門戸を極端に狭くすることにためらいがあったとしてもなんら不思議はないであろう[273]。Weinstein判事が枯葉剤訴訟 (Agent Orange) において因果関係を肯定する鑑定をすべて排除してしまい、結局、被告である国の鑑定人の因果関係を否定する見解を採用することで事実上原告敗訴が決まってしまったという事情がある。これが激しい批判にあったことはいうまでもなく、この事件がDaubert判決の背景にはある[274]（もっとも、その後、判決の行き過ぎを考慮してネオFryeルールといったものを提唱するむきもある[275]。詳しくは後述参照）。

連邦裁判所は、専門家証言が科学的有効性を有しているか否かの基準を立てているので、そのいくつかを見てみよう。

まず、(1) 検証可能性の基準がある。検証可能性の議論というのは、科学的仮説が、経験的世界の全ての事象に合致することを調べることは不可能である。観察によって反対の事実が起りそうに見えながら、実際にはそういうことは起らない、それによって補強される、これが検証可能性の理論である[276]。例えば、いままで観察してきたすべての鳥が黒いからといって、「鳥は黒い」ということはできない。ただ、「鳥は黒い」が誤りであることを証明するには「黒くない鳥」が必要である。逆に「鳥は黒い」ことを証明するには、鳥が観察されるたびにその色が黒いことが観察されなけ

ればならない。実験による正当性の担保がない新しい科学の分野で何が正しい理論か、ということについての議論が検証可能性の議論である。経験科学（経済学など）では、ある理論が正しいことを証明する手段が限られている。統計学では統計上の正当性担保のために「有為性」という基準を導入している。

　交通事故における割合的認定を例に考えてみよう。オートバイのノーヘルメット事故を再現することはできないが、同様の事故はこれまでも、今後も起るであろう。そうするとヘルメット着用のケースとそうでない事故のケースで事故の重大さがこれからも予測計量できることになる。

　次に(2)同僚による審査や公表がある。公表や同僚の審査、それは検証の機会を増やし、理論の欠陥発見の可能性を飛躍的に増大させる。統計の基礎資料の収集上の誤りから、計算方法の改良など、公表および同僚の審査によって理論はより確かなものとなるであろう。

　(3)エラー率も科学理論の有効性を計る重要な基準である。交通事故における割合的認定など、統計による確率は完全なわけではないから信頼性は100％というわけにはいかないであろう。

　かつては専門家の技量も結果を大きく左右したという。しかし、便利で精巧な分析機械が開発されると、機器分析に重点が置かれるようになる。もっとも人体解剖に基づいた医学鑑定となると、その内容は、経験科学に基づいたものが中心となるので、なかには、これはいかがなものかというもの、なかには目を背けたくなるものも混じっているという指摘もある[277]。

　もっとも経験豊かな者がすぐれた技術をもつということにも疑問が残る。イヌの臭気選別についてすぐれた調教師は、イヌに正解を他の者には気づかれずに送ることができるという。イヌの臭気選別そのものが疑われている（イヌには臭気選別する能力はない、少なくとも「ある」とする実験が成功したことはない）と言われている[278]。日本の最高裁判所の判決ではイヌの臭気選別に一定程度の証拠価値を認めているのに関わらず、である。こ

こに鑑定の難しさがある。

　交通取締り事件において、いわゆる「ネズミとり」裁判における科学鑑定書の科学性については、その科学性に疑義があるといわれており、科学鑑定といえどもその信用性を頭から肯定的にとらえるべきではない、との主張が当然でてくる。「ネズミとり」方式においては目視による押しボタン操作が行われ、人為的な誤差要因が多く、測定方式全体の信頼性が低いといわれている。経験豊かな警察官が測定したからといって、その信頼性をどこまで高められるのか、補助的に導入された鑑定書そのものがずさんであったという報告がある[279]。ネズミ捕り方式のエラー率を確定することなく、最初に結論ありきの鑑定書が往々にして書かれてしまうという事態は、わが国の刑事司法においては残念ながら皆無というわけにはいかないのである。

　最後に判決では、専門家証言の信頼性を担保するものとして鑑定方法の有効性と鑑定が理論科学において正当なものであるという要件が科せられた。

　各鑑定人（専門家）の証言がこれらの要件を充足しているか否かの選別は、裁判所の権限としたところに、それまでのFrye事件と比して特徴がある。Frye事件では、鑑定の方法や、理論がすでに広く専門家の間で受け入れられていることが要件だったからである。それゆえ、Daubert判決は鑑定人の証言が科学者であるからといって必ず正しいとは限らないことを裏から認めたものである、という解説もある[280]。ともあれ、Daubert判決によると、鑑定人とその理論についても、当事者は、正当性を主張立証しなければならないことになったのである。これは以下に見るFrye事件のように鑑定を選別（スクリーニング）するための基準を、あらかじめ明らかにしておくで、すませてしまう技法に比べるとはるかにやっかいなものとなっている。Daubert判決では、鑑定人選別のための門番（gate keeper）の役割を裁判所自身がすることになったのである。これに比べFrye事件の基準はDaubert事件のそれよりも容易で客観的なものだったわ

けである[281]。以下Frye判決を紹介しよう。

第3節　Frye判決[282]

　米国でDaubert判決まで長年にわたり裁判所を先例として拘束してきたのはFrye判決であった。それは殺人事件においてポリグラフの前身である古いタイプの嘘発見器（血圧による嘘発見テスト器）の証拠能力に関するものである。判決は「ある科学的原理ないし発見が実験段階から証明段階に至ったか否かの判断は困難である。この境界領域のいずれかで、原理の証拠上の価値が認められることになるだろう。裁判所にとっては、十分認識された科学的理論や発見から出された専門家の証言を許容することは有用なことであるが、専門家の証言を導いた推論の根拠となったものは、それが属する特定分野で一般的に受け入れられたものであることが十分証明されなければならない」[283]との基準を示し、当時の嘘発見器の証拠価値に否定的な判断を示したのである[284]。

　この「それが属する特定分野で一般的に受け入れられたものであること」の基準はその後多くの影響を残す。たとえば枯葉剤事件では数え切れないほどの研究が全米各地で行われていたため、それぞれの研究の信用度についてランクがつけられた（二次鑑定）のもこの影響であるといってよいであろう。

　この「一般的に受け入れられたものであること」の要件は先端的研究には証拠能力を認めないことになるとか、学会でわずかでも批判的な者がいれば証拠として採用されないことになり不合理である、などと批判されてきた。例としてガリレオの地動説をあげるものもある[285]。他方、これは証明度が51％を超えていること、と解するものもある[286]。

　実際、Bendectineの事件でも、薬と胎児の奇形について定説が確立されていない以上、原告、被告いずれの鑑定証言も採用できないという事態もFrye判決の基準のもとでは起こりえたのである。

また調査・研究の方法がその分野で一般的なものであっても、その結果をどう評価するか、という個別事例に対して応用したときの評価方法の問題もある。疫学的因果関係として危険度が2.1に達していないというとき、法的な意味での因果関係を認めるか否かの判断まで鑑定人がすることにはなじまないではないか、という問題である[287]。Frye事件では51％の証明度が要求されていたのが、Daubert事件ではこれが不要とされたのである。

　この流れをつくったのは、1975年の連邦証拠規則に関する激しい議論だといわれている。Daubert判決では、連邦民事訴訟規則104条(a)により鑑定人の証言を許すかどうかが決せられ、その証言を証拠として採用するか否かについては連邦証拠規則403条によって決定されるという解釈が確定したのである[288]。

　米国では陪審制[289]の裁判も多く、それゆえ裁判官は陪審員に誤った情報を与えないことがその重要な任務となると考えられている[290]。それゆえ怪しげな科学者やその科学的と称する鑑定（鑑定証言または私鑑定）を陪審員に提示させるべきではない、というわけである。ところが、こうした事態は鑑定に限らず、怪しげな証言をする証人にもいえることで、ことさら鑑定（専門家証言）を区別する必要はない（というのがDaubert判決であり、制限的に考えたのがFrye判決である）。

　鑑定（専門家証言、以下ときにより鑑定と記す）を証拠として採用するか否かも裁判官の重要な任務となる。陪審員は裁判に現れた証拠をもとに事実認定をする。

　翻って日本では裁判官が事実認定もする。事実認定をするにあたって自由心証主義があるため、鑑定をいかに評価すべきかについて、特定の理論が真剣に議論されることは民事事件では医療過誤訴訟、公害訴訟を除いては、あまりなかったように思う[291]。裁判官が自由に心証形成すればよいからである。

　しかし、鑑定にかけられるのは法的な判断ではなく、専門家の知識なく

しては知り得ない事実である。ところが、かかる事実の次元にとどまる限りにおいて、それは本来なら当事者の証明責任に属するものではないのか？　それとも事実の評価に属するものなのか？　事実の法的評価ではなく、事実の「事実としてあったという意味の『真実性』の評価」は、事実認定の問題である。この問題は因果関係の割合的認定と同じ次元の問題である。ある意味で事実は判明している。問題はそれを特定の知識を用いてどう評価するかということであり、しかし同時にそれによって法的判断をしてはならないということである。

第4節　Havner 判決[292]

　Daubert 判決以前で注目されている判決が Havner 事件判決である。陪審は少年の障害の原因を母親が妊娠中につわりを和らげるために服用した Bendectin と認定した。1991年9月26日テキサスで375万ドルの賠償が Kelly Havner とその家族に認められた。Kelly は右手に奇形がある。さらに7日後、陪審は3000万ドルの懲罰的賠償すら認容する。1980年以来 Merrell Dow 製薬にとって1700近くにおよぶ訴訟の中でもっとも大きな賠償判決となった。

　評決は証拠としての疫学（因果関係に否定的）よりも動物実験、試験管上の調査、structure-activity evidence と呼ばれる研究（重要度をこの順で認定）を重視したためである。それゆえ相対危険度は2.0よりもはるかに低いものであっても、そうして「証拠の優越の法理」を満足させるものではなくとも、そのことが特定の事案における因果関係の否定にはならないとしたのである。それゆえおよそ80％の誕生時の奇形が薬品によるものでない確率があるとしながらも、この事案では鑑定人の証言などから因果関係を認定したのである。

　本判決が提起したのは、陪審が鑑定という証拠をいかに評価すべきか、陪審を科学という名の下に偏見と証拠の証明度に対する予期しなかった評

価から守るか、あるいは守ることができないのか、それとも守るべきではないのか、といった議論である。さらに鑑定に関して裁判所がいかにそれを選別しているのか、それは正しかったのかという議論にも及ぶ[293]。Bendectin は訴訟の嵐の中で販売が中止になる。それは FDA による薬の安全宣言（現在のところ Bendectin と奇形について証明した調査・研究はない）やメディアによる弁護士の製薬会社に対する訴訟攻撃批判も効果が無かったことを意味している[294]。

このため米国では、Havner 判決は、鑑定が、特に疫学的鑑定が陪審によって無視されるという科学の視点からは説明のつかないことをしてしまったとする陪審制の問題点を直視しようとする見解と、この現象になんとか合理的で整合性を持たせ陪審制を擁護しようとする見解とに大きく分かれている。それにしても米国において因果関係の問題はもっとも議論されているものの一つであることは間違いないであろう[295]。

そこでもっとも争われているのは、疫学的因果関係をどのように評価するかである。疫学的因果関係は近年の研究によって複雑化しており、いったいどのくらいの因果関係があればよいのかについて、複数原因子が互いに修飾関係にある場合も含めてさかんに議論されている。

(254) この判決が話題となったことについては後述 211 頁。
(255) 788 F. 2d 741, Rehearing denied en banc, 795 F.2d 89 (11th Cir.), cert. Denied, 107 S. Ct. 437 (1986).
(256) ibid.
(257) ibid. Black p745.
(258) 平野晋『アメリカ製造物責任法の新展開』（成文堂、1995）276 頁特に 292 頁。
(259) William DAUBERT, et ux., etc., et al., Petitioners, v. Merrell Dow Pharmaceuticals, Inc. 509 U.S. 579, 113 S.Ct. 2786 この判決の評論等で筆者が主に参照したものは、次のとおり。George E. Berry *Case Study: Epidemiology and Bendectine: From Daubert to Havner: A Most Unusual Mass Tort 9* Kan.J.L Pub.Poly 117; Hao-Nhien Q.u & Richard A.Tamor *Recent*

Development: Of Daubert, Elvis, and Precedential Relevance: Live Sighting of a Dead Legal Doctrine 41 UCLA L. Rev. 467; Berry J. Nace *Case Study: Epidemiolgy and Bendectine: From Daubert to Havner: Bendectine How Politics and Courts Forgot Their Function and Abused Our Children* 9 Kan.J.L. & Pub.Pol'y 113; Leon Gordis, Mark Haug, Fred S. McChesney and Joseph Sanders *Case Study: Epidemiolgy and Bendectine: From Daubert to Havner: Evidentialy Reliability* 9 KansJ.L. & Pub.Pol'y 122; Joseph Sanders *From Science to Evidence: The Testimony on Causation in Benedection Cases* 46 Stan.L.Rev.1.

(260) 874 F.2d 307, 57 USLW 2742, Prod.Liab.Rep. (CCH) P 12, 157, 5th Cir. (Tex.), Jun 06, 1989.

(261) 857 F.2d 823, 273 U.S.App. D. C. 32, 26 Fed. R. Evid. Serv. 1415, Prod. Liab. Rep. (CCH) P 11, 930, D. C. Cir., Sep 27, 1988.

(262) 874 F. 2d 1159, USLW 2540, 2830. S. App. D. C. 137, 29 Fed. R. E. Evid. Serv. 897 Prod. Liab. Rep. (CCH) P 12, 400, D. C. Cir., Mar 09, 1990.

(263) 古賀哲夫『製造物責任に関する研究――アメリカ法を中心に――』（晃洋書房、1995) 284 頁。

(264) ibid. George E.Berry.（注259)

(265) ibid. George E.Berry.（注259)

(266) 前掲 Daubert 判決 but 583 foot note 2 参照　ちなみに、こうした調査については、公表されておらず、それが批判の対象となっている。

(267) ibid. Berry J. Nace.（注259)

(268) ibid. Leon Gordis（注259) Gordis フォーラムをもとにした論文11 そのほか Mark Haug のフォーラムにおける発言。

(269) このことについて裁判でも議論されている。ibid. Berry.

(270) Frye v. U.S. 54 App. D.C. 46, 293 F. 1013, 34 A. L. R. 145, App. D. C., Dec 03, 1923. 野々村宜博「刑事訴訟における Frye 法則の意義について」法と政治（関西学院大学法政学会）第46巻第3号 (1995.9) 75頁以下。

(271) この判決には批判も多い。その典型が後述のサンダース論文であるが、他にも Gerson H. Smoger, Smoger & Associates, Oakland, California, 9 Kan. J. L. & Pub. Pol'y 137 などがある。詳しくは後述サンダース論文の章参照。

(272) 徳永光「DNA 証拠の許容性――Daubert 判決の解釈とその適用」一橋法

学1巻3号（2002年11月）244頁の訳による。
(273) 後掲 Finley 論文参照。
(274) この問題に関する討論については次の文献参照。E.Donald Elliott, *Issues in Civil Procedure: Advancing the Dialogue a Symposium: Toward Incentive-Based Procedure: Three Approaches for Regulating Scientific Evidence* 69 B.U.L.Rev. 487. 枯葉剤事件では summary judgement の理由となっている疫学的見解は、ほとんどすべてが政府の調査による因果関係を否定するもので、医学鑑定に使われる魔法の言葉（合理的な医学上の確信）を宣誓供述書の中で使うことで、済ませてしまっているのである。
(275) この他、ibid. Elliott. がこの点について詳述している。
(276) Karl Raimund Poper, *The Logic of Scintific Discovery* 1959.
(277) 石山昱夫「科学鑑定と人間性」潮6月号（1999年）65頁以下。
(278) 堀和幸「イヌの臭気選別について」科学鑑定の動き『季刊刑事弁護』19号（現代人文社、1999年秋）143頁、堀和幸「続・イヌの臭気選別について」科学鑑定の動き『季刊刑事弁護』27号（2001年秋）135頁。
(279) 酒井一博「交通取締事件における科学と人権『ネズミとり』裁判における科学鑑定書の科学性をめぐって」技術と人間16巻（1974）109頁。
(280) Bert Black *Scientific Evidence After the Death of Frye THE SUPREME COURT'S VIEW OF SCIENCE: HAS DAUBERT EXORCISED THE CERTAINTY DEMON?* Cardozo Law Review April, 1994, 2129.
(281) Lucinda M. Finley, *Guarding the Gate to the Courthouse: How Trial Judges are Using their Evidentiary Screening Role to Remake Tort Causation Rules*, DePaul L. Rev. 335.
(282) Frye v. U.S. 54 App.D.C. 46, 293 F. 1013, 34 A.L.R. 145 , App.D.C., Dec 03, 1923.
(283) 前掲注(270)の野々村氏の論文中の訳による。ちなみにこの事件では被告は公判に、嘘発見器によるテストを実施した科学者を出頭させようとしたが認められていない。
(284) ちなみにポリグラフ検査の問題性についてはわが国でも指摘されている。大西一雄「ポリグラフ検査ここが問題 実務・判例・論文の不整合」科学鑑定の動き『季刊刑事弁護』16号（現代人文社、1998年冬）、大西一雄「ポリグラフ検査の虚構——生き残りをかけて」科学鑑定の動き『季刊刑事弁護』

20 号（1999 年冬）145 頁。最後の文献にポリグラフ検査に関する文献が詳しく紹介されている。

(285)　ibid. Hao-Nhien Q. Vu et al.

(286)　ibid. Hao-Nhien Q. Vu et al.

(287)　Daubert 事件では危険度が 1.1 という調査がある。いずれにせよ、米国では部分的因果関係という形で問題を処理しておらず、因果関係はあるかないかの二者択一的解決をとっている。このため相対危険度が 2.1 以上が要求されるというのである。ibid. Hao-Nhien 他 no32

(288)　この点については後述の議論参照。そのほか Clifford Fisher, *The role of Causation in Science as Law and Proposed Changes in the Current Common Law Toxic Tort System*　Buffalo Environmental Law Journal Fall, 2001 at 35.

(289)　陪審制については、古賀・前掲注 (263) 53 頁。

(290)　ibid. Hao-Nhien Q. Vu et al. no 502 B. A Proposal.

(291)　刑事事件については前掲徳永論文注 (272)、野々村論文注 (270) の他、瀬田季茂「証拠物件の科学鑑定をとりまく技術的諸問題」警察学論集 44 巻 7 号 37 頁など多数。民事も含めた一般的議論については中野貞一郎編『科学裁判と鑑定』（日本評論社、1988）。

(292)　Havner v. Merrell Dow Pharm. No.88-3915-F (D. Tex. 1991),（decided without opinion), reported in 19 Prod. Safety & Liab. Rep. (BNA) 1134 (Oct. 11, 1991) ibid. Joseph Sanders.

(293)　ibid. Sanders, footnote, n.2.

(294)　ibid. Sanders, footnote, n.25.

(295)　ibid. Sanders, Part I chapter 2.

第3章　疫学的因果関係の証明

第1節　米国での争点

　本編第1章でも触れたように因果関係の問題は米国でここ10年もっとも議論されている争点といえよう。エージェントオレンジ、アスベスト、ベンゼン、DES、ダイオキシン、MER/29、PCB、サリドマイドなど、さらに最近はハルシオン、プロザック、電磁波曝露による被害などがそれである。こうした原因子と結果の関連がサリドマイドのように明らかなものもあれば、それほど明確でないものもある。

　問題は因果関係が、それほど明確でない場合である。こうした事案では原因子は、一つの疾病を結果するだけでなく様々な疾病の原因と指摘され、しかしながら、それがいかにして疾病となるのかという生物学的なメカニズムはよく分かっていないという特徴をもつ。因果関係も弱い。そのため疫学的調査では否定的に解されるものでも、化学的あるいは物理的な経過としては説明が可能であるという性格を有している。また動物実験、臨床試験でも因果関係をうかがわせるものがある。それゆえ統計を使った疫学的調査こそが、そうして疫学的調査の結果のみが因果関係に関して否定的であったからこそ、米国の不法行為法のもっとも大きな争点となっているのである。

第2節　疫学的因果関係あるいは統計理論をどこまで法的因果関係の前提とするか

　有意水準を5％とするのが一般的である。しかし、ここでの議論を紹介

するまえに極めて大雑把にではあるが、仮説検定の理論について若干紹介しておこう。それは統計学においてはごく初歩的なことで、読者の中に、すでにこのことをご存知の方がいれば、この部分は読み飛ばしていただきたい。

　ある薬品の安全性を調査するため、薬品を服用したグループを服用していないグループと比較することになった。たとえば、その薬品を妊娠中に服用すると、本当に知的レベルの低い児を出産する確率が高くなるか、といったことを調査するとしよう。K病院では妊婦全員にこの薬を服用させており、この病院で生まれてきた子供たちのうち20人を無作為に抽出してIQを計ったところ平均90であった（ちなみに全国平均は100、標準偏差は15としよう）。

　このことから直ちに薬の服用による影響があったと結論づけることはできない。たまたま（偶然に）IQの低い児童にあたってしまったかもしれないのである。そこで、たまたま、そういうグループにあたってしまう確率を計算することができる。K病院の子供達のIQも標準正規分布をしているとして、たまたま高い、あるいは低いグループを抽出してしまう確率はどのくらいであろうか？あるいは逆に本当に標準正規分布よりもIQは低いのであろうか？

　IQが低いとする仮説が正しいかどうかを検定する方法を仮説検定という。この仮説検定を行うとき、仮説が誤っている確率（たまたまIQの低いグループを偶然に抽出してしまう確率）をあらかじめ決めておくと、その仮説がどのくらい信頼できるものであるかを計る基準となる。この基準を有意差といい、通常5％あるいは1％（百回抽出すると5回、あるいは百回のうち1回、標準分布をしているにもかかわらず、仮説を正しいと認定してしまう確率）に抑えておく[296]。サンプル調査では1％に抑えるより、5％以下でよしとすることが多い。これを米国ではp value (Alpha) が0.05と表現している[297]。

　もちろん有意差が5％であろうと1％であろうと仮説が誤っていること

はある。統計学では仮説が誤っている確率を決めているにすぎない。この問題はすでに経済学や心理学、社会学で議論されている。「有意性検定論争」という[298]。人文科学の分野で仮説検定を行うとき、標本のとりかたなどでバイアスが生じてしまったり、あるいは有意性の意味を過剰にとらえてしまうために仮説を信頼しすぎるという問題である。

第3節　特定の事案における因果関係の証明

　原告が原因子と結果との間に相対寄与危険度が2より大きいことを証明できれば因果関係の証明においてなんらの問題はない。通常より原因とされる物質に曝露したグループの方が罹患率が2倍にもなるからである。あるいは「証拠の優越」の要件を満たすというべきだろうか。問題は相対寄与危険度が2以下のときである。

　判決の中には、相対寄与危険度が2以下でも、その他の原因が介在した可能性がないことを証明していくことで、因果関係を認めるものもある[299]。また証明度に応じて部分的因果関係を認めるべきであるという主張は多い[300]。もしも相対寄与危険度が1.5なら3分の1の損害が賠償されるという主張である。

　相対寄与危険度は部分的因果関係を示しているのか、それとも因果関係の証明度を示しているのか、という問題は米国でも当然存在する[301]。科学によって与えられた指標をどう解釈するのか、という問題である。筆者自身の解答を先に述べてしまえば、「両方である」ということになる。危険度が2なら50％の因果関係が証明されたのであり、50％の割合で部分的因果関係が認められたのである。残りの50％については不明である。それゆえ50％の証明がなされたといってもよいであろう。

[296]　ここにおける例は岡本敏夫・真田克彦・竹本宣彦編著『コンピュータ利用の統計学』（近代科学社、1992）146頁からヒントを得て筆者が作成した。

(297) Joseph Sanders, *A Case Study in the Life Cycle of Mass Torts*, 43 Hasting L.J. 301, 311, n.47 (1990) 及び後掲注 (302) の論文の Part II chapter 1 の記述。

(298) Deirde N. McCloskey, *The Vices of Economists* ── *The Virtues of the Bourgeoisie* ディアドラ・N・マクロスキー（赤羽隆夫訳）『ノーベル賞経済学者の大罪』（筑摩書房、2002）第2章45頁。

(299) Landrgan v. Celotex Corp., 127 N. J. 404, 605 A. 2d 1079 (1992).

(300) Glen O. Robinson, *Probability Causation and Compensation for Tortious Risk*, 14 J. Legal Stud.779 (1985), David Rosenberg, *The Causal Connection in Mass Exposure Cases: A Public Law Vision of the Tort System*, 97 Harv.L.Rev.849 (1984), Christopher H. Schroeder, *Corrective Justice and Liability for Increasing Risk*, 37 UCLA L.Rev.439 (1990), Kenneths S. Abraham, *What Is a Tort Claim? An Interpretation of Contemporary Tort Reform*, 51 Md. L. Rev. 172, 181-186 (1992), Troyen A. Brennan, *Environmental Torts*, 46 Vand.L.Rev.1 (1993), *Enterprise Responsibility for Personal Injury* 369-73 (1991). Kenneth S. Abraham, *Individual Action and Collective Responsibility: The Dilemma of Mass Tort Reform*, 73 Va. L. Rev. 845, 867 (1987).

(301) 前掲 Rosrnberg 教授の説参照。

第4章　サンダース論文

第1節　サンダース論文とは

　ここではBendectinについて詳細な論文を発表したヒューストン大学のサンダース教授の研究をもとに、Bendectinをめぐる米国の議論を紹介することで[302]鑑定のありかた、証明のありかたについて、米国での議論を見ていくことにしよう。Bendectinが催奇形物質ではないか、との疑いは多くの訴訟を生んだ。1500を越える訴えが製薬会社Merrell（この会社は三回社名を変更しているが、それは主として会社が合併や売買の対象となっているためである）に対して起こされており、そのほとんどが原告敗訴となっている[303]。それでも製薬会社にとってこうした訴訟が経済的負担とならないわけはなく、また後述する事件のように敗訴する事案もあるため大きな問題となっていることに変わりはない。

　また陪審が当事者の一方の鑑定人意見に従ったため、当時ですら、過去の学説によってしか認められないような判断をしてしまったとして大きな話題となった事件もある。この事件はすでに紹介したWells v. Ortho Pharmaceutical Corporation[304]判決である。Katie Laurel Wellsという赤ちゃんが奇形となったのは、母親が使っていた避妊用ジェリーに原因があるとして、計画外の出産および奇形について損害賠償を求めた事件である。陪審による裁判は求められなかった。Marvin Shoob判事は2週間の審理の後、被告に520万ドルの賠償を命じた。連邦控訴審第11巡回裁判所は賠償額を470万ドルにまで減少させている。最高裁は上訴を却下している。

　この事件が米国市民の大きな話題となったのは、米国FDAがこのジェ

リーの安全性について調査し、危険でないことを宣言したこと、そのことがニューヨークタイムズ紙に記事となって取り上げられたことによる[305]。

裁判所は陪審であれ、裁判官であれ科学が問題となる事件について正当な判断が出来るのか、と疑問が投げかけられた。

ただ、サンダース論文は筆者の見解としてはMerrell Dowを擁護する視点にたっており、バイアスが感じられる。研究費もMerrell Dowから出ている。そこでサンダース論文に対する筆者の見解を、紹介後に記述しておいた。

第2節　Bendectin事件とは

Bendectin事件とは前出のDaubert判決を含むおよそ1500程の訴訟をさす。Bendectinは1956年発売当初、塩酸ジンクロミン（dicyclomine hydrochloride 抗痙剤）、コハク酸ドキスラミン（doxylamine succinate 抗ヒスタミンで吐き気を抑える）、ピリドキシンジンクロミン（pyridozine hydrochloride)、ビタミンB6を成分としていたが、塩酸ジンクロミンは効果がないということで除かれる。Bendectin発売以前は、それぞれの物質が個々に処方されていた。

Bendectinが催奇形物質ではないかとの疑いは、1969年にカナダの医師によって発表されている[306]。1970年代中頃にはFDA（Food and Drug Administration）は90を越える報告を全米の医師から受けている。みな奇形児の母親が妊娠中Bendectinを服用していたというものである。Bendectinが催奇形物質ではないか、という研究には三つの波がある。1960年代の初頭と1970年代後半の研究は動物実験と疫学調査による、どちらかというと簡単なものが多かった。そのなかのいくつかはMerrell自身が行っている。1970年代後半から1980年代半ばまでの研究は中立の研究機

関によるもので、検証方法もより複雑なものとなっている。1980年代後半には、その後の研究のマイルストーンともいうべき研究が発表される。一つは動物実験、二つは疫学研究である。いずれもBendectinを催奇形物質ではないと結論づけている。

　薬の安全性についての調査・研究方法には組織活動 (structure-activity)、試験管実験 (in vitro)、動物実験 (in vivio)、疫学的調査研究、長期観察 (secular trend data) がある。

　Structure-Activity研究は同様な構造の物質は同様な影響を人体に与えるであろうとの前提にたっている。毒物学者は問題となっている物質の体内での動きを構造の近い物質で、その体内での影響がよくわかっているものから推測しようとする。たとえばBendectinに含まれている塩酸ジンクロミンは抗ヒスタミンであるが、抗ヒスタミンの中には催奇形物質として知られたものがある。そこで、抗ヒスタミンの中で催奇形物質として知られたものと塩酸ジンクロミンの構造が比較されることになる。しかし、この分析には疑問が呈されている。わずかな構造の違いで催奇形物質になったりならなかったりするから、構造を比較したのではわからない、というのである。そこで、この研究の結論による証明の証明力は微弱なものと解されている[307]。

　試験管実験 (in vitro) とは、簡単に言えば細胞や、試験管の中の胚、臓器、胚芽を問題となっている物質で曝露することである。マウスの胚芽に被曝させる実験では、同様の物質を生きたマウスに被曝させたのと同様の結果 (反応) が観察されている。すなわち催奇形物質では、生きたマウスでもマウスの胚芽でも奇形を生じていたのである。もちろん人間の胚でこれをすることには問題があるので、人間の胚ないし胚芽では実験されたことはない。

　Bendectineに関しては、塩酸ジンクロミンがDNAにマイナーな障害をもたらす可能性があるという実験結果がある。もっともこの実験のために使用したBendectineの量は、かなり多い。それだけの量があれば、カ

フェインでも奇形をもたらす可能性がある。カフェインでは、この量の1.5倍で奇形が発生する[308]。それゆえ催奇形物質かどうかについて定説はないといってよいであろう。

　動物実験とは妊娠中の動物に被曝させることで人間にも同じことが起こるであろうと推測することである。少量ではなんでもないようなものでも、ほとんどの物質は大量に投与すると催奇形物質となる。研究者は結果を出すために大量に投与したがる傾向がある。動物実験で難しいのはどの程度の量を与えればよいかを決定することである。最初の動物実験はMerrellの社員によって行われた[309]。実験を指揮したのはRobert Staples博士。結論は催奇形物質ではない、というものであった。この実験の中には奇形を生んだウサギも含まれていた。しかし、それはもっとも大量に投与したグループに属しているという理由で除かれた。このグループにはさらに多くの実験をする必要がある、という理由で除かれたのである。
　サリドマイドの惨事の後、1966年と1967年、Merrell社の中の他の二つのグループが薬品の成分について実験をする。James NewberneとJohn Gibson博士らのグループである。奇形が発生したが、二つのグループともそれを薬品に起因するものとは結論づけなかった。
　1975年以降Bendectineの成分からdicyclomine hydrochlorideが除かれると、Merrellも新たな動物実験をはじめる。最後の動物実験は1980年中頃の製薬会社とは無関係な研究者グループによって行われている。この中のサル、ウサギ、ラットを使った研究の中には奇形が発生しているものがある。たとえばサルの胎児の心臓に欠陥が観察されている[310]。またウサギに奇形が生じた例もある。またラットの研究では、奇形が薬の作用によるものか、投与量が多すぎたことによる影響か図りかねているものもある[311]。このあたりになると科学者の見解の対立も激しくなる。中には相手方研究を詐欺よばわりするものも出てくる。確かに投与量が人間に対する処方量の600倍というものもあり、そうなると母体自体が中毒反応を起

こしたのか、それとも胎児が直接薬の影響を受けたのか不明ということになる。

疫学的研究はほとんどがコホート研究か症例研究のどちらかである（本稿の疫学に関する記述参照）[312]。結果は相対危険度、オッズレイシオ（odds ratio）、寄与危険度などで表される。これまでに40に近い疫学的調査が行われている。もっとも古い研究は1973年にさかのぼる。この研究がきっかけになって訴訟が起こり、また疫学研究も盛んになっていく[313]。時間の経過によって研究は精度を増し、また対称となる奇形もしぼられていく。それでも危険度が2を超えるものはでてこなかった[314]。それゆえBendectinが催奇形物質であると結論したものはなく、中には因果関係を否定したものもある。もっとも6つの研究が少なくとも薬の使用が奇形に起因する可能性を否定することはできないと結論した。ただこの6つの研究すべてが因果関係を宣言するには資料が不十分であると断っている。鑑定の鑑定ともいうべきメタ分析（研究調査の精度を調査し、信頼度をランクづけていく研究）については2つしか公表されたものがなく、そこでは17の研究が対象となっていた。結論は催奇形物質ではない、というものであった[315][316]。

Securlar trend dataは方法として疫学的調査に近似している。Bendectinの販売量と諸奇形の発生率の増加率を比較することが、Secular trend dataの手法だからである（最近はこれをtime series dataと呼ぶ）。調査は1970年代のBendectinの売上げ急増や1980年代初頭の薬品の使用の急減が奇形発生率の増減と合致するということを証明しようとするものであった。しかし、関連性を証明できた調査は現れていない[317]。

疫学的研究は動物を対象とした研究よりも、その性質上より多くの環境上のリスクを負っている。薬品の影響を測ることは動物実験のように容易ではない。それでも枯葉剤事件（Agent Orange）においてWeinstein判事は疫学的調査が因果関係を暴く唯一の手段であると明言している。こうした態度はその他の多くのBendectin事件において裁判官がとってきたもので

ある[318]。逆に他の調査研究が否定的でも疫学的調査が肯定的であれば、裁判官は因果関係を認定するといっても過言ではないであろう。

しかし疫学的研究の成果を活用することを困難にしているもうひとつの理由がある。それはたとえ疫学的因果関係を認める調査を裁判所が認容したとしても、たとえば脊椎の奇形については、奇形を生じる時期がラットの研究などを通じて明らかになっており、この時期に Bendectin を服用したことが証明されないと因果関係が認定されないというものである[319]。

第3節　実際の Bendectin 裁判における鑑定の問題

Sanders 教授は科学上のデータがなぜうまく裁判で活かされなかったか、それゆえ被告が勝訴する確率が低いのか、その理由を五つのポイントにまとめている。(1) 鑑定人選定の問題、(2) 鑑定意見の中身、(3) 反対尋問の性格、(4) 評決までの過程におけるストーリーモデル、(5) このストーリーモデルにおける疫学的研究のプレゼンテーションの位置。

(1) 鑑定人選定の問題

被告は当初社内の研究者を鑑定人として採用した。このため、陪審員からは、彼らの意見はバイアスがかかったものとの偏見を与えてしまった。また開発担当の研究者は FDA とつながりがあり、これも却って疑いを増幅してしまった。鑑定人の一人、Bunde 博士は高齢でこれも障害になった。Staples 博士は訴訟の時にはすでに会社を辞めており、鑑定人として法廷に立つのは困難だった。会社はその後、自前の鑑定人をあきらめ、鑑定人を社外に探すようになるが、これも訴訟に不慣れな為、失敗の連続だったという。優秀な研究者でありながら、外国人で発音が不明瞭なために陪審員に理解されなかったり、鑑定人が被告会社から研究費を受けとっていたり、研究費を要求したりといった失態が続いた。また鑑定人の書いた論文が専門誌の査読によって掲載を拒否された、といった事態も問題と

なった。

　研究者は鑑定人になりたがらない、という事実がある。鑑定は時間がかかる上に必ずしも研究者のキャリアにならない。法廷に立つことは反対尋問で嫌な思いをするうえに、科学者としてのプライドも傷つけられるというのである。

　このため被告会社はBendectinについて調査・研究をしたことのある科学者を鑑定人とするのではなく、そういった経験のない者を鑑定人とするという戦略に転ずる。そうして、こうした科学者らが繰り返される訴訟の中で、何度も法廷に立つと言う事態が生まれてくる。Bendectinの事件では被告の鑑定人は平均七つの訴訟（原告の鑑定人は平均10の訴訟）で、鑑定意見を述べている。

　こうした新たなタイプの鑑定人は、反対尋問にも慣れてくるし、陪審員にどう説明したら耳慣れない医学用語を使わずに説明できるか、といった技術にも長けてくる。訴訟の前には弁護士らとの打ち合わせにも出席し、相手方の出方によって説明の仕方を変えるといったことにも習熟してくるのである。彼らは被告弁護団の一員のようになっていくのである。彼らは証言台では疑問の余地もないほど明確に答えることを学んでいったのである。

　この新たなタイプの鑑定人像は、西部劇の雇われガンマンにたとえられる（米国の平均的鑑定人像については注[320]参照）。しかし、この明晰でそつが無く、反対尋問にも堂々と答える鑑定人のイメージは、陪審の信頼を勝ち取ることには成功しなかった。

　陪審は鑑定人の見解を評価するのに法廷での証言のみをその資料とするなら、それは容易なことではない。当事者は表現の上手な、説得力のある鑑定人を求めてくる。鑑定人はその正しさではなく、その説得力のある証言によって選ばれるわけである。

　裁判所は近年、原告、被告の鑑定人の数を合わせようとする。衡平の観

点から数合わせが必要と考えるようである。しかし、これは往々にして大きな困難を当事者に与える。たとえば、ほとんどの研究者が一方の結果を支持しているようなとき、少数派を見つけるばかりか、問題によっては相手方と同じ数だけ少数派を揃えなければならない、というのは容易なことではない。

(2) 鑑定証言の中身

　鑑定証拠をいかなる順で紹介していくかが、勝敗を分けたという主張がある。実際のところ疫学的因果関係が訴訟において決定的な証拠となるべきところ、この証拠を最初に紹介してしまうと、陪審員は、その後に登場する因果関係につき相対的には肯定的な証拠により大きな重点をおいてしまいがちだというのである。最初の証拠ではなんらの因果関係も証明できなかったが、その後に出てくる証拠、たとえば試験管実験や動物実験ではわずかながら肯定的な印象を与えるような研究結果に人々は飛びついていくというのである。

　実際には疫学的調査が証拠の中では、因果関係の認定に決定的要因であると多くの科学者が考えているような場合でも、そのウエイトを陪審に上手に説明できないと、陪審は他の証拠をもって因果関係を認定してしまうのであるという。サンダースがHavner事件の陪審員にインタビューしたところ、疫学的調査結果を重視したことはない、と答えている。ある陪審員は、重要さの順を、動物実験、試験管実験、structure-activity、疫学的調査と語った。もちろん、こうした順位付けは原告側の作戦が功を奏したためであろう。

　被告もこうした状況を認識するようになると疫学的調査研究の重要度を強調するようになるが成功したとは言えない。それは結局すべての科学的研究を同等に評価してしまうという誤った証拠評価の観念を崩すことができなかったためであると言えよう。

(3) 反対尋問の性格

反対尋問でも原告は被告の鑑定人を報酬目的で召喚されたかのように印象づけることで、その証拠に対する信頼度を低めるという作戦に出てくる。

(4) 原告が陪審員に提示したストーリーモデル[321]

この作戦は、事故の原因に関するストーリーを提示、被告がこれにとって替わるほどのストーリーを提示できなければ、原告の主張がより優れたものであるゆえに認められるべきだ、との印象を陪審に与えようというものである[322]。

このストーリーモデルが成功するためには、客観的蓋然性が特定の事象の前に分かっている場合でなければならない。たとえばBendectinの事件では、Bendectinを服用したことで奇形児が出生する一般的確率がわずかであると分かっていても、実際に奇形児が生まれてきた場合には、「この奇形の原因はBendectinに違いない」と強く感じてしまう、という人間の心理を前提としている。

(5) 疫学的研究のプレゼンテーションの位置

Wellsという心理学者が160人の心理学専攻の学生に行った実験がある[323]。学生を二つのグループに分ける。原告は色盲で青バス会社を訴えている。被害者のバスが原告の犬を轢いて殺してしまったという訴えである。最初のグループには、事故現場を管轄するカウンティーの役人が、このカウンティーには青バス会社とグレーバス会社しかなく、走行しているバスの80%は青バスであると証言する。

第二のグループには役人は青バスとグレーバスの数は等しいと証言するが、さらに事故の10分手前にあるバス停の係員が事故の10分前に青バスが通っていったと証言する。係員のバスの色についての信憑性は信用度80%だとの証明があるとする。

二つのグループに、それぞれ青バスが原告の犬を殺した確率はどのくらいかと質問した。どちらのグループも80％以上の学生が「青バスが轢いた確率は80％である」と答えてきた。さらに興味深いことに、かれらに評決をさせたところ、ふたつのグループの結果は大きく分かれた。第一のグループでは、10％にも満たない学生が原告を勝訴させる方に投票したのに対して、第二のグループでは原告勝訴に投票したのは70％にのぼったのである。

どうしてこんなことになってしまったのであろうか？ Wells教授によれば、人は証拠から事実へという流れのときと、事実から証拠へと提示されていく場合ではことなる理由付けを行うのではないかと分析している。

証拠から事実へと推論するのが通常であるが、この場合様々な角度から証拠群を考慮して最終的に何があったかを推定するという過程をたどる。事実から証拠へという発想は、最終的に認定しなければならない事実から証拠を眺めるという思考パターンがとられることとなる。

ストーリーモデル理論によれば、陪審員はあるストーリーに証拠が合致するか否かを考慮し、合致しなければ別の（あるいは相手方の）ストーリーを検証するという思考が繰り返されるという。新しい証拠が出てくると、陪審員は現在採用中のストーリーにその証拠が合致するかどうか頭の中で検証するという。結局どちらのストーリーがすぐれているか、ということで最終的な判断が下されるという。

さらに、第一グループに示されたような一般的外観性あるいは「裸の統計」は最終的判断において、証拠としての影響力は小さいのが一般であるという。

別の言い方をすれば、証拠は最終の事実判断に適合するように紹介されるべきである、ということである。この点からすると第一グループに示された証拠は、この条件を満たしていないことになる。「裸の統計」では判断することをためらうのである。これに対して第二のグループでは、最初の統計の話は、どちらとも判断できる資料ではないが、証人の証言が、

「青バスが犯人である」というストーリーを確信に導く手がかりになっているのである。つまり最後に現れた証言が「証拠が事実を裏付ける」ものとなっているがゆえに、第二グループでは青バス敗訴の評決に結びつくというのである。

それゆえAの言っていることは80％の確率で正しいというのと、「Aが正しい」ということについては証拠があり、その証拠の信頼度は80％である、というのではまったく異なるというわけである。

(302) 前掲注(297)、サンダース教授は1966年学士(B.A.)1969年J.D. 1974年ノースウエスタン大学でPhd.を取得。スタンフォード大学のローレビューに掲載されたここに紹介している論文(46 Stan. L. Rev. 1 November 1993)はヒューストン大学環境不法行為プログラム Enviromental Liability Law Programによる支援をえているが、Merrell Dowから裁判資料その他の資料の提供も受けている。

(303) 857 F.2d 823 26 Fed. R. Evid. Serv. 1415. Prod. Liab. Rep (CCH) P11, 930 (857 F. 2d 823, 273 U. S. App. D. C. 32).

(304) 前掲注(255)、supra, 615 F. Supp. 262 (N. D. Ga. 1985).

(305) ニューヨークタイムズ 1986年12月27日 editorial。

(306) 前掲注(297)その他 874 F.2d 307, 311 - 12 (5th Cir.), 884 F.2d 166 (5th Cir. 1989), denied, 499 U. S. 1046 (1990).

(307) ibid. Sanders, Part III chapter 3. 1.

(308) Jhon R. Hassell & Elizabeth A. Horigan, Chrondrogenesis: *A Model Developmental System for Meassuring Tetragenic Potential of Compounds*, 2 Tetratogenosis, Carcinogenesis & Multinogenosis 325 (1982); Jhon D. Burdoe, Joseph G. Shaddock & Shaddock Daniel A. Casciano, *A Study of the Potential Genotoxicity of Methapyrileneand Related Antihistamines Using the Hepatocyte/* DNA *Repaire Assay*, 135 Mutation Res.131, 135 - 37 (1984).

(309) J. P. Gibson, R. E. Staples, E. J. Larson, W. L. Kuhn, D. E. Holtkamp & J. W. Newberne, *Tetratology and Reproduction Studies with an Antinauseant*, 13 Tetratol. & Applied Pharmacol. 439 (1968); John Gibson, Terato-

logy *Study With a New Antinauseant Formulation in Rats*, Project Report T-75-13 (1975)(un published study, on file with the Stanford Law Review).

(310) A. G. Hendrickx, M. Cukierski, S. Prahalada, G. Janos, S. Booher & T. Myland, *Evaluation of Bendectin Embryotoxicity in Nonhuman Primates: II. Double-Blind Study in Term Cynomogus Monkeys*, 32 Teratology 191, 194 (1985)(funded by Merrell Dow); A. G. Hendrickx, M. Cukierski, S. Prahalada, G. Janos, & J. Rowland, *Evaluation of Bendectin in Nonhuman Primates: I. Ventiricular Septal Defects in Prenatal Macaques and Baboon*, 32 Teratology 182-88 (1985).

(311) W. G. McBride, Teratogenic *Effect of Doxylamine Succinate in New Zeeland White Rabbits*, 12 IRCS Med. Sci. 536, 536-37 (1984), Andrew Skolnick, Key Witness: *Against Morning Sickness Drug Faces Scientific Fraud Charges*, 263 JAMA 1468-69 (1990).

(312) 疫学の調査がいかなるものであるか、その手法、有効性などについて Daubert 事件を契機に Johns Hopkins 大学の疫学研究者が語ったものがある Introducing to Scientific Methodology, 9 Kan. J. L. & Public Pol'y 34.

(313) Joseph Sanders, *A case Study in the Life Cycle of Mass Torts*, 43 Hasting L.J.301, 311, n. 47 (1990), Brenda Eskenazi & Michael B.Bracken, Bendectin (Debendox) *As A Risk Factor for Pyloric Stenosis*, 144 Am.J. Obstetrics & Gynecol. 919 (1982); Allen A. Mitchell, Pamela J. Schwingl, Lynn Rosenberg, Carol Louik & Samuel Shapiro, *Birth Defects in Relation to Bendectin Use in Pregnancy: II. Plyoric Stenosis*, 147 Am.J.Obstetrics & Gynecol. 737 (1982); Kenneth J. Rothman, Donald C. Fyler, Allen Goldblatt & Marsshall B. Kreidberg, *Exogenous Hormones and Other Drug Exposures of Children with Congenital Heart Disease*, 109 Am.J. Epidemiol.433 (1979); Sally Zierler & Kenneth J.Rotman, *Congenital Heart Disease in Relation to Maternal Use of Bendectin and Other Drugs in Early Pregnancy*, 313 New Eng.J.Med.347 (1985).

(314) Janet McCredie, Anne Kricker, Jane Elliott & Jill Forrest, *The Innocent Bystander: Doxylamine/ Dicyclomine/ Pyridoxine and Congenital Limb Defects*, 140 Med. J. Austl. 525, 525-27 (1984); Allen Mitchell, Lynn Rosenberg, Samuel Shapiro & Dennis Slone, *Birth Defects Related to Bendictin*

Use in Pregnancy: I. Oral Clefts and Cardiac Defects, 245 JAMA 2311, 2311-14 (1981).

(315) Steven Leeder & Gideon Koren, *A Method for Meta-analysis of Epidemiological Studies*, 22 Drug Intelligence & Clinical Pharmacy 813, 816 (1988).

(316) M. Wolf, Meta-analysis: *Qualitative Methods for Research Synthesis* (1986).

(317) Robert L. Brent, *Bendectin and Interventricular Septal Defects*, 32 Tetratology 317 (1985); D. W. G. Harron, K. Griffiths & R. G. Shanks, *Debendox and Congenital Malformation in Northern Ireland*, 281 Brit. Med. J. 1379, 1381 (1980).

(318) In re Agent Orange Prod. Liab. Litig., 611 F. Supp.1223, 1231 (E. D. N. Y. 1985), aff'd, 818 F.2d 187 (2d Cir.1987), cert. denied, 487 U. S. 1234 (1988) Richardson v. Richardson-Merrell, Inc., 857 F. 2d 823 (D. C. Cir. 1988), cert. denied, 493 U.S. 882 (1989). Judge Robinson の発言を Sanders 氏はその著の注 (126) で以下の趣旨の発言を紹介している。化学、試験管、動物実験のみでは Bendectin が奇形との間に因果関係があるどうかの充分な証明にはならない。疫学的調査が、単独であれ、他のリスク因子と競合してであれ危険度を測ろうとしても結果が得られないという事実が問題なのである。疫学的調査の結果がどれも因果関係について肯定的であれば、その調査の結果は重要な意味をもつであろう。

(319) Michael D. Green, *Expertt Witnesses and Sufficiency of Evidence in Toxic Substances Litigation: The Legecy of Agent Orange and Bendectin Litigation*, 86 Nw.U.L.Rev. 643 (1992).

(320) ダラスカウンティー（テキサス州）の管轄下での民事事件における 1988 年 8 月 26 日から 12 月 2 日までの統計によると、この間 90 の民事裁判があり、57 の裁判で鑑定が行われた。鑑定人の多くは医師で、42 人が証言台に立った。彼らの多くは平均 12 年以上の鑑定人としてのキャリアがあり、年平均 7 回の裁判に関わっている。平均報酬は 1 時間 258 ドルであるがわずかの例外を除いて鑑定で暮らしを立てているものはいない。鑑定人は半分以上が鑑定人としての報酬が 5000 ドル以下、82％が 1 万ドル以下であった。(Anthony Champagne, Daniel Schuman & Elizabeth Whitaker, *An Empirical*

Examination of the Use of Expert Witness in American Courts, 31 Jurimetrics 375 (1991))。

(321) この種の心理学研究を構成主義といい、日本では Kenneth J. Gergen（杉万俊夫・矢守克也・渥美公秀監訳）『もう一つの社会心理学』（ナカニシヤ出版、1998）が知られている。

(322) Gary L. Wells, Naked Statistical Evidence of Liability: Is Subjective Probability Enough?, 62 J.Personality & Soc. Psychol. 739, 739-52 (1992).

(323) Nancy Pennington & Reid Hastie, *A Cognitive Theory of Juror Decision Making: The Story Model*, 13 Carozo L.Rev.519 (1991); Nancy Pennington & Reid Hastie, *Evidence Evaluation in Complex Decision Making*, 51 J. Personality & Soc.Psychol. 242, 243-55 (1986); James Holstein, Jurors' *Interpretation and Jury Decision Making*, 9 Law & Ham. Behav. 83 (1985); Radolph N. Jonakait, Stories, *Forensic Science, and Improved Verdicts*, 13 Cardozo L. Rev. 343, 347 (1991) Charlie Nesson, *The Evidence or the Event? On Judicial Proof and the Acceptability of Verdicts*, 98 Harv. L. Rev. 1357, 1388-90 (1985).

第5章　サンダース提案

　こうした事情を踏まえてサンダース教授は鑑定結果を陪審員へ提示する方法についていくつかの提言を行っている。

第1節　鑑定人選人の問題

　連邦証拠規則403条、701条、702条、703条を積極的に活用することを提言する（参考のためにこれらの条文を注に揚げておく）[324]。鑑定人に対する制限および鑑定内容に対する制限をつかうことでいわゆるジャンクサイエンス[325]が入ってくることを防ぐべきであるという。また706条を使い、鑑定人パネルや科学法廷で、鑑定が重要な役割を演ずる事件の解決にあたるべきであるという。サンダース教授によれば連邦証拠規則702条は改定されるべきであるという。鑑定証人は、より信頼のおける鑑定人に限られるべきであり、不要な、あるいは混乱をもたらすような証言は制限されるべきであるという。Frye判決を維持することで、学会では受け入れられていないような鑑定証言が横行することは避けなければならない、というのである。

　また現行の規定の下でも裁判所はその権限を積極的に活用することで、特定の鑑定人の証言を十分に信頼できるものではない、との決定を下すことは可能であるし、そうすべきであると主張する。すなわち702条によって特定の鑑定人の証言は事実の発見のためにならないとの判断を示すか、403条を使って陪審の判断を誤らせるものである、との決定を下すことは可能であるという。Daubert v. Merrell判決で第9巡回裁判所によって示された「確かな根拠を有し、問題の解決に役立つものであることの判定は連邦規則によって裁判官に課せられている」との解釈は事件にあたる裁判官

にとってもっと真剣に考慮されるべきである、という。

たしかに連邦控訴審裁判所はいわゆる Frye 判決ルールの厳格なバージョンの方は棄却したが、それでも連邦規則が鑑定に関する一切の制限を排除しているわけではない、というのがその根拠である。鑑定に現れる科学上の主張の正当性そのものまでも裁判所が陪審に対して担保しなくともよい、というわけではないというわけである。また 703 条は鑑定人に対しても伝聞証拠を禁じていると解すべきであるから、鑑定人以外の者の行った調査や実験を鑑定人が引用することも慎むべきこととなる。もっとも学術文献は連邦証拠規則 803 条によって、伝聞証拠から除外されている[326]。

学会における少数説であっても鑑定において除外されるべきでない、というのが Daubert 判決に対する多数説の解釈である。それは現在における通説であっても最初から通説であったわけではない。これは科学的見解が十分に科学的であるという前提まで覆すものではないはずである、というのがサンダース教授の見解である。

第 2 節　裁判所による鑑定人指名と鑑定人パネル

裁判所は連邦証拠規則 706 条を使って積極的に鑑定人を指名すべきであるということについてもサンダース教授は提言している。まず Frye ルールのようにその専門分野で一般に受け入れられている見解という要件を維持すれば鑑定人の見解が鋭く対立することはないから、そもそも各当事者がそれぞれ同数の鑑定人を申請する必要は見当たらないという。仲裁人選定の方法や陪審員選定の方法を参考にした鑑定人選定方法も考慮されるべきであるという。連邦司法センターの調査によれば連邦ディストリクト判事 431 人のうち 80％の判事が鑑定人を指名したことがなく、11％が 1 度だけ選任したことがあるという。またカリフォルニアの 529 の民事事件において 1700 人の鑑定人が証言台に立ったが、連邦証拠規則 706 条と同様の規定があるにもかかわらず、裁判所の指名した鑑定人は 1 人もいなかっ

た(327)。

　アスベストの事件や DES の事件では鑑定人パネルが形成されたケースがある。アスベストのケースは会社が破産したため被害者の概数を知る必要から裁判所から指名されたマーガレット教授という人が鑑定人パネルを召集した(328)。DES の事件では Weinstein 判事が二つの鑑定人パネルを召集している(329)。パネルが経済学者の集合で当時の DES の市場を調査するもの（本書前述 DES の項参照）、第二のパネルが医学の専門家を集めて、各原告と損害との因果関係を調査するものであった。

　鑑定を要する事件は訴訟費用も大きくなりがちである。集団訴訟あるいは、争点整理の過程で科学法廷の立ち上げも考慮すべきではないか、という。連邦民事訴訟規則 42(b)(330)、クラスアクションについては 23(c)(4)(A)がこれを許容していると解することができるし、多くの州においても同様の規定がある。

　分離法廷裁判を過失の有無（liability）と損害額（damage）の部分に分離させて進行させることについて 1960 年代初頭にイリノイ州北部のディストリクトで実験が行われた。陪審員はそれぞれの段階ごとに評決を求められるのである。ザイセル教授とキャラハン教授がこの結果について調査をした(331)。分離方式は平均 4.0 日で全過程を終了するのに対して、分離しない法廷では平均 4.7 日であった。さらに和解（settlement）による終了の割合も前者のほうが大きいという(332)。分離方式の方が被告側の証拠調べのためのに費やす時間が長くなるという。北イリノイの場合 56％の時間が被告のために費やされているのに対して、通常の方式では 34％に過ぎないという。ホロウィッツとボーデンの調査でも通常方式では原告 85％に対して分離方式では 69％になるという(333)。

　裁判官も分離法式の方が公正な裁判が行われたという印象を持っているという調査もある。それは陪審がそれぞれの争点を混同することが少なくなるためではないか、と指摘されている。陪審は判断が難しくなると他の争点のために提出された証拠を理由付けに使ってしまうことがある、とい

う⁽³³⁴⁾。分離すればこの危惧はなくなる。

　実際のところ分離法廷ではわずかに25％の陪審判決が原告の主張を認容しているのに過ぎないのに、通常の法廷では87.5％の陪審判決で原告が勝訴しているのである⁽³³⁵⁾。

　分離の是非は、原告の勝訴率（または敗訴率）で図られるわけではないが、もしそれが不要な混乱を取り払ってくれるものなら採用を積極的に考えるべきではないだろうか、というのがサンダースの主張である。

第3節　ストーリーモデルを基礎においた評決への提案

　Wells教授の実験には続きがあった。バスが犬を轢いた確率が80％という結果を得た二つのグループをひとつにまとめ、今度は、三つの異なる指示の下での評決をグループごとに分けて出してみた。第一の指示から第三の指示まで指示の要求が厳格で限定的なものになっていくことに注目してほしい。

　第一のグループに対する指示：あなたが陪審員として評決を求められているのは、犬を轢いたのは青バス会社か否か答えるようにということである。あなたの評決は？

　第二のグループに対する指示：証拠の優越とは原告の主張する青バスが原告の犬を轢いたという主張は被告のそうではない、という主張と比べてどちらがもっともらしいかということである。どちらがもっともらしいか？

　第三のグループに対する指示：原告の主張するように青バスが原告の犬を轢いたとする確率は50％をわずかでも超えているか？

　ここでWells教授が注目したのはそれぞれのグループの評決結果ではなく、評決を出したときにそれぞれのグループの学生が考えた、主観的確率の相違である。原告の主張する事実（青バスが原告の犬を轢いた）が起こっ

たであろうと考えられる確率（回答者の主観的確率）はそれぞれのグループで異なったのである。回答に条件をつけられると主観的確率が下がっていくのである。第三のグループ、すなわちもっとも限定的な指示が出されたとき、主観的確率がもっとも低かった。半分近くの学生が主観的確率を50％かそれ以下としている。これに対してもっとも限定の少ない第一のグループでは17％に満たない学生が主観的確率を50％未満と答えている。

指示が限定的であればあるほど、被告勝訴の評決が増える。第一のグループでは7％の学生が被告勝訴に投票したのに対して、第三のグループでは47％もの学生が被告勝訴に投票しているのである（もっとも統計学からの答えはいずれも原告勝訴が80％である）。

それゆえ裁判官は陪審員に対して出来るだけ限定的でない質問形式で評決を求める方が統計上の回答に近づくことになる。

第4節　陪審制への疑問[336]またはブルーリボンジュリー

サンダース教授は陪審制そのものに対しても疑問があると批判している。素人陪審員では合理的判断ができないのではないか？　それゆえ陪審制はこうした裁判には不向きではないのか、という批判である[337]。これらの議論の中には陪審員の能力に関する疑問といかなる事案なら合衆国憲法修正7条の陪審裁判の規定に抵触せずに陪審裁判を回避できるか、という基準に関する議論がある（陪審員選択のための質問表がどのようなものかについて、実際に使われたものを一部訳出して注に掲げておいたので参照されたい[338]）。

筆者の見解をここで若干述べておこう。後者（陪審制裁判は憲法上の保障）の議論は我われ日本法を研究する者には、直接には関わりがない（もちろん陪審制を導入するならともかく）。ところが前者の議論（陪審員は無能か）は米国でも歯切れの悪いものが多い。せいぜい一般人では科学的議論

の優劣を判断するには無理がある、といった程度のものであり、この議論は「裁判官ならできるのか？」という議論につながる。裁判官なら可能ということになると、知性のある者のみが陪審員になるべきだ、ということを前提に議論することになる。そういう者もなきにしもあらずで、それゆえ特別陪審員制（ブルーリボンジュリーといって、もっとも教育を受けた人たちがなる）という提唱もある。しかし、それなら一挙に鑑定人パネル（専門家集団）の方がはるかに合理的である。結局、鑑定人パネルのようなものにすると、学会による専横の弊害が危惧されるので裁判官はこれを好まず、陪審制も修正7条がある以上、排除はできないというのが米国の現状であろうか。それにしてもここ2,30年の米国の大規模訴訟がすべて因果関係の認定をめぐる争いであり、かつ疫学的調査結果が鍵を握りながら、中には陪審員に疫学が正しく理解されないため、陪審員の評決に納得できない識者が多いのも事実である。ただ、公平のために付言するなら、米国では『奪われし未来』[339]に出てくる環境ホルモンの問題のように、今までの科学的調査では明らかになっていない物質との因果関係が危惧されるようになってきており、従来の学説の主張が必ずしも正しいということはできない。サンダース教授のようにMerrell Dowから研究資金を得ている者には見えてこないものがあるのではないだろうか。

　ともあれ陪審制に代わるものとしての諸制度には批判も多い。まず、鑑定人パネルや科学法廷をつくるといった議論であるが、第一にこうした方法はコストがかかる[340]という批判である。第二に同様な訴訟が続くと、鑑定人パネルの中立性に疑問が出てくる。第三に鑑定人パネルの前に裁判所が鑑定人を指名してみるべきではないか、という疑問である。
　ブルーリボンジュリーには原告の心情的な嫌悪感が強いようである。筆者（サンダースではなく山口）の印象では原告の中には社会階層の異なる人々もいて、陪審に教育水準などの要件を加えることにはかなりの抵抗が予想される[341]。それでも米国では、一部の者に陪審員に対する不信感、

まっとうな判断ができないのではないかという不信感が強い[342]。またブルーリボンであるからといって、ストーリーモデルのような形で裁判が進行したとき、正しい判断ができるか否か疑問である。

　職業裁判官による裁判はどうであろうか。この答えがもっとも現実的なようである。職業裁判官は、訴訟に慣れた人々である。それゆえストーリーモデルのような裁判の進行が起こったとしてもそれに惑わされることなく、鑑定人の選択に戸惑うことも少ないであろう。また、裁判官は科学的事実について知識をやがて獲得していくことが期待できる。裁判官の中には当事者に読んでおくべき文献のリストの提出を求めた者もいる。鑑定人との協議でも議論ができるようになる。裁判官は陪審員と異なりあらかじめ、あるいは事件を担当してから、科学上の争点について自ら学習することができるし、またそう推奨されている (連邦裁判官センター Federal Judicial Center のプロトコル)[343]。陪審員はこうした知識の習得は禁じられている。そうして裁判官は法に熟知している。陪審のように法を適用すること、解釈することの困難を感じることはない。

　しかし、米国では陪審裁判が憲法修正第七条で規定されており、フリーハンドでこれを無視して職業裁判官による裁判を行うことはできないのである。

第5節　サンダース論文の結論

　サンダース教授の結論は科学的解明が難しい Bendectin のような事件では陪審は科学上の証拠を正当に評価できず（それぞれの証拠には、重みがあり、重要度が異なるのにこれが理解できない）、それゆえ正当な結論に到達できないという問題点があった、というものである。

　この問題の解決方法としてサンダース教授は裁判所による鑑定人の指名を普及させるべきであると主張する。そうすることで輻輳する科学上の議論から陪審を開放すべきだというのである。

232　第4編　鑑定をめぐる問題

(324)　Rule 403. Exclusion of Relevant Evidence on Grounds of Prejudice, Confusion, or Waste of Time

Although relevant, evidence may be excluded if its probative value is substantially outweighed by the danger of unfair prejudice, confusion of the issues, or misleading the jury, or by considerations of undue delay, waste of time, or needless presentation of cumulative evidence.

Rule 701. Opinion Testimony by Lay Witnesses

If the witness is not testifying as an expert, the witness' testimony in the form of opinions or inferences is limited to those opinions or inferences which are (a) rationally based on the perception of the witness, and (b) helpful to a clear understanding of the witness' testimony or the determination of a fact in issue, and (c) not based on scientific, technical, or other specialized knowledge within the scope of Rule 702

Rule 702 Testimony by Experts

If scientific, technical, or other specialized knowledge will assist the trier of fact to understand the evidence or to determine a fact in issue, a witness qualified as an expert by knowledge, skill, experience, training, or education, may testify thereto in the form of an opinion or otherwise, if (1) the testimony is based upon sufficient facts or data, (2) the testimony is the product of reliable principles and methods, and (3) the witness has applied the principles and methods reliably to the facts of the case.

Notes

Rule 703. Bases of Opinion Testimony by Experts

The facts or data in the particular case upon which an expert bases an opinion or inference may be those perceived by or made known to the expert at or before the hearing. If of a type reasonably relied upon by experts in the particular field in forming opinions or inferences upon the subject, the facts or data need not be admissible in evidence in order for the opinion or inference to be admitted. Facts or data that are otherwise inadmissible shall not be disclosed to the jury by the proponent of the opinion or inference unless the court determines that their probative value in assisting the jury to evaluate the expert's opinion substantially outweighs their prejudicial effect.

Rule 706. Court Appointed Experts

(a)　Appointment.

The court may on its own motion or on the motion of any party enter an order to show cause why expert witnesses should not be appointed, and may request the parties to submit nominations. The court may appoint any expert witnesses agreed upon by the parties, and may appoint expert witnesses of its own selection. An expert witness shall not be appointed by the court unless the witness consents to act. A witness so appointed shall be informed of the witness' duties by the court in writing, a copy of which shall be filed with the clerk, or at a conference in which the parties shall have opportunity to participate. A witness so appointed shall advise the parties of the witness' findings, if any; the witness' deposition may be taken by any party; and the witness may be called to testify by the court or any party. The witness shall be subject to cross-examination by each party, including a party calling the witness.

(b)　Compensation.

Expert witnesses so appointed are entitled to reasonable compensation in whatever sum the court may allow. The compensation thus fixed is payable from funds which may be provided by law in criminal cases and civil actions and proceedings involving just compensation under the fifth amendment. In other civil actions and proceedings the compensation shall be paid by the parties in such proportion and at such time as the court directs, and thereafter charged in like manner as other costs.

(c) Disclosure of appointment.

In the exercise of its discretion, the court may authorize disclosure to the jury of the fact that the court appointed the expert witness.

(325) ジャンクサイエンスについては平野前掲注(258) 275頁。
(326) ジェリー・J・フィリップス著(内藤篤訳)『アメリカ製造物責任法』(木鐸社、1995) 246頁。
(327) Thomas E. Willing, Federal Judicial Center, Court Appointed Experts 3 n.11 (1986) / Joe S. Cecil & Thomas E. Willging, Federal Judicial Center, Court Appointed Experts: *Defining the Role of Experts Appointed Under Federal Rule of Evidence* 706, at 8 (1993).
(328) 129B.R. 710 (E. & S.D.N.Y.1991), 982 F.2d 721 (2dCir. 1992).
(329) ibid. 194. (注(255))
(330) 連邦民事訴訟規則42(b)は、次のように規定している(関連している部分のみ紹介)。Separate Trials. The court, in furtherance of convenience or to avoid prejudice, or when separate trials will be conductive to expedition and economy, may order a separate trial of any claim, cross-claim, counterclaim, or third-party claim, or of any separate issue or of any number of claims, cross-claims, counterclaims, third-party claims, or issues, always preserving inviolate the right of trial by jury as declared by the Seventh Amendment to the Constitution or as given by a statute of the United States.
Doyle W. Curry & Rosemary T. Snider, *Bifurcated Trials: How to Avoid Them—How to Win Them*, Trial, Mar. 1988, at 47, 47.
(331) Hans Zeisel & Thomas Callahan, *Split Trial and Times Saving:A Statistical Analysis*, 76, Harv. L. Rev. 1606 (1963).
(332) ibid. Zaisel & Callahan at 1618.
(333) Irwin A. Horowitz & Kenneth S. Bordens, *An Experimental Investigation of Procedual Issues in Complex Tort Trials*, 14 Law & Hum. Behav. 269, 282 (1990).
(334) ibid. Sanders.
(335) ibid. Horowitz & Bordens.
(336) 平野晋『アメリカ製造物責任法の新展開』(成文堂、1995) 278頁以下特

に282頁。

(337) Douglas W.Ell, *The Right to an Incompetent Jury: Protracted Commercial Litigation and the Seventh Amendment*, 10 Conn.L.Rev.775 (1978); Thomas M. Jorde, *The Seventh Amendment Right to Jury Trial of Antitrust Issues*, 69 Cal.L.Rev. 1 (1981), Richard O. Lempert, *Civil Juries and Complex Cases: Let's Not Rush to Judgement*, 80 Mich.L.Rev.68 (1981); Judyth W. Pendall, *Enhancing Juror Effectiveness: An Insurer's Perspective, Law & Contemp.Probs.*, Autumn 1989, at 311, 315.

(338) 陪審員選択のためにBendectine訴訟で実際に使われた質問表 (cite as: 624 F.Supp.1212)。

1　氏　名
2　住　所
3　出生日
4　現在 (いずれかに丸をつけてください)　婚姻中　独身　離婚　別居　未亡人

雇用について

5　現在雇われていますか？
6　現在の雇い主名
7　現在の仕事がどんなものか記述してください。
8　この10年間の間に仕事を替えましたか？　はい　いいえ
9　はい、と答えた方は、前の仕事は何ですか？
10　保険会社で働いたことがありますか？
11　クレーム担当の仕事をしたことがありますか？
12　以下の会社でいままで働いたことがありますか？
　　（ここに被告会社名—被告会社は譲渡などにより数回社名を変えている）
　その他、FDAも挙げられている。

教育

13　高校を卒業していますか？
　　もし、卒業していなければ何年までいきましたか？
14　職業学校 (Tradeshool) には行きましたか？　もし行ったならその学校名は？
15　カレッジに行った場合は、その名前は？

16 カレッジで取得した学位 (degree) は？
17 大学院に行った場合はその名前を書いてください。
18 大学院で取得した学位があればその学位を書いてください。
19 まだ勉強を続ける計画がありますか？
　この他家族についても同様な質問が続く。
　子供に障害があるか、という質問も。
　この他、健康に関する質問、本件についての心情、当該薬品に関する知識、妊婦が飲んで危険と思うかどうかコーヒー、アスピリン、たばこなどが列挙される。
　FDA についても、どう思うかについて質問がある。
　以前に陪審員になったことがあるか、もしあるなら、そのことについての質問が続く。また家族が訴えられたことがあるか？などの質問がある。また最後に裁判官の指示に従うことについての質問もある。

(339) シーア・コルボーン、ダイアン・ダマノスキ、ジョン・ピーターソン・マイヤーズ著（長尾力訳）（翔泳社、1997）。

(340) E. Donald Eliott, *Towards Incentive Based Procedure: Three Approaches for Regulating Scientific Evidence*, 69 B.U. L. Rev. 487, 489-93 (1989).

(341) In re Richardson-Merrell, Inc. Bendectin Prods. Liab.Litig., 624 F. Supp. 1212,1217 (s.D. Ohio 1985), aff'd, 857 F.wd 290 (6th Cir. 1988), cert. denied, 488 U.S. 1006 (1989).

(342) ibid, Sanders (注297) note 392, 393.

(343) ibid, Sanders note 83, 398, 399.

第6章　サンダース論文の検証と批判

　科学鑑定の問題は単に米国のみの問題であるとは思えない。私が調査した限り日本の裁判官は非常に懸命に科学鑑定の結果を理解しようと努めているし、それゆえ大概において誤りがない。それでも、人は誰でも心情的な部分で誤りをおかす。サンダース教授は構成主義心理学の研究結果を引用して、主観的蓋然性が客観的な確率とは別なものとなる例を示しているが、こんなことは実は日常茶飯事におきている。たとえば私が批判したクーターとユーレンの教科書に出てくる確率に関する議論は正面からこの誤りを犯している[344]。

　別な例を掲げてみよう。補遺に出てくる病気の試薬の話である。罹患率が1000人に1人の病気において、この病気に感染しているか否かの判定をする試薬（テスター）があったとしよう。このテスターの信頼度は95%である。さて、ある人がこのテスターで陽性反応がでたとしよう。この人が本当に疾病に罹患している確率はどのくらいであろうか？という質問をしたとき、私はいまだ正しい答えを出す人にあったことがないのである（詳しくは補遺参照）。

　それゆえ、この鑑定の問題は誰かに任せておけばよい、誰か正しい判断をできる人間がいるはずだ、といった他人任せの議論では解決できない問題であると思われる。鑑定の議論こそ、実はもっとも多くの人々に議論され、それゆえ正当性がこの議論によって担保されなければならない、重大な問題なのではないだろうか。

　わが国でも鑑定の問題は注目を集めている。しかし、陪審制を採用しないわが国の制度の下では鑑定の評価をいかにするかについての議論はほとんどない[344']。陪審という素人と違い、職業裁判官なら正当で合理的な判

断ができる、と思っているのだろうか？ それとも鑑定人そのものが判断するから、それゆえ裁判官が判断に迷うことが少ないと思っているためであろうか。しかし、東大ルンバールショック事件のように鑑定意見が対立することもある。日本の学会もかってのように一枚岩というわけにはいかなくなってきているのではないか。

　それゆえ裁判官が事実認定もするわが国の法制度の下では、鑑定意見をどのように扱うかの議論ははじまったばかりである。Frye 判決のように特定領域の専門家の間で一般的に受け入れられていることが必要なのか、それとも、鑑定の基礎となっている理論も、その手法の良し悪しも、結果の評価もすべて裁判官が裁量することができるのか？

　そもそもこの次元の事実は通常の証明責任の分配法則に従うべきものであろうか？ 特定の知識を適用して事実を認定するということは、特殊な経験則の適用の場面であるとするなら、かかる経験則は誰がいかに認定すべきであろうか？

　こうした問題は民事訴訟法が最初に制定された当時にはあまり認識されていなかったということだけは明らかである。

　リチャード・ポズナー教授は過失相殺について、その制度では社会的経費がかかりすぎると批判した[345]。過失相殺に限らず事実の認定について争いが生じやすい事件は、その解決のためには経費も時間もかかる。こうした事件について、いままでのような証明責任の分配と、証明度を要求することは社会にとって非効率的なばかりか、当事者にとっても、証明のための経費、時間などを考慮すると衡平なものとは言いがたいというのである。疫学が争点となる事件についても同様なことが言えよう。

　訴訟に要する経費、社会的費用もまた考慮すべきである、というのである。

　リチャード・ポズナー教授の主張が極端であるにせよ、実際のところ多くの事件において裁判官の心証形成のための要件（99％の確証であるとか

80％の確証）は崩れている。現実には多くの事件で紹介したように、心証形成に必要な確率はせいぜい51％である。ただ、日本の裁判官もまた、Wells教授の学生と同様、裸の確率論を嫌い、なんらかの正当化根拠をストーリーモデルの中に求めているようである。この典型がチッソ水俣訴訟であったと思う[346]。

　真に科学的であろうとするなら我々は、こうした事実を正面から受け入れたうえで、それが果たして裁判に求められる真実発見と正義の実現に資するものかどうかもう一度問い直してみなければならないであろう。

後日談 Daubert 判決その後
　まず、Kumho判決[347]がDaubert判決が科学鑑定について議論していたものを工学（エンジニアリング）にまで広げたことがあげられよう。それまで科学鑑定について要件とされていたことが、エンジニアリングに関わる証言、さらにはエンジニアリング以外の技術的な知識の領域にも広がったことの意味は大きい。Daubertで示された鑑定人の証言の信頼性に関するメルクマールもまた、拡大していくことになる。

　心理学はこの信頼性という点でターゲットになる。それは心理学がソフトサイエンスとか科学と非科学の間のグレーゾーンと言われるように、科学に特有の厳格さに欠けるからである。たとえば、この領域の科学者は同じ事象に直面しても見解を異にすることがめずらしくない。これでは裁判所は判断を出せないし、説得力にも欠ける。

　Ruffin事件は、Daubertの出した基準を検討した興味深いケースである。ここでもう一度四つの基準を挙げておこう。

　(1)検証可能性の基準、(2)同僚による審査・公表、(3)エラー率、(4)専門家証言の信頼性を担保するものとして有効性と科学において正当なものであるという要件。

　Ruffin事件[348]では、原告であるところのRuffin母娘がカーペットを購入し、被告によって家に敷かれた。ところが、このころから鼻血、吹き出

物、心臓の動悸、悪寒、不眠などの症状があらわれた。およそ3週間後、カーペットが撤去された後もこの症状は止まなかった。カーペットの中の化学物質が疑われた。生物学の博士号をもつ鑑定人がカーペットをテストした。華氏140度にカーペットを暖めたところ煙と匂いが観測された。このガスをネズミに曝露させたところ、わずかながら異常過敏の症状が観測された。敏感な人にとって不快に感じる程度のものである。

しかし、この実験の結果は再現できなかったという複数の報告があった。検証可能ではなかったのである。それゆえ、連邦地裁はこの鑑定を採用せずサマリー判決に附し、控訴審でも覆らなかった。

この事件はDaubert基準から、原告の鑑定人の科学技術はそれだけでは、有効とも無効とも判断できなかった。

連邦控訴審裁判所はGeneral Electric v. Joiner[349]で連邦裁判官は資格があるとされた鑑定人の証言であってもそれが確固たる科学的根拠がなければ、その採用を否定できるとしたのである。

(344) クーターとユーレンの見解を指示するものとしてRodolph N. *Jonakait Stories, Forensic Science, and Improved Verdicts* Cardozo Law Reiew November 1991, 13 CDZLR 343.

(344´) もっとも平成15年法108により民事訴訟法中の鑑定の節が改定され、訴訟手続の章の中に専門委員の制度が新設されているが、改正における問題意識には鑑定の評価についてのものはほとんどないというのが私見である。

(345) W. Landes & R. Posner, "*Causation in Tort Law: An Economic Approach*," 12 J.Legal Stud. 109 (1983).

(346) 本書第2編参照。

(347) Kumho Tire Co., Ltd. V. Carmichael.526.U.S.137 (1990).

(348) Ruffin v. Shaw Industries. Inc., 149 F.3d 294, 297 (4th Cir.1998).

(349) 522 U.S. 136, 118 S.Ct. 512, 139 L.Ed.2d 508, 66 USLW 4036, 177 A.L.R. Fed. 667, 28 Envtl. L. Rep. 20, 227, 48 Fed. R. Evid. Serv. 1, Prod.Liab.Rep. (CCH) P 15, 120, 18 O.S.H. Cas. (BNA) 1097, 97 Cal. Daily Op. Serv. 9355, 97. Daily Journal D.A.R. 15, 051, 97 CJ C.A.R. 3361, 11 Fla. L. Weekly Fed. S 284,

U.S.Ga., Dec 15, 1997.

小括・提案・補遺

小　括
提　案

　　補遺 1　蓋然性の計算
　　補遺 2　損害賠償の算出方法
　　補遺 3　疫学的因果関係とベイズの定理
　　補遺 4　DES、アスベスト、枯葉剤
　　補遺 5　因果関係と責任
　　補遺 6　NESS テスト

小　括

　疫学的因果関係の理論は、統計学の発達に伴い複雑精緻な理論的展開を遂げてきた。特に複数の原因子が競合した場合の理論には複雑に絡み合う因果の綾を解きほぐす鍵が示されていた。
　それまでの因果関係の連鎖という考え方が、「まず、一つの決定的原因があり、それに続いて別の原因が最初の原因によって生まれ、さらに第三の原因が二番目のそれに続くというように、連続する原因が最後の効果に達するまで続くという印象を与える[350]」のなら、それにかわって「因果の綾」を明らかにして、それぞれの原因因子が結果に与えている比重までをも明らかにしてしまおう、というのが複数因子の競合の理論だったわけである。これは、ニコラス・セント・ジョン・グリーンらによって一度は葬り去られた客観的因果関係の法理の復活という大変な快挙となるはずだったのである。
　因果関係の認定において、計量的認定法が導入されることによって因果関係は「ある」か「ない」かの非連続的世界から「すこしはある」「だいぶある」の連続的認定へと転換するはずだったのである。それは、ベイズ理論のように証明度としての「すこし」「だいぶ」ではない。因果関係の存在を事実として認めた上での原因から結果への影響の量が明らかになったのである。因果関係における計量の操作は、要素から全体へと分割できることを前提にしているのに対して、「あるか」「ないか」の世界は、白か黒かの二分法しか知らない世界である。計量的認定はそれゆえ賠償の決定においても全額賠償から部分賠償へとその賠償額の算定においても連続性を、損害賠償の認定の形式とともに、その内容をも変容させる可能性を内包したものであった。
　そもそも因果関係たる概念は、自然界にある事象の移り変わりを原因と

小 括

　結果という関係に集約することで、世界をあたかも輪切りにされた静止画像と、それぞれの画像にヴェクトル（あるいは方向性）を与えることで次にくる画像の変化を予測するという時系列に対して直線的な構想に基づいている。それゆえ因果関係は、直線的にしか把えられず、自然的因果関係すらも「あれなければ、これなし」の関係と捉えられてしまうのである。この直線的な因果関係（因果の連鎖）の構想は、デカルト以来、あるいはさらに遡れば聖アウグスティヌス以来の、神を世界創造の最初の原因とする神学の影響によるものであった。この直線的因果関係の概念の世界では複数の原因が競合している場合において、責任を科すべき相手方を特定するのに苦労してきた。それは競合した場合の影響の割合を計る術を知らなかったからである。

　疫学的因果関係における複数因子の理論がこの問題に光明をもたらすかのごとくに映ったのはごく当然のことだった。それは統計的処理による原因の影響割合を示すものであった。もちろん、因子が共存することで影響が増幅したり減少したりするというやっかいな問題も運んで来はしたが。

　ところが、現実の事案では、統計上必要とされる資料も少なく、理論も精緻で複雑なためにかえって適用が困難であった。あるいは、この連続した世界観は法学者には受け入れ難かったのだろうか。実際の裁判の世界では、疫学上の理論は日本でも米国でも必ずしも完全に理解され適用され、許容されてきたわけではない。

　ただ、日本と米国の判例の相違を見ると、日本の判例には米国のような科学上の因果関係に関する精緻な議論とそれを希求するという要請が社会の中にないように写る。批判を覚悟であえて言うならば、公害、薬害などの裁判においていかに科学者の良心に反するような、ねつ造に近いような論説・研究が被告企業側から提出され、そうした研究に携わった研究者は、その後も何事もなかったかのように研究をつづけているといった状況がある[351]。

　しかし、極めて雑駁な言い方を許していただけるなら、日本の判例には

被害者救済の視点から、科学上の論争を横に押しやってでも被害者に賠償金を得させようとする力が働いていたのではないか。疫学的因果関係の議論もそうしたものとしてあったということができる。それは企業や種々の団体から研究費を受けてなされてきた否定的研究に対する無反省な科学者の態度に対する反作用もあったのではないであろうか。

　他方米国では、疫学的因果関係の議論は、すでに科学的なもの、客観的なものとして認知されている存在であったがために、議論は裁判上の大きな争点となった。そうでなければ deep pocket theory のような政策的な主張に対抗してまで、企業の責任を軽減する根拠が無くなってしまう。米国では証明度は「証拠の優越」(preponderance of evidence)[352]で足りるとされていたため、何から何まで訴訟社会の中で企業の責任とされかねない状況があった。その結果、わが国では証明度を少し下げることで解決されていた問題が、米国では証明度の問題としては解決できなくなってしまった（統計的相関のみでは、証明は不十分であるとの議論を想起せよ）。そこで、証拠の質の問題（単なる統計以上の意味を付与できるか否か）を持ち込んで、証拠の質からこの問題を解決しようとして悪戦苦闘しているように見うけられる。米国でも疫学的因果関係、とりわけ複数因子が関与している問題は、結局は解決していないというのが私の見解である。

　わが国では、疫学的因果関係の議論が判例法として定着するまでに長い時間がかかり、その間に多くの犠牲者がでてしまったという悲しい経緯がある。

　因果関係の議論は、財の公平かつ適切な社会的配分という「法と経済学」の議論においてさえ、政策的視点からの影響がもっとも入りにくい分野である。それゆえ諸処の技術的概念を透過した卓越した視野を獲得することが困難なように思われる。本書では、それでも疫学の進歩によって因果関係に関する考え方が変わり、それにより法的因果関係の概念も将来において変化していくであろうことを示唆できたとすれば、筆者にとっては

至上の喜びである。

 (350) モートン・J・ホーウィッツ著（樋口範雄訳）『現代アメリカ法の歴史』（弘文堂、1996）64頁。
 (351) この点に関しては、たとえば日経サイエンス1996年6月号10頁の記事参照。
 (352) 証拠の優越についてのアメリカの議論についてはたとえば平野晋『アメリカ製造物責任法の新展開』（成文堂、1995）276頁。

提　　案

　まず、この提案の発端となった小笹晃太郎助教授のご意見を紹介しよう[353]。

　　疫学的因果関係の強さ（相対危険度の大きさ）と、法的な証明度の蓋然性とを直結させるのは適切ではないかもしれないと考えています。
　　例えば、喫煙者である夫からの受動喫煙による、非喫煙者である妻の肺がん死の相対危険度は2未満ですが、明らかに有意であり、疫学的に因果関係があると確定されています。
　　ところが、前記の相対危険度と法的因果関係の蓋然性とを直結させた議論では、相対危険度が2未満であると曝露群寄与割合が50％未満となり、「証拠の優越」にもならないことになります。これでは、現在の受動喫煙抑制政策に法的保護を与えることができなくなるおそれがあります。
　　したがって、疫学的因果関係を法的に評価する場合には、「疫学研究の質と量」を評価することによってその関係が疫学的に確定されているか否かを検討して、法的に責任を負うべきか否か（法的因果関係の存否）を判断するという考え方になるのではないかと思います。受動喫煙のように、多くの良質な疫学研究によって実証されている危険因子に関しては、リスクの大きさは必ずしも大きくはなくとも、法的責任を問わなければならないと考えています。
　　また、法学で議論になる「割合的因果関係」と、上記の疫学的な寄与割合を直結させる考え方もありますが、私は、これも同じ論拠によって適切ではないであろうと考えています。

250　提　案

これに対する筆者の提案は次のようなものである。

制御可能の理論（疫学的因果関係を個人の特定因子との因果関係に置き換えるための定式）

① 法的な因果関係決定にあたって、被害者側の寄与については、それが被害者にとって制御可能なものでなければ（たとえば喫煙はこれにあたるが、被害者の特異体質は基本的にはこれにあたらない）考慮しない。ただし、被害者側のいわば素因がそれなりにきわめて特異なものであるときは、考慮するかどうかは、政策的判断によって裁判所の裁量で決せられる（この点についてはスターのグラフについての議論を参照されたい）。

② これに対して、個別の因果関係（寄与度の認定）にあたっては、ベイズの定理または、ラプラス・シュライバーの方程式は利用ができない。なぜなら、ベイズもラプラス・シュライバーも事後確率を求める式であって、それは要するに対象となっている因子が結果に与えている影響度を計測する式ではない。それは、そのままではある因子が結果を起こしてしまう確率を示しているのであって、結果がすでにあるときの影響度をベイズもラプラス・シュライバーも示してはくれないのである。たとえば受動喫煙による肺がんが疑われるとき、疾病のその他の可能な原因（体質であるとか、大気汚染）を疑ってみても、その可能性が少なくないか、まったくない場合、受動喫煙が原因と考える傾向がある。ところが、ベイズの定理やラプラス・シュライバーの方程式をそのままあてはめたからといってうまくいくとは限らない。健康体で環境要因もなければ、受動喫煙をしても肺がんに罹患する確率は低いという結果になる。もっとも相対的寄与危険度は、こうした要件についても疫学調査で振るい分けが可能なら、高い危険度を示すことが予測される。ともあれ、ベイズの定理における条件、ラプラス・シュライバーにおける二つめの証拠の信憑性の数値は使えないのである。複数原因子における修飾関係のようなデータが求められなければならない。それは結局今後の疫学的調

査によるしかないであろう。ここではあくまで、かような調査がなされれば、それによればおそらく他に原因が考えられないような場合、問題の因子の寄与度は増加するものと考えられるということ、こうした予測を裁判所は考慮に入れるべきであるとだけ述べておこう。

③　また、被害者の素因で被害者の責めに属さないものについては、事前の確率計算において、すなわち母集団として因果関係の計算に入れる。たとえば、受動喫煙のケースで肺ガンにかかりやすい特異体質であったなら、受動喫煙と肺ガンの因果関係の計測においては、母集団を特異体質のものに限ることによってより高い寄与危険度が計測されるはずである。たとえば原因子が複数あってそれらが修飾関係にあるときは、その中で被害者に責めを負わせることのできないものであるときは、因果関係はこれら被害者の有する集合を母集合として計算する。

ここにあげた受動喫煙と同様のことは交通事故などについても言える。たとえば被害者側にも過失があれば従来どおりの計算で加害者の責任を減額することができ、これが事故抑止にもつながるが、被害者の素因であっても、特異体質のように被害者側の原因とすべきでないものについては、これを①によって計算の基礎としない。しかし、逆に軽微な事故であったにも関わらず、被害者の虚弱体質などによって結果が予想外に大きくなってしまったものについては、その因果関係の計算において、虚弱者の集団を母集団として蓋然性を計算するので、因果関係における加害者側の寄与は大きなものとなる。ただ、例外として、被害者側の体質がきわめて特異なものであるときは、スターのグラフにある計算式にしたがって裁判所の裁量でこれを母集団としないこともできる。

(353)　2003年9月10日受領したメールより小笹氏の許可を得て転用。

補遺1　蓋然性の計算

　蓋然性の計算については混乱がある。ラプラス・シュライバーの式の適用領域あるいは、その理解についてである。Aという経験則の蓋然性をe１、Bという経験則の蓋然性をe２とすると、その推定事実が真である蓋然性Vは次の式で与えられるというのがラプラス・シュライバーの式である。

$$V = \frac{e1 e2}{e1 e2 + (1-e1)(1-e2)}$$

この式には次のような疑問が太田勝造氏によって投じられている。それは次のようなものである。それぞれの経験則の確率は、各50％以上でさえあれば相互に強力に補強し合い、最後に得られる推定事実の心証を著しく高めることになるのであるが、これを逆に言えば、50％以下、例えば10％の蓋然性の経験則は、推定事実の蓋然性を下げることを意味する[354]。

　太田氏は同様な問題をシュライバーの式についても投じられている。

$$B = \frac{b1 b2}{b1 b2 + (1-b1)(1-b2)}$$

これは先のラプラス・シュライバーの式とまったく同じである。

　ともあれ、この式の問題点をコルホッサーもまた示されているというので、そこにあげられている例を使って紹介しよう[355]。甲証人も乙証人も証明主題Tについて、真実であると主張したとしよう。ところが、甲証言は、信憑性が10％しかなく、逆に乙証言は90％であったとしよう。シュライバーの式によれば、証明主題Tの全体としての蓋然性の値は50％となる。これは、証明主題が真実なのか、誤りなのか全くわからないことに対応する。しかし、2人の証言のうち、1人の証言が全くいい加減であったとしても、もう1人の信憑性が極めて高いならば、裁判官は事実を認定

しうるであろうし、事実、蓋然性の値も高いはずである。このような指摘により、コルホッサーはシュライバーの式に疑問を投じている。

　問題はどこにあるのであろうか。私（山口）はシュライバーの式が誤っているとは思わない。ただ、証言の信憑性を経験則の蓋然性における確率と同視している点に問題がある。経験則の蓋然性とは、サイコロの目が正しい値を出す確率のようなものであり、それゆえ経験則の蓋然性が10％というとき、それは例えば"6"とこの経験則の蓋然性が示しているとき、"6"である確率は10％しかない、ということになる。

　これに対して証言の信憑性というとき、その確率論的な意味するものはまったく異なる。たとえば警備主任の犯人の目撃証言は信用できない、というとき、彼は部屋に入ってきて出て行った人を当てる記憶力テストのようなものをしたとき10％くらいしか正しい答えをださない、ということを意味するのだろうか。それとも100人くらいの被疑者の写真を見せると10人くらいを選び出すが、そのなかに犯人（犯人は一人とする）はいるが残りの9人は違っているということを意味するのだろうか？前者の記憶力テストだとすると、それは複数人からの選択を求めるテストを意味するのか、つまり10人から1人選べとするのか、それとも1人だけ示して、この人が犯人ですか？と尋ねるのだろうか。この場合10％の正解率は、10回同じテストを繰り返しても1回しか正しい答えを出せなかったということを意味するのだろう。

　この証言の信憑性が何を意味するのか、さまざまな可能性があることを前提にもう一度ラプラス・シュライバーの式を見てみよう。

　ラプラス・シュライバーの意味するところのものは、Aという事象に属する集合でかつBという事象に属する集合に探している犯人が入っている確率は50％ということを意味しているのである。

問題をわかりやすくするために証人を犯人であるかどうかテストするテスター機械（うそ発見器のようなものでも、精度の低いDNA鑑定機のようなものでもよい）と考えてみよう。精度の低い機械（正答率10％）と制度の高い機

械(正答率90％)だと考えてみよう。後の補遺にあるベイズの定理を読んでいただきたい。ベイズの定理のところで登場する病気に罹患しているかどうかのテスターがある。この病気のテスターが誤って陽性と示してしまうのはわずか2％に過ぎなくとも病気そのものの罹患率が1000人に1人だとすると、このテスターを1000人にテストすると21人に陽性反応を示すことになる(誤って陽性としてしまうのが1000人中の2％だから20人、本当に罹患している人が1人)。そうすると陽性と反応が出たからと言って本当に病気にかかっている確率は21人中の1人、5％にも満たないのである。

証人の証言の信憑性というとき我々はこのテスターの信憑性のようなものを考えないだろうか。そうすると10％しか信憑性がないこの証人に1000人の面通しをしたらどうなるであろうか？ 901人の人を犯人と名指すのであろうか。そうであるなら、もう1人の証人が90％の信憑性をもって名指しした101人との中に共通する人間はどのくらいいるであろうか？ 91人である。おわかりであろう。信憑性の低い証人もまた、信憑性の高い証人と同じ者を犯人であると証言すると、名指しされた者が犯人である確率はわずかながら上昇するのである。

なぜこのような混乱が生じてしまったのだろうか？ ラプラス・シュライバーの式は犯人であることの要件を絞り込む式である。犯人像を求める式といってもよいであろう。手相が一致するとか、年齢が一致するなどの条件を与えて、その中に犯人が含まれている確率を求めているのである。このため誤った、あるいは不確実な情報を与えると却って犯人がそのなかに含まれている確率は下がってしまうのである。

これに対してテスターの方は陽性とでれば確実に犯人が含まれているが、ただ、犯人以外の者も多数含まれてくる。絞り込みという意味では有効である。たとえ各証人の証言の信憑性が低くとも、証言が一致すればするほど絞り込むことはできる。

実際の証言の信憑性というときはどうなのであろうか。おそらく証人は

誤って犯人でない者を犯人であると証言するばかりか、犯人を見落とすこともあろう。しかし、真犯人を見ずして異なる者を犯人と名指すことは少ないであろう（もっとも、目撃者による人物識別には面通しにおいて細心の注意が必要であり、それでも目撃者はラインアップした人物の中に自分が目撃した人物がいるに違いないとの予断を持ってしまうことは避けられないという[356]）。

本当の確率、あるいは信憑性はラプラス・シュライバーと山口の示した計算の間くらいにあるのだろう。信憑性について、より正確で詳細な定義とその試験方法が求められる。

補遺2　損害賠償の算出方法

損害の計算方法をクーターとユーレンの教科書[357]は提示している。

(A)　代替価格方式

「契約当事者がその約束を破ったとき、この契約違反の被害者は約束の履行と代替的履行を取り替えることがある。……契約違反の被害者に、約束の履行を代替的履行と取り替えるための費用を損害賠償として認めるものである」

(B)　損失余剰方式

「各当事者は、契約から利益を上げることを期待するのが一般である。当事者が受け取ると期待するものに対する評価価値と、そのために現実に手放すものに対する評価価値との差を『余剰 (surplus)』と呼ぶ。……契約違反をした者が履行していたなら被害者が享受していたであろう余剰を損害賠償する方式である」[358]

(C)　機会費用方式

「ある契約を締結することは、それによって代替的な契約を結ぶ機会を失うことを意味する。……契約違反の被害者に、違反された契約に対する最善の代替的契約を結んでいたなら享受していたであろう余剰を損害賠償

として認める方式である」[359]

(D) 現金支出費用方式

「契約違反の被害者に次の2つの値の差額を損害賠償として認めるものである。第一の値は、契約違反が起きる前に、契約を信頼して支出した費用である。第二は、その費用によって、契約違反の発生後に実現される価値である。」[360]

この例としてチケット販売会社がチケットの卸値を第1の価格とし、このチケットの購入を約束した者が、約束に反したため、チケット販売会社がチケットをスポット売りした価格を第2の価格として、この差額を現金支出費用としてあげている。

(E) 減少価格方式

「契約違反の被害者に次の2つの値の差額を損害賠償として認める方式である。

その第1は、契約によって受け取られ、ないし改善されるはずであった商品の契約違反後の価値であり、第2は、契約が約束どおり履行されていたとした場合の商品の価値である。」[361]

そうして、クーターとユーレンはこれらの計算方法は不法行為による損害賠償の計算にも適用することができるという。たとえば海外旅行に行くつもりであったのが、交通事故でキャンセルせざるをえなくなったとき（事故そのものによる損害の賠償は確定している）、この旅行機会の喪失をどう評価するかという問題である。「旅行による楽しみ」を失ったことによる損失であるから、旅行の楽しみをどう評価するかの問題であるから、それは「旅行の価格」（これは現実には賠償済み）が「旅行の楽しみ」とほぼ同価格と推定できるのではないか（そう考えたからこそ原告は旅行を申し込んだに違いない）。別の言い方をすれば、原告は旅行の価値とその値段が等しいか、あるいはそれ以上と考えたからこそ旅行を申し込んだわけであるから、その楽しみを奪われたことの補償は旅行代金をもう一度賠償してもらうことで償われるはずである。

別の例をあげよう。自治体が地権者（土地所有者や土地の賃借人など）の承諾なしに道路等を作ってしまい、この撤去を求めた地権者に対して権利の乱用を主張して撤去を拒否した場合、地権者たちの賠償額は土地の価格に等しいのか、という問題を考えてみよう。土地の価格については不動産鑑定士の鑑定評価では流通価格、つまり通常の売買での価格を評価額として算出している。しかし、この価格を賠償したのでは地権者にとっては売りたくない土地を強制収用されながら、しかも強制収用の手続きもとられていないという不当な結果を受任させることになる。自治体はやりたい放題しながら、撤去の主張には公共性を担保にした権利の濫用ですませてしまうという結果になる。これは価格算定方式を別なものにすることで解決できる。この場合、自治体が土地収用をせずに迂回路をつくった場合の出費を計算し、この出費を免れたとして、その価格を不当利得として請求していく方法である。

補遺3　疫学的因果関係とベイズの定理

　ベイズの定理とは、与えられた情報に基づいて事前確率を事後確率に改定していくというものである。

　たとえばある人が、子供達が3人、楽しそうに遊んでいる写真を見せ、私の子供達ですと言ったとしよう。そこには写真の左端に女の子がおり、真中に後ろ向きの性別不明の子供、それに右には赤ちゃんが写っていたとしよう。そこに写っている赤ん坊が女の子である確率は通常なら50％である（事前確率）。ところが、あなたが、その人には子供が3人いてそのうちの少なくとも2人は女の子であると知ったなら、その写真の赤ちゃんが女の子である確率は3分の2となる。

　なぜなら子供3人が全て女の子か、男の子が1人いるわけだから、写真の左から子供の性を記述していくと（女・女・女）（女・女・男）（女・男・女）の組み合わせが可能だからである。

この確率の変化をベイズは次のように定理した。

事後確率は事前確率と条件付確率の積を分子に、分母には（事前確率と条件付き確率の積）と（条件付き確率の補集合と事前確率の補集合の積）の和によって与えられるとした。

$$p(A/B) = \frac{p(B/A)p(A)}{p(B/A)p(A) + p(B/A')p(A')}$$

たとえば2種類の箱X、Yがあるとする。Xの箱には白い玉が3個、黒い玉が1個入っており、Yの箱には白い玉と黒い玉が3個づつ入っている。XとYは外からは区別がつかない。しかし、いま目の前にある箱がXかYか当てなければならないとしよう。目の前にある箱がXかYかの確率は50対50である（事前確率50％）。

ところが、箱からひとつだけ玉をとり出してみることが許されるとする。それが仮に白だったとしよう。そうすると、この箱がXである確率は60対40（事後確率60％）となる。けだしXの箱なら4分の3の確率で白の玉がでるが、Yの箱なら2分の1の確率で白の玉が出る。目の前の箱がXの箱である確率は3対2でXの方が強い。Xの箱である確率は60％である。これをベイズの定理に当てはめて計算すると、$p(B/A) = 3/5$　$p(A) = 1/2$　$p(B/A') = 2/5$　$p(A') = 1/2$　から結局60％となる。

もうひとつ例をあげてみよう。この例は、多くの人々が直感的に誤った答えを出してしまうことで名高いものである。

ここにある疾病を明らかにする医学的な試験装置があるとしよう。この試験装置は罹患率が通常1/1000しかない疾病を明らかにするが、ただ5％の確率で誤って陽性の診断をしてしまうとする。あなたがある個人の症状や徴候について何も知らないとしたら、その人がこの試験装置で陽性の診断をされた場合、本当に問題の疾病に罹患している確率はいくらか？

事前確率は

$p(A)$ ＝罹患者である確率であるから　$p(罹患者) = 1/1000$

$p(A')$ ＝罹患していない確率であるから　$p(非罹患者) = 999/1000$

条件付確率は
p(B/A) = p(罹患者／陽性反応者) = 95 / 100
p(B/A') = p(非罹患者／陽性反応者) = 5 / 100

事後確率は、次のようにベイズの定理によればわずか2％に満たないのである。

$$p(A/B) = \frac{p(B/A)p(A)}{p(B/A)p(A) + p(B/A')p(A')}$$

$$\frac{\left(\frac{95}{100}\right)\left(\frac{1}{1000}\right)}{\left(\frac{95}{100}\right)\times\left(\frac{1}{1000}\right) + \left(\frac{5}{100}\right)\times\left(\frac{999}{1000}\right)} = 0.1857\ldots$$

　もちろん通常は対象者の症状・徴候について何も知らないということは少なくないであろう。そのせいか多くの医師は、罹患の確率はもっと高いものと推測してしまう。事実、米国で1978年に臨床医に対して行われた調査によると約半数の人が95％と答え、平均は56％、正解を答えたのはわずかであったという。

　多くの人が誤算してしまうのは、罹患していない人に対しても機械は陽性と診断してしまうことを忘れがちなためであろう。罹患していない999人のうちの5％、約50人が陽性と診断されてしまうのである。これに対して罹患した1人が誤って陰性と診断される確率は極めて低い（5％）。そうすると1000人にこの試験装置を使って診断を下そうとすると、およそ50人に陽性の診断が下されるわけであるが、実際に罹患しているのは1人にすぎない（陽性反応者の2％）、というわけである。

　他の条件はそのままにして、罹患率が100人に1人だとどうなるであろうか。100人に試験すると、約5人が陽性、しかし1人しか本当には罹患していないわけであるから、それでも陽性反応が出ても20％しか本当ではないということになる。

補遺 4　DES、アスベスト、枯葉剤

(1)　DES 訴訟

　DES はクラスアクションとして提起された。カリフォルニア最高裁判所において、1980 年 5 月 7 日、原告 (控訴原告でもある) Judith Sidnel が、被告である Abbott Laboratories に対して、また原告 Maureen Rogers (控訴原告でもある) が Rexall Drug Company を被告として争ったのが本件である。ロサンジェルスとヴェンチュラカウンティーの上級裁判所が請求を棄却したため、上訴がなされた。裁判所は、原告らがそれぞれいずれの製薬会社の製品を服用したか証明できないので、各製薬会社の当時の市場占有率による賠償を命じた[362] (市場占有率の理論についてはこの後に紹介するアスベストの項参照)。

〈事実関係〉

　そもそも DES を妊娠中の特定期間に服用することで生まれてきた子が女児である場合に起こる疾病 (adenocarcinoma と adenosis) は、それぞれ次のような特徴がある。adenocarcinoma (腺ガン) は女児が 10 歳から 12 歳くらいのころに発病し、死にいたる病で、発見次第外科的に除去しないと体中に転移してしまうという特徴がある。adenosis (腺疾患) は放置しておくとガンにいたる病で cauterization、surgery、cryosergery が治療法として知られている。予防のためにバイオプシーか colposcopic 検査が有効であるが、6 ヶ月ごとに繰り返されるこれらの検査には激痛がともなう。

　1941 年 DES は FDA により流産防止薬としての試験的使用が許可された。しかし 1971 年には DES を製造していた会社に対して FDA の命令により流産防止薬としての市場での流通が禁じられ、医師にも警告が発せられた。催奇形物質であることが認められたのである。そもそも 41 年から 71 年にかけて被告らは DES の使用について試験的使用に限られていることを秘して流通させていた。被告製薬会社は薬の有効性についても安全性に

ついても試験せず、第三者機関からの安全でも有効でもないという結果についても知りながら、これを流通させていたのである。それゆえ薬の安全性については製薬会社各社が頼りあっており、また医師による処方のときには、成分名による処方の表示が多く、各製薬会社の固有の呼称による処方は少なかったものと思われる。

当時おおよそ150万人から300万人の妊婦がDESを服用していたものと推計され、数百から数千の出生児がadenocarcinomaで苦しむものと推計されている。adenosisにいたっては、女児の30％〜90％の間に疾病があらわれるものと推計されている。

原告は彼女自身に100万ドルの損害賠償および1000万ドルの懲罰的賠償をもとめてクラスアクションの方式で訴えが起こされた。

〈製薬会社が市場占有率による賠償を命ぜられるまでの過程〉

因果関係の証明の一部が欠如している問題について、はじめに、Summers v. Tice判決[363]の先例拘束性が検討される[364]。問題となった先例では被害者は加害者2名のうち、いずれの銃から出た弾が原告の右目に当たったか明確にできず、結局2名を被告に訴えをおこしたというものである。先例では、原告の証明責任を被告側に転換することで解決した。本件でもこの証明責任の転換は認められた。次に被告側の損害をどうわけるかという点について、enterprise liabilityの理論が検討された。これは、DESのメーカーが200社をこえていることに鑑みて否定された（これら理論については本書後述アスベストに関する判例の部分参照）。すなわち、enterprise liabilityの理論の元となった判例では、米国の雷管メーカーはわずか6社であり（この事件はCanadian blasting cap カナダ製雷管事件と呼ばれている）、また業界組合も被告となっており、業界全体が危機意識を共通にしており、かつそのリスクを共同して減少させる可能性を有していたという事案であり、DESとはその点で異なると判断された。

結局、本件では被告らは共に不法な行為をしており、その行為の効果は

原告らに向けられたものである、という共通点以外に従来の判例と共通するところはないと判断したのである。それゆえ証明責任の転換までを認められるならば、res ipsa loquitur（証明責任の転換の米国流解釈）の法理が適当であるとされた。

　協調行為（concert of action）の理論の適用も次の理由で否定された。協調行為とは、不法行為の積極的な参加者であるとか、協力者、先導者、かかる遂行組織の一員は、不法行為者と同じく責任を負うとする理論である。日本でいうところの暴走族の路上レースに巻き込まれた通行人の救済を機会に判例は発展した[365]。リステートメント（第二）Torts（不法行為）八七六条にもとりこまれている。そこでは協力の約束であるとか、不法行為の規格のみでは協調行為には当たらない。その実行行為に荷担していることが必要であるというものであり、本件はこれに当らない。

　これまでの多くの薬害訴訟でも、協調行為の理論の適用は否定されてきた[366]。カリフォルニア最高裁はDESの事件で、協調行為の理論の適用を否定している。製薬企業間で単なる連絡とか共助の関係があった（mere communica-tion and cooperation among the members of a particular industry）というだけでは足りないというのがその理由であった。製薬会社間で慣習として他社の類似商品の経験によって自己の製品の安全性を確認しているといっただけでは不法行為に協調しているとまではいえないというのである。もっとも、製薬会社が意識的に同様の製品を販売していた、あるいは警告文を販売にあたって添付しなかったという理由でこれを認めているものもある[367]。

　結局、本件ではサマーズ事件の判例を一歩すすめ、被告とされた製薬会社は自社の製品が原因でないことを立証できない限り市場占有率によって責任を負うとしたのである。

　裁判所は訴訟に関わるコストと時間を考慮し、また本件がクラスアクションであることに鑑みて、市場占有率による損害の分割を認めることが適当であると判断したのである（被告の市場占有率は総計によると約90％で

あった)[368]。

(2) アスベスト訴訟

アスベストについては、多くの訴訟が存在し、進行中のものも多い。また、アスベスト企業が倒産 (Bankrupcy) してしまい、債権者の中に多くのアスベスト被害者がいるというケースもある[369]。以下に紹介する判例[370]は、市場占有率による賠償の理論などを本件では不適当として採用しない理由を示した点に特徴がある。以下、DES訴訟で検討され適用が否定された判例理論をみていこう。

〈テキサス最高裁判所判決〉(Supreme Court of Texas John Allen Gaulding, et al., Petitioners, v. The Celotex Corporation, et al., Respondents)

原告はアスベストによって死亡した遺族であり、被告はアスベストを含んだボードの製造業社5社である。第一審裁判所は企業側を勝訴させるサマリー判決を下した。控訴がなされたが、控訴審も第一審判決を支持したため、上告がなされた。上告審も原審支持。ゴンザレス判事は共同不法行為理論 (collective liability theories) は本件には適用できない、との見解を示した。

上告人 (原告) の主張によれば被上告人 (被告) らのボードには欠陥があり、危険があるにもかかわらず、販売にあたって有害なアスベストについて十分な警告がなされていなかった。設計にも欠陥がありラベルも貼られていなかったと主張した。

上告人の主張によると上告人の母親は肺の中に生じた中皮腫によって死亡したものであるが、その原因はアスベストの曝露によるものであるという。それは1956年6月以降、夫の作った化粧キャビネットにアスベストを使ったボードが使われていたためである。このボードは廃品業者 (すでに廃業) から買っている。婦人は1984年、最初の被曝から28年後に死亡している。

上告理由の中で上告人は原審が第一審のサマリー判決を支持してしまった点に誤りがあるという。けだし、共同不法行為に関する様々な理論や証明責任の転換論によって事実の証明が争点となりうるにも関わらず、事実の認定に争いがないとしてサマリー判決（法律上の論点のみの判断をする）ですませてしまった点に誤りがあったというのである。

　しかし、原告も認めているようにボードがどのメーカーのものかを特定することはできず、テキサスにおけるアスベストボードメーカーの共同責任を求めたのである。

　上告人はその根拠として、テキサスの裁判所が共同不法行為の理論を採用した判例があること、今回もそれが認められるべきだと考えたのである。その判例とは[371]、小さな湖の所有者で、その湖は、水が干され、掃除され、新たに水が満たされ魚が放たれていた。被告らはパイプラインを利用する石油会社と塩水を処分する会社であった。石油会社は石油を、塩水処理会社は塩水と石油がパイプラインから垂れ出して湖に流入し、魚を死なせ湖水が汚染されるのを放置した。塩水処理会社は1万から1万5千ガロンの塩水がパイプラインから溢れて、原告の土地を通って湖に流れ込むのを放置し、石油会社は大量の石油と塩水がパイプから溢れて小川を経て湖に流入するのを放置した。第一審裁判所は被告それぞれに分離して裁判をしようとしたが、損害が分離できないことを理由に原告がこれに従わず、不服申立てがなされ、控訴審裁判所は事件を第一審裁判所に差し戻したというものである。別々の行為が分離できない損害を産んだ場合には一つの訴訟手続でこれを行うことができる、というのがこの判決の要旨であった。しかしアスベストの事件ではこの判決の適用を否定した。

　(i)　res ipsa loquitur の法理（証明責任の転換の米国流解釈ここでは便宜上レスイプサロキトゥールと記す）も検討された。

　レスイプサロキトゥールが適用できるのは次の二つの条件を満たしている場合でなければならないとされた。その条件とは(1)損害の性格がネグ

リジェンスがなければ起らなかったものであること。(2)損害の原因となった行為は、被告のみの管理と制御の下にあったこと。しかし、アスベストの事件では原因がいずれの会社のボードであるか明らかにすることが出来なかったのであるから、被告のみの管理と制御下にあったとはとても言いがたいというのがその理由で、res ipsa loquitur 法理も否定された。

(ii) 選択的不法行為責任 (alternative liability) も検討された。
　選択的不法行為責任の法理とは、複数の不法行為者がいるとき、すなわち同時にこうした行為がなされ、実際の損害がそのいずれによるか不明であるが、そのうちの一つの行為が損害の原因であることが明らかなとき、原告はそれ以上の証明責任を負わない、とするものである（サマーズ対タイス判決[372]）。被告らは、自身の行為が結果を招来していないことを証明すれば責任を免れる。この法理の決定的な要素は可能性のあるすべての加害者が被告となっていなければならない、としている点である。本件ではすべての被告がそろったという証明がなされなかった。

(iii) 協調行為 (concert of action) の理論についても否定された（この根拠については前出 DES の記述参照）。
アスベストの事件では結局、ボードにアスベストを使う企業に上記のような共謀に近い協調関係が存在したという事実は証明されていないのである。

(iv) 企業不法行為の理論も検討された。
　企業不法行為の理論 (enterprise liability) とは工業基準に関するものである。この理論は雷管の爆発で多くの子供たちが怪我をしたという事件に端を発している。原告らは雷管のメーカーを特定できなかったのである[373]。原告は米国の雷管メーカー 6 社全部とその業界組合 (trade association) を被告として訴えた。この判決ではかかる理論が適用される要件として問題

となった欠陥について業界全体がその危険について認識しており、その事故のリスクを共同して減少させる可能性を有していた場合である。この要件を満たしている場合、原告はどの企業の製品が事故を起こしたかを証明する必要はなく、事故がこれらメーカーによる製品によって「証拠の優越」の程度の証明がなされればよいというものである。

　この理論は他の管轄の裁判所ではいずれも否定されている[374]。この理論の適用が認められるには、同じ製品を作っている企業の数が極めて少ない、少数の企業に集中している場合でなければならない。先の雷管の判決でも5ないし10くらいの場合にしか認められないだろうとし、本件のアスベストのように数千の企業に分散している場合にはない、と判決は述べている[375]。

　本件(テキサスのアスベストの裁判)では、企業不法行為の理論の適用を否定した。アスベストを含んだボードが少数のメーカーに限られていたわけでもなく(それゆえ共同責任を問うのは難しく)、またジャンクヤードから購入しているというのだから州外のメーカーの可能性も否定できないのである。

　(v) 市場占有率による責任 (market share liability) の理論も検討された。
　市場占有率による責任の理論は前述のカリフォルニアの最高裁でDESの事件の中で形成された[376]。この理論が適用されるには、一般的な不法行為の要件を被告が特定できないという問題を除いて一見してすべて具備していることが必要である。被告企業らは地理的に原告の被害事実との間に十分な関連があるものでなければならない。証明責任は被告側に転換される。それができないとき被告らは市場占有率にしたがって賠償しなければならない。

　本件のアスベスト事件では、裁判所は次の理由で市場占有率の理論は適用できないとした。問題のボードはいわゆるジャンクヤードで購入したものであり、それゆえ州内のメーカーの製品であると断定できず、合理的な

範囲にボードのメーカーを絞り込むこむことは現実的に不可能だからである。

以上の理由により、ここに掲げたアスベストに関する訴訟では原告らは敗訴している。

(3) 枯葉剤（Agent Orange）訴訟

枯葉剤訴訟は数多く提起されているが、ここでは枯葉剤訴訟のもっとも中心的人物 Weinstein 判事の見解（サマリー判決の際に書かれたもの）を紹介する[377]。Weinstein 法廷の特徴であり、最大の論点は判事が連邦証拠規則の解釈に連邦証拠規則 702 条の解釈をてこに（Frye ルールとの関連についてはこの項に記述した）原告側が提出しようとした鑑定をことごとく認めなかった点である。この結果、被告（国）側の鑑定のみが証拠として採用されることになり原告勝訴の可能性はなくなり、多くの訴えが取り下げられるか、サマリー判決によって終結している。その後、Frye ルールは Daubert 判決で変更されることになるが、この判例変更の原動力となったのが、Weinstein 法廷から生み出された一連の判決への批判だったのである。1985 年 5 月 8 日に下された In re "Agent Orange" Product Liability Litigation がそれである。

260 万人がアメリカ合衆国、オーストラリア、ニュージーランドから参戦し、60 万人以上が枯葉剤に被曝したといわれている。本件では 281 人が原告団を形成しているが、これはオプティングアウト方式といって参加を希望しない人は除いてある。1984 年 5 月 6 日時点で 2440 名がオプティングアウトを希望していたという。1984 年 7 月 24 日、本訴以外の原告らと被告らにサマリー判決が下された。1984 年 12 月 10 日口頭弁論が開かれ、被告らは原告らには因果関係の証明がないと主張した。裁判所は原告らが証拠を収集する時間を与え、さらにこれは延長されたが、結局多くの原告が証拠を提出できずに、サマリー判決にいたっている。1985 年 4 月まで

の間に多くのレポート、調査研究報告書などが原告、被告両者から提出されたが、裁判所はいずれのレポート、調査報告書も原告の損害と枯葉剤との間の因果関係を証明したものはないと判断した。

　この判断の根拠は二部構成になっている。まず、事実認定の問題として疫学的研究と鑑定人の証言が取り上げられている。次に鑑定意見を採用するための法的要件の議論が行われ、そこでは連邦証拠規則702条および703条の解釈適用が議論されている。

　疫学的研究から見ていこう。原告が提出した疫学的調査はいずれも裁判所として採用することはできない。まず退役軍人で枯葉剤に曝露した者とその妻ないし恋人との間の妊娠では流産が多いとの主張であるが、これを証明する疫学的調査はない。ヴェトナム戦に参戦した軍人について96種類の流産および奇形児の出産についてのCDC（疾病予防機関 Center for Disease Control）の調査が因果関係を否定している。オーストラリアの研究も同様の結論に達している。

　退役軍人の健康被害についても、同様に枯葉剤との間に因果関係を認めることはできなかった。空軍の調査によると、固定翼に機上して枯葉剤の散布に関わった1034人について追跡調査が実施されたが因果関係の存在を証明するような証拠を認めることはできなかった。ただ、ガンとの因果関係については、さらなる時間の経過（曝露から20年以上）をまって調査する必要があるとこの調査は結論している。

　その他の科学的な研究調査でも因果関係を認めたものはない。例えば、オーストラリアでヴェトナムに参戦したオーストラリア兵士1万9209名および民間人で90日以上ヴェトナムに滞在した2万6957名について調査したところ、一般よりも平均寿命が短くなっているという統計上の事実は発見できなかった（例外として王立オーストラリア工兵隊があるがその理由は不明である）。疾病ごとの調査も行われたが、アルコール中毒以外に退役軍人に疾病が多いという事実は発見できなかった。枯葉剤の主成分であるダイオキシンの人体の影響について、科学者の間で見解の一致を見ているわ

けではない。

　原告は動物実験の結果および工場労働者の曝露についての調査結果を引用しているが、これらの調査は因果関係の存在の可能性を推測させるにすぎず、因果関係の存在を認定する資料とすることはできない。それゆえ信頼するに足る資料はないといわざるをえない、というのが Weinstein 法廷の結論である。

　原告側の鑑定人も枯葉剤が発がん性を退役軍人に対して有するまでと明言出来る者はいなかった。原告側の鑑定人シンガー博士 (Dr. Barry M. Singer) の証言は、原告に対する質問表の分析とそれが枯葉剤曝露による症状 (工場での曝露のときの報告、動物実験の結果) との比較に基づいていた。すなわち、原告らは疲れ、睡眠中の発汗、頭痛、難聴、アレルギー、抜け毛、突然の鼻血、食欲不振、尿の色の変化、胸痛、不安、鬱、子または配偶者に流産、アレルギー、学習障害、奇形などがないかどうかを、原告自身が喫煙するか、飲酒するかなどの質問と同時に行われている。これらの調査からシンガー博士は枯葉剤がこうした諸症状の原因であると証言したのである。けだしこうした諸症状は通常原因ではないかと疑われている物質に曝露したときに起こる症状であり、原告はほかに症状が現れるような物質に曝露していないから、問題の枯葉剤が原因であると断定したのである。しかし、こうした諸症状を示す疾病は成人にはめずらしいものではなく、疫学的にもわずかな確率の上昇はあるものの、因果関係の存在を断定できない。それゆえシンガー博士の結論には科学的根拠がないというのが裁判所の結論である。

　原告側の鑑定人エプスタイン博士 (Dr. Samuel S. Epstein) の証言。博士は公衆衛生、細菌学などの専門家であり、シカゴのイリノイ大学の教授である。239 の論文を発表しており、その中のいくつかは TCDD (枯葉剤の成分のひとつ) の曝露に関するものであるから連邦証拠規則 702 条にてらしても鑑定人としての資格に問題はなかった。

　博士は 100 を超える TCDD のヒトおよび動物に対する影響に関する論文

を審査した。博士の結論は枯葉剤と種々の中毒諸症状との間に因果関係があるというものであった。

　裁判所は、しかし博士の結論はヴェトナム戦退役軍人の諸症状と枯葉剤の曝露との間に因果関係を証明したものではない、と判断した。また博士が原告に対して行った診断のための質問についても、博士が比較の対象としたのは一般の調査結果であって、退役軍人を母集団とするものでないから、採用することはできないとした。

〈法の解釈〉

　鑑定証言の要件としての信頼性：多くの法廷が政府の研究機関の調査・研究を信頼できるものとしている。第四巡回裁判所は三つの州政府およびCDCの調査による中毒性ショック症候群報告を連邦証拠規則803条8(c)に適合するものとの判断を示している[378]。(伝聞証拠の例外として連邦証拠規則803条の8の(c)は政府の作成した書類であっても民事訴訟において使用することができるとしている) Weinstein法廷は調査の方法が一般によく受け入れられているもので、公平な視点から調査したものであることが認められるとした[379]。同様の判決はCDCと州政府の調査がタンポンと中毒性ショック症候群との間の因果関係を認めた報告を信頼できるものとして扱ったものがある[380]。

　政府が被告であっても政府が作成した報告書にバイアスがかかっているということはない。けだし政府の科学者といっても彼らは政府の関係当事者とは独立した研究機関の研究者だからである。

　原告は100を超える疫学研究を提出しているが、これらは政府機関によるものではないので、連邦証拠規則803条8(c)の適用を除外されるものではない。803条17あるいは803条6によって受け入れられる場合もあろう。裁判では通常連邦証拠規則703条によって審査されることになる。その結果、原告が提出した動物実験の研究報告は受容できないと結論した。けだし、動物実験はヒト以外の動物に対して行われている以上、その結果

の信頼性は一般的に言って疫学的調査よりも信頼性が低いからである（この点について Dr. Ellen K. Silbergeld の論文[381]が引用されている）。

連邦証拠規則 702 条は「科学・技術あるいはその他の特定の知識を有する者が争点となっている事実に関して事実の決定を援助する」ことを鑑定と規定している。鑑定人はその専門分野で知識、経験、訓練ないし教育を受けていなければならない。

連邦証拠規則はしかし Frye テストというより容易で簡潔な鑑定人選別の法理によって、その活躍の場を奪われてきた。それは簡単にいえば、著名な科学的見解 (novel scientific evidence) であれば認められる、というものである。こういうテストを課しておけば時間の浪費と混乱と偏見から守られるというわけである。

裁判所は Frye テストを放棄して連邦証拠規則 702 条の鑑定人の選別の幅をより広く認めた規則に移行しなければならない。そこでは、鑑定人の見解が学会などで多くの支持を受けていなくとも、将来その可能性さえあればよいのである。

〈シンガー博士の証言の受容〉

連邦証拠規則 702 条は鑑定人の資格についても自由な立場をとっている。それゆえシンガー博士が有する資格がどのようなものであろうと、博士の問題に対する証言から当裁判所は博士に疫学者として鑑定にあたる資格はないとまでは言い切れないものと結論した。博士は疫学のいかなる学会にも所属していないし、最近 18 年間の実務の中で書かれた論文も白血病に関する共著にすぎない。それゆえ連邦証拠規則 702 条により鑑定人としての資格は認められるものの、他の鑑定人よりもその証拠価値は低いものとされなければならない。シンガー博士の証言の有用性 (helpfulness) については問題ないとした。

〈エプスタイン博士の証言の受容性〉

エプスタイン博士の鑑定人としての資格に問題はなく連邦証拠規則702条を通過するであろう。専門家としての教育、経験、論文などにおいてなんら問題はない。ところが、連邦証拠規則は703条において、博士の証言を拒絶できるのである。それというのも同条は、鑑定人は、鑑定のための事実について裁判での聴聞 (hearing) 以前に意見を形成したものでなければならないとしているからである。にもかかわらず、博士は結論を導くのに原告によって供給されたアンケート風の質問に回答した用紙をもとに、一般的に知られた理論や研究を、いわばその場で適用したものにすぎないからである。それは結局のところ事件をフィールドとした見解あるいは伝聞証拠と同様の価値しかないというのがWeinstein判事の見解だったのである（連邦証拠規則703条については本書Daubert事件の項およびその注参照）。

この問題については議論が多い。しかし本稿の目的はその論争を紹介するまでの射程をもって書かれたものではないので論争そのものについては、Weinstein判事の判決文を参照されたい。

補遺5　因果関係と責任

部分的因果関係と割合的責任

1　責任概念と因果関係の概念は、その一般的概観と異なり非常に密接に関連している。因果関係は過失やその他の要件とともに責任を確定する要件であるばかりでなく、ときとして因果関係の領域を越えて責任の範囲を確定する。

たとえばRe Polemis and Furness Witty & Co., (1992) 3 K. B. 560はその判決の中で「合理的な人によって予見することのできない損害について、それが『直接』または『自然』であるからといって、責任を負わせることは誤っている。また、同様に、同人が、その結果の発生を導いた中間的事実を予見していたか、または合理的に予見することができた場合に、損害が

間接的であるからとして、その責任を免れさせることも誤っている。……従って、予見性こそが、効果的な基準である」(訳は塚本重頼『英米民事法の研究』昭和62年352頁による)として因果関係の範囲を予見性という人間的な要素に託しているのである。予見可能性は過失における結果回避義務と並ぶ要素であると解されている現在の過失論にあっては、これは明確な混乱である。けだし予見可能性という言葉は、予見していなくても予見できたか否かを論じているにすぎず、基本的には予見性を基礎にしているからである。そうすると予見性は過失にも因果関係にも関わる要件事実における、要件を構成する下位概念が複数の要件事実にまたがって存在することになってしまう。

また予見性を因果関係の基準としてしまうと、予見性のそとには因果関係は存在しないこととなる。しかし、予見性は「原因設定行為に対する結果が起こる蓋然性」という経験則のナイーブな表現にすぎず、これでは因果関係が確率的なものに、すなわち因果関係が「あるか」「ないか」、ではなく「ありそうか」「ありそうでないか」という否確定的なものとなってしまうのである。

しかしこれは部分的因果関係の議論に対する、多くの論者の戸惑いや動揺に現れているように背反的である。このとまどいや動揺を緩衝しようとした表現が割合的責任という表現にすぎないと筆者は考えている。それゆえ割合的責任も割合的因果関係も、部分的因果関係もそのセマンティックは同じである。

こうしたわけで、割合的因果関係の議論は、責任とは何かという問題を必然的に導出する。責任概念は、フランス法のように、それまで不法な行為(過失ある行為)に呼応して発生する賠償を確定するものとして理念するか(Michel Villey)、ドイツ法のように賠償の確定のための過失・違法、因果関係とならぶ個人の帰責要件(責任能力)として理念されてきたわけであるが、いずれにせよ責任という概念が賠償の範囲と結びついていたことに変わりはない。ところが、原因競合の場合には、それを過失のところで論じ

ることも、因果関係のところで論じることも、責任能力のところで論じることも可能であったため、論者によって原因競合を論じる場の位相が議論をよりわかりにくいものとしてしまったのではないだろうか。

さらに、20世紀の不法行為法は、わが国でいうところの不真性連帯債務を様々な場合で発展させてきたが、これが原因競合のケースでは否定的に働くため、ある意味で方向転換をせまるものであった。これは日本に限ったことではない。欧米の不法行為法もまた個人責任の原則の下で連帯責任という形で責任を複数人に科すという離れ業[382]をやってきたのである[383]。この離れ業の鍵もまた因果関係概念だったのである。

こうした連帯責任の拡大に対する反省がなかったわけではない。しかし、被害者側の過失はこれを過失相殺しない（フランス）とか、賠償の範囲について相当因果関係説を排除して保護目的説を採用するといった工夫（ドイツ）[384]によって被害者救済の姿勢は大勢において維持されている。例外が肥大化した米国の製造物責任訴訟や環境関連訴訟群だったわけである。

2　フランスの立法および判例は歩行者と自動車の事故について歩行者の過失を対象とする過失相殺を排除する。フランスの破毀院は、歩行者と自動車の衝突事故における過失相殺の法理を排除する。フランスでは長いこと交通事故に対処するための特別立法をもっていなかった。このためフランス破毀院はフランス民法1384条（無生物責任）の一項の規定を適用し、被害者の行動が加害者に予見不可能かつ回避不可能な場合に限って責任を免れるとした。それは、歩行者と自動車の衝突事故については、フランス民法1382条ではなく、1384条1項が基本的には適用になり、被害者の行動が予見不可能かつ回避不能な場合にのみ責任を免れるというものであった[385]。この判決を取り入れるかたちでフランスでは交通事故法が制定された。そこでは人身事故（車対人）被害者の保障には不可効力による免責および過失相殺を排除した。さらに特則で①16歳未満または70歳以上の者、②重度後遺障害者にあっては事故の唯一の原因の許しがたいフォート

(faute) であっても適用を排除する。

　立法趣旨で興味深い点が指摘されている。それは、交通事故では、歩行者は交通危険を創出していない。それを創出しているのは加害者であるという点である。これは米英流の表現を使えば経済的利益すなわち利便性を享受している者が危険も負担すべき、ということになる。フランスでは1382条（従来の過失責任規定）と1384条（物の管理者の責任）という二つの条文を使い分けることで、事実上過失責任と無過失責任に近い厳格な責任法理を共存させたのである。

　3　これに対して本書でも紹介した著名なラモリシェール号事件が部分的因果関係を認定しており、また少数説ながらBore教授が部分的因果関係論を支持している[386]点が問題となる。けだし部分的因果関係論が認められれば、それはもはや過失の問題ではないから、物の管理者であろうと、自己の管理行為に基づかない損害については責任を負わないことになるからである。判決もかっては、部分的因果関係の理論に好意的であった。

　1966年6月15日破毀院民事第二部は2歳半の幼児の交通事故について幼児の両親の監視の不在と運転手の双方が協同して事故が起こったのであるから、運転手の管理者としての損害から免除せしめるべき部分が控訴審では議論されていないとして控訴審の判決を破棄している[387]。

　1963年12月17日破毀院民事第二部は自己のオートバイの車道上に意識を失って倒れていた者を避けきれずに轢いてしまった自動車の運転者の責任について1384条の物の管理者の責任を全面的に認めた控訴審判決を、加害者が免責されることの可能な被害者の行為を、被害者の過失の立証がないとの理由で認めなかったのは法的根拠を欠くとして破棄している[388]。

　4　そもそもフランス法は連帯債務が生ずる場合を明示的に定められた債務に限定している（フランス民法1202条）ため、わが国でいうところの不真性連帯債務（obligation in solidum これを連帯債務と区別するために全部義務と訳す[389]）という構成を認めている。全部義務の根拠として損害を引き起

こすにあたって競合した各自のフォートの区分ができない、というところに根拠を求めた判決である[(390)]。この判決は、もし各自のフォートが区分できるものであれば、それぞれのフォートに基づいて賠償は全損害のそれぞれの部分にのみ発生すると考えること（部分的因果関係の理論と矛盾しない）が可能であるが、これを正面から論じたものはない。むしろ部分的因果関係の議論は保証理論との関係で（ちょうどドイツにおけるケメラーの保護目的説や規範目的説と因果関係の議論に皮相するものかのように）日本では紹介され議論されてきた。しかし、私見では部分的因果関係の議論と全部義務の議論は日本で紹介されているほど対立していない。少なくともドイツの議論と類似の構成をもった対立として捉えるのはいかがなものかと思う。むしろ交通事故における1384条の適用は、部分的因果関係の議論を否定することなく、しかしながら被害者の救済を推し進めることを可能にしたものであるという点で画期的なものであるというのがフランスでの評価ではないだろうか。それは、それまでの判決が1384条の適用のためには因果関係の認定に慎重であったため[(391)]であったのが、交通事故などにおいて1384条1項の適用領域が広がり、それに従ってfauteの認定も因果関係の認定も緩やかに解されるようになったためではないか。たとえばマゾーは1384条1項の因果関係の証明には事実的因果関係の証明で足りるとしている[(392)]。

5 英米の共同不法行為の理論については、本文133頁で触れてあるのでそちらを参照されたい。

6 こうした諸国の動きに対してわが国では交通事故の激増と、賠償額の高額化に呼応する形で、幼児に対する過失相殺適用の最高裁判決を契機に、被害者側の過失について被害者本人の責任弁識能力を緩和する方向にむかう議論がさかんになる[(393)]。被害者には損害の発生を避けるのに必要な注意をする能力（事理弁識能力）があれば足りるというのである。この根拠として、(i) 被害者の主観的事情を考慮する必要はない、行為の外形から客観的・定型的に決定すれば足りるとする説[(394)]、ないし被害者の過失は

違法性を斟酌するものにすぎないとする説[395]、(ii) 被害者の事情は損害賠償の範囲決定（金銭評価）のための考慮要素であるとする説[396]、(iii) 因果関係の割合の問題であるとする説（部分的因果関係論や割合的認定論）[397]、(iv) 被害者側の寄与度の問題であるとする説[398]などが登場する。

　こうした議論の背景には責任成立要件と過失相殺要件の対象性の崩壊がある。責任の前提となる過失は、加害者の帰責原理となっても被害者の帰責原理とはならないという新たな主張[399]が表れている。前者は損害の転嫁の問題であるから過責原理によるが後者は競合原因のリスク配分の問題である、というものである。この見解は加害者・被害者双方の違法性の程度を基準にして結果が比例配分されることを提唱する[400]。

　さらに被害者側の過失という理論構成は必要なく、損害の発生に被害者も寄与していることが加害者の非難可能性ないし違法性の程度を軽減させているのであるから、被害者の行為態様だけで過失相殺をするのが一貫しているという説も現れている[401]。

補遺6　NESSテスト

　因果関係概念については近年NESSテストとよばれるテストが因果関係の存否を検証する道具として提唱されている[402]。NESSとはNecessary Element of a Suffucient Setの意味であり、先行する事象の必要な要素が、結果がおこるために充分なものであるか否かをテストするという意味である。ある要素が結果の原因とよべるためには、その要素は結果にとっての十分条件をある程度満たすとともに、その要素なくして結果は考えられないという必要条件をある程度満たしていなくてはならない、ということである。

　これについて浜上教授は因果関係の判断基準として、「あれなければこれなし（conditio sine qua non）」という命題をあげられるが、これは「裏」の命題であるから、「前提命題が真でも、裏必ずしも真ならず」だという。

「火事があれば煙があがる」でも「煙があれば必ずしも火事」とは限らないから、不完全な命題である。それゆえ、因果関係の判断基準としては必ずしも適当でなく、必然的に部分的因果関係の問題を生ずると論ぜられる[403]。これを私流に解釈するなら「原因とされる行為があれば必ず結果が起きるとはかぎらない」ということは原因子の相対的寄与危険度が100％ではない、ということであり、この100％ではないという点を強調されている。

しかし、この命題（事実的因果関係における条件説）は、必要条件を法的な因果関係の成立要件としているわけであるが、以下に紹介するNESSテストは、この必要条件すら若干緩和しようとしているところに特徴がある。

「Rが起るには必ずQがあらかじめ存在していなければならない」とするのが厳格条件テストとよばれ、強い条件テストというのは、「Qの存在は特定の機会にRが生起するために必要である（こうした状況は特定の機会というものにはある）」というものである。さらに弱い関係（NESSテスト）は弱い必要条件テストといって「QはRが起きる充分な条件の組み合わせの必要な要素である」とするものである。

十分条件も同じように厳格な十分条件から強い十分条件、弱い十分条件に分けられる。

NESSテストは結局結果が起る絶対必要条件ではないが（すなわち結果は原因と疑われるものが存在しない場合にも起ることがある）、原因と疑われる因子があれば結果があると考えられる組み合わせの中に必ずある、というものである。

筆者は、NESSテストを疫学における危険度概念の一般言語によるナイーブな表現であると考えている。危険度の疫学的表現には大きく分けて相対危険度と寄与危険度がある。前者は例えば喫煙者は非喫煙者よりどれくらい肺ガンになる確率が高いか、といったように倍率で表されるのに対

して、後者は肺ガン患者の中にどれくらい喫煙者がいるか、というパーセンテージ（百分率）で表現される。

　原因子の存在は必ずしも結果を常に予測させるわけではないが（相対危険度が無限大でないかぎり）、結果があれば原因子の存在を疑ってよい（大きな確率で、寄与危険度が大きいパーセンテージを示す原因子が見つかる）ということを表現している。説明しよう。

　たとえば(1)火事Xは家にまで燃え広がってきたが、火事Yは家まで燃え広がってこなかった場合、家が焼失した原因について、唯一の充分な要素のセットは、必ず火事Xを含んでいる。ところが(2)火事Xも火事Yも同時に家まで燃え広がっていった場合、XもYも家の焼失の十分条件である。Xがあれば家は燃え、Yがあっても家は燃えているのである。

　問題は火事Xにより火が家に燃え広がったのか、火事Yによる火が家に燃え広がったのか分からない場合である。Xの火のみが家に燃え移る確率は50％、Yの火のみが家に燃え広がる確率も50％のとき、家が燃えたのはどちらのせいかわからない。もし二つの火事が修飾関係になければ両者の存在は、家が燃えてしまう確率を100％にしてしまう。問題は正の修飾関係にある場合、その確率は100％を越えてしまう。負の修飾関係にあるときは、家は必ずしも燃えるとは限らない。

　相似した問題でチャンスの喪失というのがある。もしも交通事故に遭っていなければ何かの国家試験で合格できたであろう、というタイプの問題である。被害者の試験の合格率を80％とすれば80％の損害賠償をすればよいのか、ということが争点となる。

　こうした問題は疫学的因果関係の中の問題としてあつかうことができる。実際には起こっていないことを、直感や経験則より正確にするには統計を使って、「もしRであればQが起こる確率はどのくらいか」と計算しようとするわけである。しかし、それはRがあれば通常Qが起こるという直感的経験則や抽象的思考実験からみているのであって、決して現実に起こったことの中に何か見えない糸のように通っている因果の綾をたぐって

補遺 6　281

いるわけではない。このことは近年の因果関係概念を因果の綾が蜘蛛の巣のように張り巡らされていると説明したことと一見矛盾しているように写るかもしれない。しかし、近年の因果の綾の理論というのは、丁度ビリヤードの玉が二つ以上の玉の群の中に当たっていって、それが散らばっていくように、物理的に現実に起こっている事柄の説明の比喩である。それに対して、思考実験は、現実にあったことではなく、なかったことを、もしあったならどうなっていたであろうかということを探ってみる実験をいう（ちなみに実験という限りは本来なら「やってみる」ことができるわけであるが、思考実験ではそれをしないで、「頭の中だけで」やってみることをいう）。しかし、因果の綾における因果関係を知ることも実際には思考実験とそれほど違わない。因果関係を問題としているとき我々はリアルタイムで因果の綾を観察しているわけではないからである。ビリヤードでいえば、打つ前の玉の位置および打った後の玉の位置からプレーヤーの行為を推測するのにすぎないのである。ビリヤードと違い不法行為ではこの推測からプレーヤーの行為とその結果を推測している。もしも事故に遭わなかったらというのは、かような意味では因果の綾の比喩とさして変わらない。

　問題は実際のビリヤードとちがい複数の玉が同時にコーナーにある一つの玉にあたり、ポケットに入った場合、そのいずれがコーナーに玉を落としたのか原因はどちらか、と聞いてくるような場合である。どちらか一方の追突の衝撃だけでもポケットに落ちていたと推測される場合、その原因をそれ以上分析することは私には無意味なように思われる。結局こうした場合に今まで日本なら不真性連帯債務から寄与割合従って責任を分割する考え方へと、米国なら all or nothing から proportional liability (apportioned) へと変化が出てきた背景には責任概念の再構成が進行していると見た方がよいのではないだろうか。結論を先取りするなら責任を損害全体に及ばせて被害者救済を考えるよりも加害者それぞれに適当な賠償をさせることの方が社会的に見て（富の再配分という見地から）妥当と感ぜられるようになってきたのではないか、ということである。

(354) 太田勝造『裁判における証明論の基礎』(弘文堂、1982) 98頁以下。
(355) 太田前掲98頁。
(356) 伊藤裕司「目撃者による人物識別と記憶再認実験」季刊刑事弁護25号(現代人文社、2001年春) 138頁以下、この他、村山満明「『傷つきやすい人たち』の供述　知的障害者等の供述行動の特徴と被暗示性等の測定について」季刊刑事弁護28号(現代人文社、2001年冬) 168頁、仲真紀子「弁護活動のための『法と心理学』⑥子供の面接法」季刊刑事弁護26号(現代人文社、2001年夏) 190頁、厳島行雄「弁護活動の為の『法と心理学』③目撃証言に潜む記憶の忘却と歪み——記憶心理学からの理解」季刊刑事弁護23号(2002年夏) 133頁、脇中洋「分からなくても、やり取りは出来る　北野事件再審請求の供述・証言分析に見た『未理解同調性』」季刊刑事弁護20号(1999年冬) 139頁、浜田寿美男「弁護活動のための『法と心理学』①法と心理学の掛け橋」季刊刑事弁護21号(2000年春) 114頁、箱田祐司「弁護活動のための『法と心理学』②目撃者証言における知覚の問題」季刊刑事弁護22号(2000年夏) 171頁。
(357) 1997年第3版274頁以下なお、原書は私の知る限り4版(2004年)を重ねる書で、米国では非常に普及しているこの分野の一般的教科書といってよいであろう。クーター、ユーレン太田勝造訳『法と経済学』(商事法務研究会、1997)。
(358) クーター、ユーレン前掲280頁。
(359) クーター、ユーレン前掲281頁。
(360) クーター、ユーレン前掲283頁。
(361) クーター、ユーレン前掲284頁。
(362) 26 Cal.3d 588, 607 P.2d 924, 163 Cal.Rptr. 132, 2 A.L.R. 4th 1061, Cal., Mar 20, 1980.
(363) Summers v. Tice (1984) 33Cal. 2d 80,199 P.2d 1.
(364) この判決はアメリカ不法行為法リステートメント(第二)に体現されている。Rest.2d Torts, s 433B subsec. (3) : "Where the conduct of two or more actors is tortuous, and it is provide that harm has been caused to the plaintiff by only one of them, but there is uncertainty as to which one has caused it, the burden is upon each actor to prove that he has not caused the harm" この根拠としてリステートメントは、この証明の負担を原告に課すことは、被告

が賠償を免れることになり不公平（injustice）であることを挙げている。

(365) Biercyzynski v. Rogers. 239 A 2d 218 (Del 1968); Hood v. Evans, 106 Ga. App.360,126 S.E. 2d 898 （1962）.
(366) Sindell v. Abbot Laboratories, 26 Cal. 3d 588, 163 Cal.Rptr. 132. 607 P.2d 924 cert. denied, 499U.S.912.101 S.Ct. 286.66 L.Ed.2d 140 (1980).
(367) Bichler v. Eli Lilly & Co., 79 AD2d 317, 36 N.Y.S.2d 625 (1981), aff'd, 55 N.Y.2d571,450. N.Y.S.2d 776, 436 N.E.2d 182 (1982) Collins v. Eli Lilly & Co.,116 Wis.2d 166,32 N.W.2d 37, cert.denied, 469 U.S.826, 105 S.Ct.107, 83 L.Ed.2d 51 (1984).
(368) 小林秀之『製造物責任法』（中央経済社、1993) 95 頁。
(369) 129 B.R. 710, Bankr. L. Rep. P 74,030 , E.D.N.Y., Jun 26, 1991.
(370) Supreme Court of Texas John Allen GAULDING, et al., Petitioners, v. The CELOTEX CORPORATION, et al., Respondents No.C-7615, June 7, 1989, 772 S.W.2d 66.
(371) Landers v. East Texas Salt Water Disposal Co., 151 Tex.251, 248 S.W. 2d 731 (1952).
(372) Summers v. Tice, 33 Cal.2d 80.199 P.2d 1 (1948).
(373) Hall v. E.I.DuPont de Nemours & Co., 345 F.Supp. 353 (E.D.N.Y.1972).
(374) Mulcahy v. Eli Lilly & Co., 386 N.W.2d 67, 70 - 71 (Iowa 1986); Martin v. Abbott Laboratories, 102 Wash.2d 581, 689 P.2d.368, 380 (1984); Zafft v. Eli Lilly & Co., 676 S.W. 2d 241, 245 (Mo.1984); Sindell, 163 Cal.Rptr. at 143,607 P.2dat 953; Cummins v. Firestone Tire & Rubber Co., 344 Pa.Super.9.495 A 2d 963.971 (1985); Namm v. Charles E. Frosst & Co., 178 N.J.Super. 19, 427 A 2d 1121.1129 (1981).
(375) Hall v. E.I.Dupont De Nemours & Co., 345 F.Supp. 353, 17 Fed.R.Serv.2d 835, E.D.N.Y., May 18, 1972.
(376) 先にあげた判例のほかにたとえば Sindell, 163 Cal, Rptr, 143. 607 P2d 924 (1980) などがある。さらに最近カリフォルニアの裁判所では、この理論を発展させている。Brown v. Superior Court, 44 Cal. 3d. 1049.245 Cal Rptr. 412.751 P.2d 470 (1988) 他の州の裁判所の判決については Hymowitz v. Eli Lilly & Co., 73 N.Y. 2d 487, 541 N.Y.S. 2d 941, 539 N.E.2d 1069 (1989) (WESTLAW); Collins v. Eli Lilly Co., 116 Wis. 2d 166, 342 N.W.2d 37, cet.

denied, 469 U.S. 826, 105 S.Ct. 107, 83 L.Ed.2d 51 (1984): George v. Porke-Davis, 107 Wash. 2d 584,733 P.2d 507 (1987); Martin v. Abott Laboratories, 102 Wash.2d 581, 689 P.2d 368 (1984); Shacki v. Lederle Laboratories, 219 N.J. Super. 601, 530 A.2d 1287, appeal granted, 537 A.2d 1304 (N.J.1987).

(377) 1985年5月8日 In re "Agent Orange" Product Liability Litigation 611 F. Supp. 1223, 53 USLW 2579, 18 Fed. R. Evid. Serv. 144, E.D.N.Y., May 08, 1985.

(378) Ellis v. International Playtex, Inc., 745 F.2d 292 (4th. Cir.1984) この事件については後出 Kelm v. Proctor & Gamble Mfg.Co., 724 F.2d 613. 617‐20 (8th Cir.1983).

(379) ibid. 301.

(380) Kelm v. Proctor & Gamble Mfg.Co., 724 F.2d 613. 617‐20 (8th Cir.1983). これは、タンポンによる中毒性ショック症候群といってタンポン使用によって死亡した事件である。タンポンによってバクテリアが繁殖し、使用者が死にいたることについてメーカーの責任が問われた事件で、裁判は原告（使用によって死亡した者の遺族）の勝訴に終わっている。同様の事件が前掲注(378) Ellis v. International Playtex, Inc., 745 F.2d 292 (4th Cir.1984) である。

(381) Hall & Silbergeld, "*Reappraising Epidemiology: A Response to Mr. Dore*" 7 Harv.Envtl.L.Rev.441, 442-43 (1983).

(382) 浜上則雄「現代不法行為理論(5)」判時1146号3頁以下は、古代ローマ法は現代のように個人責任主義を採用していなかったこと、そのために団体責任主義の残照が近代の共同不法行為の制度の発展に影響を及ぼしていることうを論じている。

(383) ジェリー・J・フィリップス著（内藤篤訳）『アメリカ製造物責任法』（木鐸社、1995) 72頁。

(384) 窪田充見「被害者の素因と寄与度概念の検討——不法行為上の損害賠償決定過程についての一考察——」判タ558号37頁以下。

(385) 1982年破毀院判決でいわゆるデマール判決と呼ばれている。山野嘉朗「過失相殺」『新・現代損害賠償法講座 第6巻 損害と保険』（日本評論社、1998) 284頁。

(386) 浜上則雄「損害賠償法における『保障理論』と『部分的因果関係の理論』(一)」民商法雑誌66巻4号 (1972年7月15日) 523頁以下。

(387) Bull.civ.II, no.684, p483.

(388) J.C.P.1965II. 14075; D.1964. 569 note Tunc.
(389) 能見善久「共同不法行為責任の基礎的考察(4)」法学協会雑誌 95（8・71）1343、淡路剛久「全部義務」別冊ジュリストフランス判例百選 25 号（1969）106 頁。
(390) 淡路前掲注 (389) 107 頁。
(391) たとえば破毀院民事第 2 部は 1957 年 10 月 9 日の判決（D. 1957, 708) 能見善久「共同不法行為責任の基礎的考察(6)」法学協会雑誌 96（2・61）174 頁は狩猟中の事故につき同時に発砲した散弾のいずれの弾が原告（上告人）にあたったか不明の場合につき次のように判決している「上告人は、原判決が上告人の請求を、発砲と損害の関の因果関係の証明がなされていないことを理由に棄却したことに不平を抱いた。そして次のように主張する。負傷が散弾のはねかえりによって生じ、そのいずれか一方の銃から発射されたものであることが証明されていないときに、損害と発砲の間の因果関係は明らかとなり、それぞれは、自己の武器が事故にまったく関係ないことを言うことによって免責を主張することはできるが、1384 条 1 項に基づき 2 人の狩猟者の共同責任が負わされる。

　しかし、1384 条 1 項を適用するためにはなによりも、被害者によって物が何らかの方法で当事者にとって、損害発生の道具となっていたことの証明が必要である。」
(392) Henri et Leon Mazeaud, Traité theorique et pratique de la responsabilité civile et contractuelle, t. 2, 5é édition., 1957, no 1211-10.
(393) 山野前掲「過失相殺」273 頁。
(394) 西原道夫「生命侵害・障害における損害賠償額」私法 27 号（1965）110 頁以下。
(395) 川井健「過失相殺の本質——判例法の実質的基準の探求の必要性」判タ 240 号（1970）10 頁以下、同『現代不法行為法研究』（日本評論社、1978）291 頁以下。
(396) 平井宜雄『債権各論 2 不法行為』（弘文堂、1992）150 頁。
(397) 浜上前掲注 (386) 544 頁以下。
(398) 森島昭夫『不法行為法講義』（有斐閣、1987）392 頁以下。
(399) 橋本佳幸「過失相殺法理の構造と射程(1)−(5)完」論叢 137 巻 2 号 16 頁、4 号 1 頁、5 号 1 頁、6 号 1 頁（1995）、139 巻 3 号 1 頁（1996）、同「過失相

殺法理の構造と射程」私法 59 号 142 頁 (1997)。
- (400) 前掲橋本論文、なお上記の指摘は前掲山野「過失相殺」による。
- (401) 内田貴『民法 2 債権各論』(東京大学出版会、1997) 405 頁。
- (402) Wright, *Causation in Tort Law*, 73 Calif. L.Rev. 1735, 1759, 1766-74, 1788-1803, 1809-21, 1826 (1985).
- (403) 浜山則雄「現代共同不法行為理論(9)」判時 1176 号 3 頁以下。

あ と が き

　研究の発端は水俣病に関する一文を読んだことにある。もう20何年も前のことだったと思う。誰がどこで書いたものか記憶にはない。ただ、水俣病の解決について、「科学者の責任」ということに触れていた。あれだけの被害者を出しながら、科学者も法学者も救済できなかったばかりか、救済のための研究もなされてこなかったが、これではいけない、というような文章だったと思う。このことは私の心に深くシミのように残った。

　沖縄大学に赴任することで、宇井さんと職場をともにした。しかし、こうした人たちは日本の法制度がいかに柔軟性に欠き、裁判官も研究者も無能で無責任か、ということを言外にこめて話しているような気がした。環境関連の人たちからも同じようなまなざしが感じられた。私も被害者らと日常接していたら同じように感じたかもしれない。

　しかし、だからといって因果関係の謎が解けていたわけではない。疫学の視点からは問題が解決したのはわずか数年前のことにすぎない。それはチッソの元組合員や西村元教授の功績によるところが大きい。

　川田龍平君が私のフランス留学中にドイツから遊びにきた。学生もともなってみなで田舎に行って馬に乗り、一晩とりとめのないことを話した。彼は「なんであんなことになってしまったのか、突き止めたい」といっていた。研究者の責任というものを感じた。

　いずれにせよこの研究はまだはじまったばかりである。より精緻な議論が疫学から、また法学から提唱されることで、よりよき社会へむかってさらなる一歩が踏ださせれば、と思っている。　本書が、こうした疑問にすべて答えられているとは思わない。しかし、ヒントぐらいにはなっているのではないか。カリフォルニア大学のロースクール教授、リチャード・マーカス教授の夫人で弁護士という人にあった。巨大ローファームがタバコのクラス・アクションで成功報酬を100億円以上要求しているという話を聞

いた。法を職業としていながら、米国と日本ではその中身は違うなと思った。

しかし、実際研究を始めてみるとインターネットであっという間に資料が手に入る世界は研究者には魅力的だった。1日でダンボール一箱分くらいの資料が手に入った。ちょっと前なら収集に1月かけてもとりこぼしがないとは限らなかった。鉢巻をして勉強に励むロースクールの学生になったような気分になった。

因果関係をめぐる風景

本書で私は因果関係に関する若干の理論を提出したが、それが目的ではない。不法行為における新たな因果関係理論を提供するとか、あるいは精緻な分析を試みることでこれまでとは異なった視座を与えることも目的ではなかった。理論を提案するには本書はあまりにも冗長すぎる。こういった理論はせいぜい数十頁の中におさまってしまうであろう。

また後者（精緻な分析）のためには本書は、あまりにも大雑把すぎる。後者のためには、本書よりもはるかに慎重で、きめ細かな作業がなされなければならないであろう。そうでなければとても万人に受け入れられることはあるまい。いずれの作業をするにも私はあまりにも無能であり、また努力家でもなかった。

因果関係という概念は抽象的なものではあるが、しかし社会的な意味では実存している。それなしには不法行為法は機能しないし、経済学もしかりである。疫学では、そのあいまいさゆえ新たな定義が試みられているが、基本的には新たな定義もまた現在の因果関係概念を基礎にしたものとそう変わりはない。それでも、因果関係概念の本当の姿を知ることは多くの研究者にとって不可避的な行為であるといっても過言ではないであろう。ただ、その姿は見る者の視座によって異なる。日常不法行為を事件として処理しなければならない者にとっては、それは不法行為の要件のひとつにすぎず、普段はなんらの疑問をもつことなく処理しているにすぎない

かもしれない(それでも本書の鑑定の評価に出てくる学生諸君のように与えられた事実に対して心証度が、問題の与えられ方によって変化してしまうこともあろう)。裁判官などは唯一、本書に出てくるような事案に直面したときにのみ立ち止まって考えるであろう。また、不法行為の処理について司法研修所の教官といった人々にとっては、本書が扱っているような問題は早急に理論化して整理していくべき緊急課題かもしれない。私のように大学で教鞭をとっている者であっても、英米法を専門にしている者と大陸法を専門にしている者、前者のなかでも「法と経済学」をその専門の中にいれている者とそうでない者では因果関係概念の姿形は同じではないであろう。まして経済学専攻の研究者や医学部で疫学を研究対象とする者、社会心理学者・社会学者では格段の違いがある。

　それゆえ私は因果関係というリアルな概念をめぐる心象風景——社会的風景といってもよいであろうか、——を私なりに探求してみたかったわけである。

　最後に中央大学文献センターには文献収集で大変お世話になった。また信山社の袖山貴氏は私の急な出版の申し入れにもかかわらず、すぐに出版の承諾を下さった。PCへの入力をして下さった小田葉子君、一緒に原稿を読んでくれた長谷川生里君、資料検索についてご教示下さった三谷晋先生、これらの人々は息子を亡くして2年、まだ息子の思いに浸っていた私に大いなる元気を与えてくれた。心よりお礼申し上げたい。

米国判例関連一覧

(1) **Ayers v. Township of Jackson** 事件については：525 A.2d 287（N.J. 1987）. 本書 166頁

(2) **Bendectine** 事件については： Brodeur, P., *Outrageous misconduct: the asbestos industry on trial*, New York: Pantheon Books, 1985; Sheiner, N., *DES and a proposed theory of enterprise liability*, Fordham Law Rev 1978, 46:963-1007; Sindell v. Abott Laboratories, 607 P. 2d 924 (Cal.), cert. denied; E.R.Squibb & Sons, Inc v. Sindell, 449 U.S. 912 (1980); In re "Agent Orange" Product Liability Litigation, 597 F. Supp. 740 (E.D.N.Y. 1984), affirmed on other grounds, 818 F.2d 145 (2d Cir. 1987); In re "Agent Orange" Product Liability Litigation, 611 F. Supp. 1223 (E.D.N.Y. 1985), affirmed on other grounds, 818 F.2d 187 (2d Cir.1987); Richardson v. Richardson-Morrell, Inc, 857 F.2d 823 (D.C.Cir. 1988); Lynch v. Merrell- National Laboratories, 830 F.2d 1190 (1st Cir. 1987); Black B.A *unified theory of scientific evidence*. Fordam Law Rev 1988, 56:595-695; Johnston v. United States, 597 F. Supp. 374 (D.Kan. 1984); Allen v. United States, 588 F. Supp. 247 (D.Utah 1984), reversed on other grounds, 816 F.2d 1417 (10th Cir. 1987), cert. denied , 108 S. Ct. 694 (1988); Estep SD. *Radiation injuries and statistics: the need for a new approach to injury litigation*. Michigan Law Rev 1960, 59: 259-304; Anderson v. W. R. Grace & Co, 628 F. Suppl. 1219 (D.Mass. 1986); Sterling v. Velsicol Chemical Corp, 855 F.2d 1188 (6th Cir. 1988); Richardson v. Richardson-Merrell, Inc, 857 F.2d 823 (D.C. Cir. 1988) p830-874 F.2d 307, 57 USLW 2742, Prod.Liab.Rep. (CCH) P 12,157, 5th Cir. (Tex.), Jun 06, 1989

William DAUBERT, et ux., etc., et al., Petitioners, v. MERRELL DOW PHARMACEUTICALS, INC. 509 U.S. 579, 113 S.Ct. 2786. この判決の評論等で筆者が主に参照したものは、次のとおり：George E.Gerry *Case Study: Epidemiology and Bendectine: From Daubert to Havner: A Most Unusual Mass Tort* 9 Kan. J.L Pub.Poly 117; Hao-Nhien Q.u & Richard A.Tamor *Recent Development: Of Daubert, Elvis, and Precedential Relevance: Live Sighting of a Dead Legal Doctorine* 41 UCLA L.Rev.467; Berry J. Nace *Case Study: Epidemiolgy and Bendectine: From Daubert to Havner: Bendectine How Politics and Courts Forgot Their Function and Abused Our Children* 9 Kan.J.L.& Pub.Pol'y 113; Leon

Gordis, Mark Haug, Fred S. McChesney and Joseph Sanders *Case Study: Epidemiolgy and Bendectine: From Daubert to Havner: Evidentialy Reliability* 9 Kans J.L. & Pub.Pol'y 122; Joseph Sanders *From Science to Evidence: The Testimony on Causation in Benedection Cases* 46 Stan.L. Rev. 1; 857 F.2d 823, 273 U.S. App.D.C. 32, 26 Fed. R. Evid. Serv. 1415, Prod.Liab.Rep. (CCH) P 11, 930, D.C.Cir., Sep 27, 1988; 874 F.2d 1159, USLW 2540, 2830. S.App.D.C. 137, 29 Fed. R.E. Evid. Serv. 897 Prod. Liab. Rep. (CCH) P 12, 400, D.C.Cir., Mar 09, 1990; 874 F.2d 307, 311-12 (5th Cir.), 884 F.2d 166 (5th Cir.1989), denied, 499 U.S. 1046 (1990) ibid. Sanders Part Ⅲ chapter 3. 1; Jhon R. Hassell & Elizabeth A.Horigan, Chrondrogenesis, *A Model Developmental System for Meassuring Tetragenic Potential of Compounds*, 2 Tetratogenosis, Carcinogenesis & Multinogenosis 325 (1982); Jhon D.Burdoe, Joseph G.Shaddock & Shaddock Daniel A. *Casciano, A Study of the Potential Genotoxicity of Methapyrileneand Related Antihistamines Using the Hepatocyte/DNA Repaire Assay*, 135 Mutation Res.131, 135-37 (1984); J.P. Gibson, R.E. Staples, E.J. Larson, W.L. Kuhn, D.E. Holtkamp & J.W. Newberne, *Tetratology and Reproduction Studies with an Antinauseant*, 13 Tetratol. & Applied Pharmacol. 439 (1968); John Gibson, Teratology *Study With a New Antinauseant Formulation in Rats*, Project Report T-75-13 (1975) (un published study, on file with the Stanford Law Review); A.G.Hendrickx, M.Cukierski, S.Prahalada, G.Janos, S.Booher & T. Myland, *Evaluation of Bendecti Embryotoxicity in Nonhuman Primates: II. Double-Blind Study in Term Cynomogus Monkeys*, 32 Teratology 191, 194 (1985) (funded by Merrell Dow); A.G.Hendrickx, M.Cukierski, S.Prahalada, G.Janos & J.Rowland, *Evaluation of Bendectin in Nonhuman Primates: I. Ventiricular Septal Defects in Prenatal Macaques and Baboon*, 32 Teratology 182-88 (1985); W.G.McBride, Teratogenic *Effect of Doxylamine Succinate in New Zeeland White Rabbits*, 12 IRCS Med. Sci. 536, 536-37 (1984), Andrew Skolnick, Key Witness: *Against Morning Sickness Drug Faces Scientific Fraud Charges*, 263 JAMA 1468-69 (1990).

　疫学の調査がいかなるものであるか、その手法、有効性などについてDaubert事件を契機にJohns Hopkins大学の疫学研究者が語ったものがある。Introducing to Scientific Methodology, 9 Kan.J.L.& Public Pol'y 34.

　Joseph Sanders, A case Study in the Life Cycle of Mass Torts, 43 Hasting L.J. 301, 311, n.47 (1990), Brenda Eskenazi & Michael B.Bracken, Bendectin (Debendox),

As A Risk Factor for Pyloric Stenosis, 144 Am.J. Obstetrics & Gynecol. 919 (1982); Allen A.Mitchell, Pamela J. Schwingl, Lynn Rosenberg, Carol Louik & Samuel Shapiro, *Birth Defects in Relation to Bendectin Use in Pregnancy: II. Plyoric Stenosis*, 147 Am.J.Obstetrics & Gynecol. 737 (1982); Kenneth J.Rothman, Donald C. Fyler, Allen Goldblatt & Marsshall B. Kreidberg, *Exogenous Hormones and Other Drug Exposures of Children with Congenital Heart Disease*, 109 Am.J. Epidemiol. 433 (1979); Sally Zierler & Kenneth J.Rotman, *Congenital Heart Disease in Relation to Maternal Use of Bendectin and Other Drugs in Early Pregnancy*, 313 New Eng.J.Med. 347 (1985); Janet McCredie, Anne Kricker, Jane Elliott & Jill Forrest, *The Innocent Bystander: Doxylamine/ Dicyclomine/ Pyridoxine and Congenital Limb Defects*, 140 Med.J. Austl. 525, 525-27 (1984); Allen Mitchell, Lynn Rosenberg, Samuel Shapiro & Dennis Slone, *Birth Defects Related to Bendictin Use in Pregnancy: I. Oral Clefts and Cardiac Defects*, 245 JAMA 2311, 2311-14 (1981); Steven Leeder & Gideon Koren, *A Method for Meta-Analysis of Epidemiological Studies*, 22 Drug Intelligence & Clinical Pharmacy 813, 816 (1988); M.Wolf, Meta-analysis: *Qualitative Methods for Research Synthesis* (1986); Robert L. Brent, *Bendectin and Interventricular Septal Defects*, 32 Tetratology 317 (1985); D.W.G. Harron, K.Griffiths & R.G. Shanks, *Debendox and Congenital Malformation in Northern Ireland*, 281 Brit. Med. J. 1379, 1381 (1980); Richardson v. Richardson-Merrell, Inc., 857 F.2d 823 (D.C. Cir. 1988), cert. denied, 493 U.S. 882 (1989). Judge Robinson の発言を Sanders 氏は注 (126) で以下の趣旨の発言を紹介している：化学、試験管、動物実験のみでは Bendectin が奇形との間に因果関係があるどうかの充分な証明にはならない。疫学的調査が、単独であれ、他のリスク因子と競合してであれ危険度を測ろうとしても結果が得られないという事実が問題なのである。疫学的調査の結果がどれも因果関係について肯定的であれば、その調査の結果は重要な意味をもつであろう。

Michael D. Green, *Expertt Witnesses and Sufficiency of Evidence in Toxic Substances Litigation: The Legency of Agent Orange and Bendectin Litigation*, 86 Nw.U.L.Rev. 643 (1992). 本書 101 頁。

(3) **Brisboy v. Fibreboard Corp.** については：418 N.W.2d 650 (Mich. 1988). 本書 153 頁。

(4) **Dafler v . Raymark Industries, Inc.** については：611 A.2d 136 (N. J. Super. Ct.

App. Div. 1992), aff'd, 622 A2d 1305 (N.J. 1993). 本書 152 頁。
(5) Daubert 判決については： William DAUBERT, et ux., etc., et al., Petitioners, v. MERRELL DOW PHARMACEUTICALS, INC. 509 U.S. 579, 113 S.Ct. 2786. この判決の評論等で筆者が主に参照したものは、次のとおり：George E.Gerry *Case Study: Epidemiology and Bendectine: From Daubert to Havner: A Most Unusual Mass Tort* 9 Kan.J.L Pub.Poly 117; Hao-Nhien Q.u & Richard A.Tamor *Recent Development: Of Daubert, Elvis, and Precedential Relevance: Live Sighting of a Dead Legal Doctorine* 41 UCLA L.Rev. 467; Berry J.Nace *Case Study: Epidemiolgy and Bendectine: From Daubert to Havner: Bendectine How Politics and Courts Forgot Their Function and Abused Our Children* 9 Kan.J.L.& Pub.Pol'y 113; Leon Gordis, Mark Haug, Fred S.McChesney and Joseph Sanders *Case Study: Epidemiolgy and Bendectine: From Daubert to Havner: Evidentialy Reliability* 9 Kans J.L. & Pub. Pol'y 122; Joseph Sanders *From Science to Evidence: The Testimony on Causation in Benedection Cases* 46 Stan.L. Rev. 1. 本書 194 頁。
(6) DES の事件については： Sindell v. Abbot Laboratories, 163 Cal. Rptr. 132 Cal., 1980 (March 20. 1980). 本書 119 頁。
(7) enterprise liability の理論については：Hall v. E.I.DuPont de Nemours & Co., 345 F.Supp. 353 (E.D.N.Y. 1972). 本書 266 頁。
(8) Frye v. United States 判決については：Frye v. U.S. 54 App.D.C. 46, 293 F. 1013, 34 A.L.R. 145 , App.D.C., Dec 03, 1923. 野々村宜雄「刑事訴訟における Frye 法則の意義について」法と政治（関西学院大学法政学会）第 46 巻第 3 号（1995.9）75 頁以下。 本書 196 頁。
(9) General Electric v. Joiner については：522 U.S. 136, 118 S.Ct. 512, 139, L.Ed.2d 508, 66 USLW 4036, 177 A.L.R. Fed. 667, 28 Envtl. L. Rep. 20, 227, 48, Fed. R. Evid. Serv. 1, Prod.Liab.Rep. (CCH) P 15, 120, 18 O.S.H. Cas. (BNA), 1097, 97 Cal. Daily Op. Serv. 9355, 97 Daily Journal D.A.R. 15,051, 97 CJ C.A.R. 3361, 11 Fla. L. Weekly Fed. S 284 , U.S.Ga., Dec 15, 1997. 本書 240 頁。
(10) Gottshall 判例については：Consolidated Rail Corporation v. Gottshall, 56 F. 3d. 530. 3rd Cir. (Pa). June 6, 1995. 本書 178 頁。 注 239 本書 187 頁。
(11) Hagerty v. L & L Marine Servis., Inc. については：788 F.2d 315, 54 USLW 2569, 5t Cir. (La.) April 30, 1986. 本書 173 頁。
(12) Havner 事件判決については：Havner v. Merrell Dow Pharm. No. 88-3915-F (D.Tex.1991), (decided without opinion), reported in 19 Prod. Safety & Liab. Rep.

(5) **Daubert 判決については**：William DAUBERT, et ux., etc., et al., Petitioners, v. MERRELL DOW PHARMACEUTICALS, INC. 509 U.S. 579, 113 S.Ct. 2786. この判決の評論等で筆者が主に参照したものは、次のとおり：George E.Gerry *Case Study: Epidemiology and Bendectine: From Daubert to Havner: A Most Unusual Mass Tort* 9 Kan.J.L Pub.Poly 117; Hao-Nhien Q.u & Richard A.Tamor *Recent Development: Of Daubert, Elvis, and Precedential Relevance: Live Sighting of a Dead Legal Doctorine* 41 UCLA L.Rev. 467; Berry J.Nace *Case Study: Epidemiolgy and Bendectine: From Daubert to Havner: Bendectine How Politics and Courts Forgot Their Function and Abused Our Children* 9 Kan.J.L.& Pub.Pol'y 113; Leon Gordis, Mark Haug, Fred S.McChesney and Joseph Sanders *Case Study: Epidemiolgy and Bendectine: From Daubert to Havner: Evidentialy Reliability* 9 Kans J.L. & Pub. Pol'y 122; Joseph Sanders *From Science to Evidence: The Testimony on Causation in Benedection Cases* 46 Stan.L. Rev. 1. 本書194頁。

(6) **DES の事件については**：Sindell v. Abbot Laboratories, 163 Cal. Rptr. 132 Cal., 1980 (March 20. 1980). 本書119頁。

(7) **enterprise liability の理論については**：Hall v. E.I.DuPont de Nemours & Co., 345 F.Supp. 353 (E.D.N.Y. 1972). 本書266頁。

(8) **Frye v. United States 判決については**：Frye v. U.S. 54 App.D.C. 46, 293 F. 1013, 34 A.L.R. 145 , App.D.C., Dec 03, 1923. 野々村宜博「刑事訴訟における Frye 法則の意義について」法と政治（関西学院大学法政学会）第46巻第3号（1995.9）75頁以下。 本書196頁。

(9) **General Electric v. Joiner については**：522 U.S. 136, 118 S.Ct. 512, 139, L.Ed.2d 508, 66 USLW 4036, 177 A.L.R. Fed. 667, 28 Envtl. L. Rep. 20, 227, 48, Fed. R. Evid. Serv. 1, Prod.Liab.Rep. (CCH) P 15, 120, 18 O.S.H. Cas. (BNA), 1097, 97 Cal. Daily Op. Serv. 9355, 97 Daily Journal D.A.R. 15,051, 97 CJ C.A.R. 3361, 11 Fla. L. Weekly Fed. S 284 , U.S.Ga., Dec 15, 1997. 本書240頁。

(10) **Gottshall 判例については**：Consolidated Rail Corporation v. Gottshall, 56 F. 3d. 530. 3rd Cir. (Pa). June 6, 1995. 本書178頁。 注239本書187頁。

(11) **Hagerty v. L & L Marine Servis., Inc. については**：788 F.2d 315, 54 USLW 2569, 5t Cir. (La.) April 30, 1986. 本書173頁。

(12) **Havner 事件判決については**：Havner v. Merrell Dow Pharm. No. 88-3915-F (D.Tex.1991), (decided without opinion), reported in 19 Prod. Safety & Liab. Rep.

(BNA) 1134 (Oct. 11, 1991), ibid. Joseph Sanders. 本書 202 頁。

(13) industry-wide liability の理論については：同業者間で普及した製品の瑕疵については共同で責任を負う。本書 120 頁。enterprise liability ともいう　本書 262 頁。他に Sindell v. Abbott の判決における注 (22) 参照。

(14) Kumho 判決については：Kumho Tire Co., Ltd. V. Carmichael, 526. U.S. 137 (1990). 本書 239 頁。

(15) Metro-North Commuter Railroad Co. v. Buckley については：117 S.Ct. 2113; 138 L.Ed.2d 560, 65 USLW 4586, 1997 A.M.C. 2309, 12 IER Cases 1645, 17 O.S.H. Cas. (BNA) 2153, 97 Cal. Daily Op.Serv. 4806, 97 Daily Journal D.A.R. 7833, 97 CJC. A.R. 1016, 11 Fla L. Weekly Fed.S (Cite as：521 U.S. 424, 117 S.Ct. 2113). 本書 177 頁。

(16) Michie v. Great Lakes Steel Division については：495 F.2d. 213 (6th Cir.) 1974, cert. denied, 419 U.S. 997 (1974). 本書 154 頁。

(17) Re Polemis and Furness Witty & Co., (1992) 3 K. B. 560 については：レ・ポレミス（英国の判例）本書 272 頁。

(18) Ruffin 事件については：Ruffin v. Shaw Industries. Inc., 149 F.3d 294, 297 (4th Cir. 1998). 本書 239 頁。

(19) Sterling v. Velsicol Chemical Corp（1973 年 9 月 10 日連邦控訴審裁判所判決）については：855 F.2d 1188, 55 USLW 2719, 27 ERC 1985. 11 Fed.R.Serv. 3d 213, Envtl. L.Rep 20, 978, 19 Envtl.L.Rep. 20, 404, 26, Fed.R.Evid.Serv. 1037, 6th Cir. (Tenn.), Aug. 29, 1988. 本書 176 頁。

(20) United States v. Monsanto Co. については：858 F.2d 160 C.A.4 (S.C.), 1988 (decided Sept. 7 1988). 本書 155 頁。

(21) Wells 対 Ortho Pharmaceutical Corp 事件については：788 F. 2d 741, rehearing denied en banc, 795 F.2d 89 (11th Cir.), cert. Denied, 107 S. Ct. 437 (1986). 本書 193 頁、211 頁。

(i)アスベスト関する判決については：Supreme Court of Texas John Allen GAULDING, et al., Petitioners, v. The CELOTEX CORPORATION,et al., Respondents No.C-7615, June 7,1989 772 S.W.2d 66 129 B.R. 710, Bankr. L. Rep. P 74,030, E.D.N.Y., Jun 26, 1991. テキサス最高裁判所判決　本書 263 頁。

(ii)アンダーソン事件については：Anderson v. W.R.Grace & Co., 628 F.Supp. 1219 (D. Mass.1986). 本書 174 頁。

(iii)エージェントオレンジ（枯葉剤）については：In re "Agent Orange" Product

Liability Litigation 597 F. Supp. 740 D.C.N.Y. 1984 (Sept. 25, 1984); 611 F. Supp. 1223 D.C.N.Y. 1985 (May 1985), 611 F. Supp. 1223, 1231 (E.D.N.Y. 1985), aff'd, 818 F.2d 187 (2d Cir. 1987), cert. denied, 487 U.S. 1234 (1988); 818 F. 2d 145 C.A. 2 (N.Y.), 1987, Decided April 21 1987; Sacred Heart Medical Center v. Department of abor and Industries of State of Washington. 600 P. 2d 1015 (1979). 本書96頁以下。

(iv) 合衆国対キャロル曳船会社事件については：ロバート・D・クーター／トーマス・S・ユーレン著（太田勝造訳）『法と経済学』（商事法務研究会、1997）平成2年369頁 United States v. Carroll Towing Co., 159 F.2d 169 (2d Cir. 1947). 本書124頁。

(v) 枯葉剤（Agent Orange）訴訟については：本書268頁以下参照。

(vi) ゴルフ場および野球場の落雷に関しての事故については：Spencer Van MAUSSNER and Colleen Maussner, his wife, Plaintiffes-Appellants, v. AALANTIC CITY CLUB. INC., et als. 691 A.2d 826, 65 USLW 2677, Nora GRACE, et al.. v. CITY OF OKLAHOMA CITY 953 P 2d 69, 1997 OK CIV APP 90, DYEMA v. GUS MACKER ENTERPRISS. INC., 492 N.W.2d 472, HAMES v. STATE of Tenessee 808 S.W. 2d 41. 本書69頁。

(vii) 赤十字メディカルセンター対ワシントン州労働省事件については：Sacred Heart Medical Center v. Department of abor and Industries of State of Washington. 600 P. 2d 1015 (1979), 498 F. 2d.C.A.Tex.1974 (July 31, 1974) 1264, at 1295. 本書98頁。

(viii) 「選択的不法行為の理論」Alternative Libability Theory については：Summers v. Tice33 Cal. 2d 80 Cal., 1948 (Nov. 17 1948). Ybarra v. Spangard1 208 P.2d 445 Cal.App. 2Dist.1949 (July 20, 1949). 本書119頁。

(ix) タバコの被害については：Green v. American Tabacco Company 409 F.2d 1166 (1969). 本書100頁。

(x) タンポンに関する事件については：Lampshire v. Protector and Gamble Co., 94 F.R.D. D.C.Gay., 58 (March10, 1982). 本書95頁。

　Kelm v. Proctor & Gamble Mfg.Co., 724 F.2d 613, 617-20 (8th Cir. 1983). これは、タンポンによる中毒性ショック症候群といってタンポン使用によって死亡した事件である。タンポンによってバクテリアが繁殖し、使用者が死にいたることについてメーカーの責任が問われた事件で、裁判は原告（使用によって死亡した者の遺族）の勝訴に終わっている。同様の事件が前掲 Ellis v. International Playtex, Inc., 745 F.2d 292 (4th Cir. 1984). 本書271頁。

(xi) 　小児麻痺予防ワクチンについては：Ryes v. Wyeth Laboratories 498 F.2d C.A. Tex 1974 (July 31, 1974) 1264, at 1295. 本書98頁。

(BNA) 1134 (Oct. 11, 1991), ibid. Joseph Sanders. 本書 202 頁。

(13) industry-wide liability の理論については：同業者間で普及した製品の瑕疵については共同で責任を負う。本書 120 頁。enterprise liability ともいう　本書 262 頁。他に Sindell v. Abbott の判決における注 (22) 参照。

(14) Kumho 判決については：Kumho Tire Co., Ltd. V. Carmichael, 526. U.S. 137 (1990). 本書 239 頁。

(15) Metro-North Commuter Railroad Co. v. Buckley については：117 S.Ct. 2113; 138 L.Ed.2d 560, 65 USLW 4586, 1997 A.M.C. 2309, 12 IER Cases 1645, 17 O.S.H. Cas. (BNA) 2153, 97 Cal. Daily Op.Serv. 4806, 97 Daily Journal D.A.R. 7833, 97 CJC. A.R. 1016, 11 Fla L. Weekly Fed.S (Cite as：521 U.S. 424, 117 S.Ct. 2113). 本書 177 頁。

(16) Michie v. Great Lakes Steel Division については：495 F.2d. 213 (6th Cir.) 1974, cert. denied, 419 U.S. 997 (1974). 本書 154 頁。

(17) Re Polemis and Furness Witty & Co., (1992) 3 K. B. 560 については：レ・ポレミス (英国の判例) 本書 272 頁。

(18) Ruffin 事件については：Ruffin v. Shaw Industries. Inc., 149 F.3d 294, 297 (4th Cir. 1998). 本書 239 頁。

(19) Sterling v. Velsicol Chemical Corp (1973 年9月 10 日連邦控訴審裁判所判決) については：855 F.2d 1188, 55 USLW 2719, 27 ERC 1985. 11 Fed.R.Serv. 3d 213, Envtl. L.Rep 20, 978, 19 Envtl.L.Rep. 20, 404, 26, Fed.R.Evid.Serv. 1037, 6th Cir. (Tenn.), Aug. 29, 1988. 本書 176 頁。

(20) United States v. Monsanto Co. については：858 F.2d 160 C.A.4 (S.C.), 1988 (decided Sept. 7 1988). 本書 155 頁。

(21) Wells 対 Ortho Pharmaceutical Corp 事件については：788 F. 2d 741, rehearing denied en banc, 795 F.2d 89 (11th Cir.), cert. Denied, 107 S. Ct. 437 (1986). 本書 193 頁、211 頁。

(i) アスベスト関する判決については：Supreme Court of Texas John Allen GAULDING, et al., Petitioners, v. The CELOTEX CORPORATION, et al., Respondents No.C-7615, June 7,1989 772 S.W.2d 66 129 B.R. 710, Bankr. L. Rep. P 74,030, E.D.N.Y., Jun 26, 1991. テキサス最高裁判所判決　本書 263 頁。

(ii) アンダーソン事件については：Anderson v. W.R.Grace & Co., 628 F.Supp. 1219 (D. Mass.1986). 本書 174 頁。

(iii) エージェントオレンジ (枯葉剤) については：In re "Agent Orange" Product

Liability Litigation 597 F. Supp. 740 D.C.N.Y. 1984 (Sept. 25, 1984); 611 F. Supp. 1223 D.C.N.Y. 1985 (May 1985), 611 F. Supp. 1223, 1231 (E.D.N.Y. 1985), aff'd, 818 F.2d 187 (2d Cir. 1987), cert. denied, 487 U.S. 1234 (1988); 818 F. 2d 145 C.A. 2 (N.Y.), 1987, Decided April 21 1987; Sacred Heart Medical Center v. Department of abor and Industries of State of Washington. 600 P. 2d 1015 (1979). 本書96頁以下。
(ⅳ)合衆国対キャロル曳船会社事件については：ロバート・D・クーター／トーマス・S・ユーレン著（太田勝造訳）『法と経済学』（商事法務研究会、1997）平成2年369頁 United States v. Carroll Towing Co., 159 F.2d 169 (2d Cir. 1947). 本書124頁。
(ⅴ)枯葉剤（Agent Orange）訴訟については：本書268頁以下参照。
(ⅵ)ゴルフ場および野球場の落雷に関しての事故については：Spencer Van MAUSSNER and Colleen Maussner, his wife, Plaintiffes-Appellants, v. AALANTIC CITY CLUB. INC., et als. 691 A.2d 826, 65 USLW 2677, Nora GRACE, et al.. v. CITY OF OKLAHOMA CITY 953 P 2d 69, 1997 OK CIV APP 90, DYEMA v. GUS MACKER ENTERPRISS. INC., 492 N.W.2d 472, HAMES v. STATE of Tenessee 808 S.W. 2d 41. 本書69頁。
(ⅶ)赤十字メディカルセンター対ワシントン州労働省事件については：Sacred Heart Medical Center v. Department of abor and Industries of State of Washington. 600 P. 2d 1015 (1979), 498 F. 2d.C.A.Tex.1974 (July 31, 1974) 1264, at 1295. 本書98頁。
(ⅷ)「選択的不法行為の理論」Alternative Libability Theory については：Summers v. Tice33 Cal. 2d 80 Cal., 1948 (Nov. 17 1948).
Ybarra v. Spangard1 208 P.2d 445 Cal.App. 2Dist.1949 (July 20, 1949). 本書119頁。
(ⅸ)タバコの被害については：Green v. American Tabacco Company 409 F.2d 1166 (1969). 本書100頁。
(ⅹ)タンポンに関する事件については：Lampshire v. Protector and Gamble Co., 94 F.R.D. D.C.Gay., 58 (March10, 1982). 本書95頁。

Kelm v. Proctor & Gamble Mfg.Co., 724 F.2d 613, 617-20 (8th Cir. 1983). これは、タンポンによる中毒性ショック症候群といってタンポン使用によって死亡した事件である。タンポンによってバクテリアが繁殖し、使用者が死にいたることについてメーカーの責任が問われた事件で、裁判は原告（使用によって死亡した者の遺族）の勝訴に終わっている。同様の事件が前掲 Ellis v. International Playtex, Inc., 745 F.2d 292 (4th Cir. 1984). 本書271頁。
(ⅺ) 小児麻痺予防ワクチンについては：Ryes v. Wyeth Laboratories 498 F.2d C.A. Tex 1974 (July 31, 1974) 1264, at 1295. 本書98頁。

〈著者紹介〉

山口 龍之（やまぐち　たつゆき）

1952年生
パリ大学哲学科学士論理学修士、中央大学法学修士、中央大学大学院博士課程中退後、2004年3月まで沖縄大学法経学部教授、2004年4月より山陰法科大学院教授
著書『隣人訴訟の研究』（共著、日本評論社、1988年）
　　　『米国医療と快楽主義』（信山社、1995年）

疫学的因果関係の研究

2004年（平成16年）7月10日　第1版第1刷発行
3137-0101

著　者　山　口　龍　之
発行者　今　井　　　貴
発行所　信山社出版株式会社
〒113-0033 東京都文京区本郷6-2-9-102
電　話　03（3818）1019
ＦＡＸ　03（3818）0344

Printed in Japan

©山口龍之，2004．印刷・製本／松澤印刷・大三製本
ISBN4-7972-3137-8 C3332
NDC分類 324.550 3137-012-050-010

Ⓡ本書の全部または一部を無断で複写複製（コピー）することは、著作権法上の例外を除き禁じられています。複写を希望される場合は、日本複写権センター（03-3401-2382）にご連絡ください。

唄孝一先生賀寿
人の法と医の倫理
A5判変上製792頁　25,000円
編集代表　古村節男・野田寛
編集委員　手嶋豊・岡林伸幸・安原正博・小笹晃太郎・
佐久間泰司・宇田憲司・平栗勲・井上博隆・山下登

植木哲先生還暦記念
医事法の方法と課題
——医事法の体系化を目指して——
A5判変上製752頁　25,000円（税別）
町野朔・長井圓・山本輝之編　10,000円

臓器移植法改正の論点
三藤　邦彦著　26,000円

医事法制と医療事故
唄　孝一著　死ひとつ　2,500円
ドゥオーキン　水谷英夫・小島妙子訳　6,400円
ライフズ・ドミニオン

債権総論〔第2版〕Ⅰ　潮見佳男 著　4,800円
●債権関係・契約規範・履行障害
債権総論〔第2版〕Ⅱ　潮見佳男 著　4,800円
●債権保全・回収・保証・帰属変更
契約各論Ⅰ　潮見佳男 著　4,200円
●総論・財産移転型契約・信用供与型契約
不法行為法　潮見佳男 著　4,700円
●全体像を提示する最新の理論書
不当利得法　藤原正則 著　4,500円
●広範に利用されている不当利得論の元を探る
イギリス労働法　小宮文人 著　3,800円
●現行イギリス労働法の戦略実務体系書
会　社　法　青竹正一 著　3,800円
●平成13年・14年の大改正を簡明に解説
　潮見佳男著　3,200円
プラクティス民法 債権総論
契約法（仮）半田吉信著　予3,500円
　星野 豊著　10,000円
信託法理論の形成と応用

河内　宏 著　2,400円
権利能力なき社団・財団の総合判例解説
松尾　弘 著　近刊
詐欺・脅迫の判例総合解説
生熊長幸 著　2,200円
即時取得の総合判例解説
石外克喜 著　2,900円
権利金・更新料の総合判例解説
平野裕之著　3,200円
保証人保護の判例総合解説
土田哲也 著　2,400円
不当利得の総合判例解説
佐藤隆夫 著　2,200円
親　権の判例総合解説
山野目章夫編　2,000円
ブリッジブック　先端民法入門

祖川武夫論文集
国際法と戦争違法化　9,600円
——その論理構造と歴史性——
小田滋・石本泰雄編集委員代表

信山社　〒113-0033　東京都文京区本郷6・2・9・102
TEL 03-3818-1019　FAX 03-3818-0344　FAX注文制